■ 湖南师范大学出版社重点推荐教材
■ 普通高等教育经济管理类"十三五"规划教材

XIANDAI WULIU ZONGHE SHIXUN JIAOCHENG

现代物流综合实训教程

主　编　张　滨　许秀红　石荣丽
副主编　陶　章　樊　娉
参　编　朱　艳

湖南师范大学出版社

图书在版编目（CIP）数据

现代物流综合实训教程 / 张滨，许秀红，石荣丽主编 . —长沙：湖南师范大学出版社，2014.7（2019.6 重印）

ISBN 978-7-5648-1626-1

Ⅰ . ①现…　Ⅱ . ①张…　②许…　③石…　Ⅲ . ①物流–物资管理–教材　Ⅳ . ①F252

中国版本图书馆 CIP 数据核字（2014）第 099874 号

现代物流综合实训教程

XIANDAI WULIU ZONGHE SHIXUN JIAOCHENG

张　滨　许秀红　石荣丽　主编

◇全程策划：王　强

◇组稿编辑：刘　伟

◇责任编辑：付秀琴　柳　丰

◇责任校对：黄　晴

◇出版发行：湖南师范大学出版社

地址/长沙市岳麓山　　邮编/410081

电话/0731-88872751　　传真/0731-88872636

网址/http：//press. hunnu. edu. cn

◇经　　销：全国新华书店

◇印　　刷：北京俊林印刷有限公司

◇开　　本：787mm×1092mm　1/16

◇印　　张：17.75

◇字　　数：456 千字

◇印　　次：2019 年 6 月第 2 次印刷

◇书　　号：ISBN 978-7-5648-1626-1

◇定　　价：35.00 元

前　言

随着全球一体化和信息化进程的加快，发生在我们身边的现代物流活动已成为生活不可或缺的组成部分，企业为了增强其核心竞争力，不得不将降低成本、提高利润来源的对象从原材料采购、设备和劳动力的利用挖潜延伸到了减少库存、优化运输路径、提高物流效率和展开物流增值服务等领域。在此背景下，培育既有经济管理专业知识，又有一定科学技术的高素质专业物流管理人才已成为我国物流高等教育的趋势和各级政府、教育主管部门、高等学校的共识。

正是为了从根本上提高在校物流管理专业学生的整体业务能力和管理水平，满足市场对技术型高素质专业物流管理人才的需求，我们组织了有数十年丰富物流实践经验的教授、企业高级管理人员和一批一线教学的教师，经过近四年的教学探索和反复修订，终于完成了《现代物流综合实训教程》一书。

本书以就业为导向，以培养高素质应用型人才为目标。高素质应用型物流管理人才必须具备很强的实践能力，因此在物流管理类学科中加强实训室建设，构建以供应链物流运作为背景的企业仿真平台，大力开发任务导向型的物流管理实训内容，积极展开以此实训内容为基础的管理实践活动，显然已成为培养技术型高素质专业物流管理人才的一个非常重要的环节。

本书由校企合作共同开发形成，强调基本知识和实用技能的融合，是一部"理论与实践一体化"的教材，体现"任务引领，做学一体"的理念，以现代物流活动中业务流程为主线，以信息流为中心，以广州益达有限公司开发的"3D物流实训系统"软件和"吉林大学珠海学院物流综合实训系统"软件为实训环境，让学生在其中亲身体验现代物流业务操作。

本书共七个实训项目，各校可依据实训课程组合情况选择实训项目内容，建议实训36课时。本书不仅适合于高等院校物流专业学生使用，也适合于企业培训及物流爱好者使用。

参加本书编写的人员有：张滨教授担任主编并统校全稿，编写人员有许秀红、石荣丽、樊娉、陶章、朱艳。本书的编写得到了深圳近铁国际物流有限公司、广州益达有限公司、珠海宝运通国际物流有限公司等合作企业的大力协助,在此表示诚挚谢意。本书在编写过程中参考了大量的相关文献资料,在此对所引用的资料的作者表示衷心的感谢。

我们尽管在本教材特色建设方面做出了许多努力,但不足之处仍在所难免,恳请广大教师和读者在教材使用过程中给予关注,并将意见和建议及时反馈给我们,以便修订时完善。

编者

目　录

实训一　仓储管理实训 ……………………………………………………………… 1

1.1　编码入库 …………………………………………………………………… 1

1.1.1　实训目标 ……………………………………………………………… 1

1.1.2　任务描述 ……………………………………………………………… 1

1.1.3　知识链接 ……………………………………………………………… 1

1.1.4　实训前准备 …………………………………………………………… 3

1.1.5　实训步骤 ……………………………………………………………… 3

1.2　储位规划 …………………………………………………………………… 5

1.2.1　实训目标 ……………………………………………………………… 5

1.2.2　任务描述 ……………………………………………………………… 5

1.2.3　知识链接 ……………………………………………………………… 5

1.2.4　实训前准备 …………………………………………………………… 19

1.2.5　实训步骤 ……………………………………………………………… 20

1.3　拣选作业 …………………………………………………………………… 21

1.3.1　实训目标 ……………………………………………………………… 21

1.3.2　任务描述 ……………………………………………………………… 21

1.3.3　知识链接 ……………………………………………………………… 21

1.3.4　实训前准备 …………………………………………………………… 23

1.3.5　实训步骤 ……………………………………………………………… 24

1.4　货物盘点 …………………………………………………………………… 26

1.4.1　实训目标 ……………………………………………………………… 26

1.4.2　任务描述 ……………………………………………………………… 26

1.4.3　知识链接 ……………………………………………………………… 26

1.4.4　实训前准备 …………………………………………………………… 29

1.4.5　实训步骤 ……………………………………………………………… 29

1.5　3D 实训系统仓储业务实训 ……………………………………………… 31

1.5.1　合同业务 ……………………………………………………………… 31

1.5.2　客户投诉处理 ………………………………………………………… 45

1.5.3　入库作业——托盘货架区 …………………………………………… 51

1.5.4 在库管理 ··· 61

实训二 物流运输管理实训 ··· 71

2.1 货运单证制作 ··· 71
2.1.1 实训目标 ·· 71
2.1.2 知识链接 ·· 71
2.1.3 实训背景 ·· 75
2.1.4 实训前准备 ·· 75
2.1.5 实训步骤 ·· 75
2.2 物流节点选址 ··· 77
2.2.1 实训目标 ·· 77
2.2.2 知识链接 ·· 77
2.2.3 实训背景 ·· 78
2.2.4 实训前准备 ·· 79
2.2.5 实训步骤 ·· 80
2.3 3D 系统物流运输实训 ··· 84
2.3.1 业务受理 ·· 85
2.3.2 缮制托运单 ·· 89
2.3.3 零担运输 ·· 96
2.3.4 公路运输 ··· 104
2.3.5 铁路运输 ··· 114
2.3.6 水路运输 ··· 125
2.3.7 航空运输 ··· 133
2.3.8 同城配送 ··· 139

实训三 配 送 ·· 146

3.1 单据处理(以立体仓库为例) ······································ 147
3.1.1 实训目标 ··· 147
3.1.2 任务描述 ··· 147
3.1.3 知识链接 ··· 147
3.1.4 实训前准备 ··· 148
3.1.5 实训步骤 ··· 149
3.2 拣货作业 ··· 152
3.2.1 实训目标 ··· 152
3.2.2 任务描述 ··· 152
3.2.3 知识链接 ··· 152
3.2.4 实训前准备 ··· 153
3.2.5 实训步骤 ··· 153

3.3 补货作业 153
　　3.3.1 实训目标 153
　　3.3.2 任务描述 153
　　3.3.3 知识链接 154
　　3.3.4 实训前准备 157
　　3.3.5 实训步骤 157
3.4 配货与送货作业 159
　　3.4.1 实训目标 159
　　3.4.2 任务描述 159
　　3.4.3 知识链接 160
　　3.4.4 实训前准备 161
　　3.4.5 实训步骤 161
3.5 配送路线设定 162
　　3.5.1 实训目标 162
　　3.5.2 任务描述 162
　　3.5.3 知识链接 162
　　3.5.4 实训前准备 163
　　3.5.5 实训步骤 163
3.6 退货业务 166
　　3.6.1 实训目标 166
　　3.6.2 任务描述 166
　　3.6.3 知识链接 166
　　3.6.4 实训前准备 167
　　3.6.5 实训步骤 167
3.7 3D仓储系统配送实训 169
　　3.7.1 实训背景 169
　　3.7.2 实训任务 169
　　3.7.3 参与角色 169
　　3.7.4 角色业务流程图 170
　　3.7.5 出库、配载成本明细 170
　　3.7.6 实训步骤 171

实训四 包装和流通加工 177

4.1 包装 177
　　4.1.1 实训目标 177
　　4.1.2 任务描述 177
　　4.1.3 知识链接 177
　　4.1.4 实训准备 187

现代物流 综合 实训教程

　　　4.1.5　实训步骤 ·· 187

　4.2　流通加工实训 ·· 190

　　　4.2.1　实训目标 ·· 190

　　　4.2.2　任务描述 ·· 190

　　　4.2.3　知识链接 ·· 190

　　　4.2.4　实训准备 ·· 195

　　　4.2.5　实训步骤 ·· 195

实训五　国际货代单证处理 ·· 202

　5.1　班轮货运出口业务 ·· 202

　　　5.1.1　实训目标 ·· 202

　　　5.1.2　任务描述 ·· 202

　　　5.1.3　知识链接 ·· 202

　　　5.1.4　实训前准备 ·· 202

　　　5.1.5　实训步骤 ·· 202

　5.2　班轮货运进口业务 ·· 207

　　　5.2.1　实训目标 ·· 207

　　　5.2.2　任务描述 ·· 207

　　　5.2.3　知识链接 ·· 208

　　　5.2.4　实训前准备 ·· 208

　　　5.2.5　实训步骤 ·· 208

实训六　物流信息技术实训 ·· 209

　6.1　条形码技术 ·· 209

　　　6.1.1　实训目标 ·· 209

　　　6.1.2　任务描述 ·· 209

　　　6.1.3　知识链接 ·· 209

　　　6.1.4　实训前准备 ·· 215

　　　6.1.5　实训步骤 ·· 215

　6.2　手持终端 RF 数据采集实训 ·· 218

　　　6.2.1　实训目标 ·· 218

　　　6.2.2　任务描述 ·· 218

　　　6.2.3　知识链接 ·· 218

　　　6.2.4　实训前准备 ·· 219

　　　6.2.5　实训步骤 ·· 219

　6.3　无线射频识别技术(RFID) ·· 220

　　　6.3.1　实训目标 ·· 220

　　　6.3.2　任务描述 ·· 220

6.3.3　知识链接 ……………………………………………………………… 221

6.3.4　实训前准备 …………………………………………………………… 223

6.3.5　实训步骤 ……………………………………………………………… 223

6.4　终端销售（POS）系统实训 …………………………………………………… 225

6.4.1　实训目标 ……………………………………………………………… 225

6.4.2　任务描述 ……………………………………………………………… 225

6.4.3　知识链接 ……………………………………………………………… 225

6.4.4　实训前准备 …………………………………………………………… 228

6.4.5　实训步骤 ……………………………………………………………… 228

实训七　物流设备基本操作知识 ……………………………………………… 231

7.1　集装箱 …………………………………………………………………………… 231

7.1.1　实训目标 ……………………………………………………………… 231

7.1.2　知识链接 ……………………………………………………………… 231

7.2　托盘 ……………………………………………………………………………… 250

7.2.1　实训目标 ……………………………………………………………… 250

7.2.2　知识链接 ……………………………………………………………… 251

7.2.3　任务描述 ……………………………………………………………… 255

7.2.4　实训前准备 …………………………………………………………… 255

7.2.5　实训步骤 ……………………………………………………………… 255

7.3　叉车 ……………………………………………………………………………… 255

7.3.1　实训目标 ……………………………………………………………… 255

7.3.2　知识链接 ……………………………………………………………… 255

7.3.3　运输车辆驾驶员在日常操作中的基本要求 ……………………… 267

7.3.4　叉车安全操作规程 …………………………………………………… 268

参考文献 …………………………………………………………………………… 271

后　记 ……………………………………………………………………………… 272

实训一　仓储管理实训

1.1　编码入库

1.1.1　实训目标

◆ 掌握商品入库的基本作业流程及注意事项；

◆ 熟练完成货物的收货、验货作业，能独立制作货物的入库凭证；

◆ 熟悉相关作业工具。

1.1.2　任务描述

2012 年 4 月 2 日,吉珠物流公司收到客户统一公司采购部刘明发来的入库通知单(如表 1-1 所示),请理货员李清根据实际情况对这批货物进行入库作业。

表 1-1　入库通知单

吉珠物流公司:李×建

我公司现有一批产品,委托德邦货运公司运送至贵公司储存,请安排接收,具体产品如下:

编号	货物代码	货物名称	单位	数量	包装	备注
1	L034	统一老坛酸菜面	箱	27	纸箱	
2	L221	统一葱爆牛肉面	箱	54	纸箱	

请在 201×年 4 月 2 日前完成入库。联系人:李××。电话:0756-88686122

1.1.3　知识链接

入库流程:客服文员做收货订单→收货员收货→验货员验货→仓管员分配库位→上架员将货物上架。

物品堆码存放的基本方法主要有:

(1)散堆法

散堆法适用于露天存放的没有包装的大宗物品,如煤炭、矿石等,也可适用于库内少量存放的谷物、碎料等散装物品。

散堆法是直接用堆扬机或者铲车在确定的货位后端起,直接将物品堆高,在达到预定的货垛高度时,逐步后推堆货,后端先形成立体梯形,最后成垛。由于散货具有流动、散落性,堆货时不能堆到太近垛位四边,以免散落使物品超出预定的货位。

(2)堆垛法

对于有包装(如箱、桶)的物品,包括裸装的计件物品,采取堆垛的方式储存。堆垛方式储存能够充分利用仓容,做到仓库内整齐,方便作业和保管。物品的堆码方式主要取决于物品本身的性质、形状、体积、包装等。一般情况下多采取平放,使重心最低,最大接触面向下,易于堆码,稳定牢固。

常见的堆码方式包括重叠式、纵横交错式、仰伏相间式、压缝式、通风式、栽柱式、衬垫式等。

(3)重叠式

重叠式也称直堆法,是逐件、逐层向上重叠堆码,一件压一件的堆码方式。为了保证货垛的稳定性,在一定层数后改变方向继续向上,或者长宽各减少一件继续向上堆放。该方法方便作业、计数,但稳定性较差。适用于袋装、箱装、箩筐装物品,以及平板、片式物品等。

(4)纵横交错式

纵横交错式是指每层物品都改变方向向上堆放。适用于管材、捆装、长箱装物品等。该方法较为稳定,但操作不便。

(5)仰伏相间式

对上下两面有大小差别或凹凸的物品,如槽钢、钢轨等,将物品仰放一层,在反一面伏放一层,仰伏相向相扣。该垛极为稳定,但操作不便。

(6)压缝式

将底层并排摆放,上层放在下层的两件物品之间。

(7)通风式

物品在堆码时,任意两件相邻的物品之间都留有空隙,以便通风。层与层之间采用压缝式或者纵横交错式。通风式堆码可以用于所有箱装、桶装以及裸装物品堆码,起到通风防潮、散湿散热的作用。

(8)栽柱式

码放物品前先在堆垛两侧栽上木桩或者铁棒,然后将物品平码在桩柱之间,几层后用铁丝将相对两边的柱拴连,再往上摆放物品。此法适用于棒材、管材等长条状物品。

(9)衬垫式

码垛时,隔层或隔几层铺放衬垫物,衬垫物平整牢靠后,再往上码。适用于不规则且较重的物品,如无包装电机、水泵等。

(10)托盘上存放物品

由于托盘在物流系统中的运用得到认同,因此就形成了物品在托盘上的堆码方式。托盘是具有标准规格尺寸的集装工具,因此,在托盘上堆码物品可以参照典型堆码图谱来进行。如硬质直方体物品可参照中华人民共和国国家标准 GB/T4892－1996《硬质直方体运输包装尺寸系列》硬质直方体在 1140 mm×1140 mm 托盘上的堆码图谱进行。圆柱体物品可参照中华人民共和国国家标准 GB/T13201－1997《圆柱体运输包装尺寸系列》圆柱体在 1200 mm×1000 mm、1200 mm×800 mm、1140 mm×1140 mm 托盘上的堆码图谱进行。

(11)"五五化"堆垛

"五五化"堆垛就是以五为基本计算单位，堆码成各种总数为五的倍数的货垛，以五或五的倍数在固定区域内堆放，使货物"五五成行、五五成方、五五成包、五五成堆、五五成层"，堆放整齐，上下垂直，过目知数。便于货物的数量控制、清点盘存。

1.1.4 实训前准备

◆ 入库操作的流程及注意事项；

◆ 准备入库相关单证表格和工具；

◆ 将学生分成若干小组，分小组讨论本次实训任务设计的专业知识和任务步骤，然后自行分工，按实训要求操作。

1.1.5 实训步骤

步骤 1：入库准备

①客服文员缮制收货单(如表 1-2 所示)。

②理货员李清根据收货单查看储位，并准备空托盘。

③理货员李清选择合理的装卸搬运工具，提前联系装卸人员和装卸叉车。本任务选择手动叉车。

④理货员李清准备验收器具。

表 1-2 收货单

收 货 单

供应商:统一公司　　　收货人:　　　订单号:
联系人:　　　　　　　电话:　　　　客户订单号:
公司地址:　　　　　　打印日期:

编号	货物代码	货物名称	单位	通知数	破损数	可收数
1	L034	统一老坛酸菜面	箱	27		
2	L221	统一葱爆牛肉面	箱	54		
3						
4						
		合计		81		

送货人:　　　　　　　仓库人员:
日期:　　　　　　　　日期:
货车号:　　　　　　　收货专用章

步骤2:收货

①沈兵接受供应商代表提交的送货单(如表1-3所示),与收货单核对,查看货品的名称、类型、规格、数量和包装等内容物是否一致。

②按单据所列各项接收货物。使用手动叉车等装卸搬运设备卸货。

③将货品搬至验收区,按货品的类型和性质进行分类摆放,等待验收。

步骤3:验货

①理货员李清按准备好的验收工具及收货单,做好验货准备。

②清点数量:将收货单和送货单一一核对,检查到货的品种和数量。

③检查外包装:检查所有货品的外包装是否完整,对外包装破坏的货品进行拍照、记录,并请供应商代表签字确认。

④抽样检验:对外包装完好的货品进行抽样检验,抽样检验主要针对货品质量进行检验,检验员参照货品规格说明书进行验收,对抽样检验不合格的货品进行拍照、记录,并请供应商代表签字确认。

⑤检验完毕,理货员李清填写送货单中"破损数"和"可收数"栏,并在送货单中"仓库人员"栏签字并盖章。

表1-3 送货单

送 货 单						
供应商:统一公司		收货人:吉珠物流		订单号:		
联系人:		电话:		客户订单号:		
公司地址:		打印日期:				
编号	货物代码	货物名称	单位	通知数	破损数	可收数
1	L034	统一老坛酸菜面	箱	27		
2	L221	统一葱爆牛肉面	箱	54		
3						
4						
合计				81		
送货人:			仓库人员:			
日期:			日期:			
货车号:			收货专用章			

步骤4:理货上架

①根据储位分配单确定商品的上架位置。

②利用叉车进行上架作业。

③选择合适的堆码方式堆码。

1.2　储位规划

1.2.1　实训目标

◆ 掌握库房货区平面布局图的设计方法；

◆ 掌握储位编码；

◆ 能够操作条码打印机制作储位条码，并能将储位条码粘贴在正确位置。

1.2.2　任务描述

吉珠物流公司为客户统一公司提供标准库房 3000 平方米，根据储存货物的实际情况，吉珠物流公司经理王华对库房进行分区布局并对储位进行编码。

1.2.3　知识链接

1. 仓库布局的概念

仓库布局是指一个仓库的各个组成部门，如库房、货棚、货场、辅助建筑物、铁路专用线、库内道路、附属固定设备等。在规定范围内，进行平面和立体的合理安排，形成仓库内部总平面图。

（1）仓库平面布局的基本要求

① 单一的物流方向；

② 最短的运距；

③ 最少的装卸环节；

④ 最大的空间利用率。

（2）仓库区域的构成

仓库总平面一般可以划分为仓储作业区、辅助作业区、行政生活区，除此之外，还包括铁路专用线和库内道路。

仓储作业区是仓库的主体部分，是商品储运活动的场所，主要包括储货区、铁路专用线、道路、装卸台等。

储货区是储存保管、收发整理商品的场所，是生产作业区的主体区域。储货区的分类如表 1-4、表 1-5 所示。

表 1-4　储货区分类

储货区	保管区	主要用于储存商品的区域
	非保管区	主要包括各种装卸设备通道、待检区、收发作业区、集结区等

表 1-5　存储区域划分图

储货区域	作用	位置要求
收货区	暂时存放处于检验过程中的商品	在仓库入口附近,便于商品的卸载及检验
待处理区	暂时存放不具备验收条件或质量、暂时不能够确认的商品	在仓库入口附近与待检区临近,以方便对其进行检验
合格商品储存区	保存合格商品	仓库的主要存储区域
不合格商品储存区	暂时存放质量不合格的商品	在仓库的出口附近,便于商品的搬运

现代仓库已经由传统的储备型仓库转化为以收发为主的流通型仓库,其各组成部分的构成比例通常为如表 1-6 所示。

表 1-6　流通型仓库构成比

组成部分	占总仓库的面积的比率
合格品储存区	40%～50%
通道	8%～12%
待检区及入库收发作业区	20%～30%
集结区	10%～15%
待处理区和不合格品隔离区	5%～10%

表 1-7　仓库通道参数

通道种类和用途	宽度(m)	通道种类和用途	宽度(m)
主通道	3.5～6	侧面叉车	1.7～2
辅助通道	3	堆垛机(直线单行)	1.5～2
人行通道	0.75～1	堆垛机(直角转弯)	2～2.5
小型台车	车宽加 0.5～0.7	堆垛机(直角堆叠)	3.5～4
手动叉车	1.5～2.5	堆垛机(伸臂,跨立,转柱)	2～3
平衡重叉车	3.5～4		
伸长货叉车	2.5～3	堆垛机(转叉窄道)	1.6～2

在进行仓库的储位管理时,可以根据储位进行分区,通常分为预备储区、保管储区和动管储区三个部分,如图 1-1 所示。

2. 仓储区平面布置

仓储区的平面布置,是仓库总平面布置的重点,其面积大、建筑物多,增加了平面布置的复杂性。在仓储区进行平面布置的内容,主要包括库房、货棚、货声、装卸站台等建筑物的布置。对仓储区平面布置的基本要求,是有利于物料保管,减少装卸搬运作业量,提高作业效率,确保仓库安全,节省基建投料,降低作业成本。

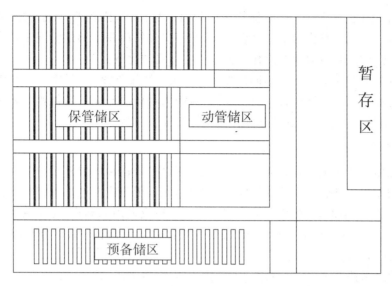

图 1-1　仓库储区分布示意图

（1）料场

仓库露天货场，一般面积都比较大，在进行平面布置时，应首先确定货场的位置。中、小型仓库多为一个货场，可设在仓储区的一侧、一端、一角或中心位置，以设在一侧为宜。货场应是长方形的，具有足够的长度，以增加龙门式起重机的覆盖面，扩大作业范围。大型仓库可设两个或两个以上的料场，按不同的保管区进行布置。当然，并不是每一个仓库都有露天料场，一般只有在大型仓库或大型生产企业才会具备。

（2）库房

库房是生产区的主要建筑物，是进行物料保管的主要场所。库房的布置有三种方式：密集式布置、分散式布置、混合式布置。

①密集式布置：是将互相没有不良影响的普通库房，如金属库房、机电产品库房、机械配件库房等，在保证必要的防火安全距离的前提下，尽量缩小库房之间的距离，紧凑排列。

②分散式布置：是将对其他库房产生不良影响或容易引起火灾、爆炸、腐蚀、有毒害等的库房，如水泥库房、油库、酸库、电石库等，分散布置，与其他库房之间保持较大的距离。

③混合式布置：是密集式布置和分散式布置的综合，根据所保管物料性质的不同，物料相互之间没有影响的库房采取集中布置，有影响的采取分散布置。

库房的布置中还必须注意确定库房的合理朝向。良好的库房朝向应使库房有良好的自然通风效果，冬季能争取较多的日照，夏季避免过多的日照。库房的通风主要靠自然通风，因此，库房的朝向必须有利于自然通风。应将库房的长向迎向夏季盛行风向。若从自然采光和日照考虑，库房南北方向比较有利。

（3）料棚

料棚属于半封闭式仓库建筑物，可分为移动式和固定式。它结构简单，用料少量，施工容易,造价低廉,灵活性大。但保管条件相对库房而言,比较差,保管物料的品种受到一定的限制。一般将其作为临时保管场所,在库房保管面积不够的情况下使用。因其投资省,作业比较方便,所以在仓库建筑物中仍占一定的比重。

料棚的朝向与库房相比有不同的要求,当料棚单独布置时(不靠库墙和围墙),其长向最好与夏季盛行风向平行,以减少因淋雨对棚内物料的影响。若规则中将来货棚改建为库房时,则仍应按上述库房的合理朝向进行布置。

3. 库区道路

仓库道路是仓库进行生产经营活动的必备条件,是连接库内外的纽带。库区道路应靠近所有的库房、货棚和货场,并构成环形网络,库区干道应与城市道路相衔接。仓库道路分为主干道、次干道、人行道和消防道等。主干道应采用双车道,宽度应在6~7米;次干道为3~3.5米的单车道;消防道的宽度不少于6米,布局在库区的外周边。

(1)库区道路的布置

根据库区道路布置形式的特点,可分为环形式、尽头式和混合式。

①环行式道路。环行式道路是围绕着建筑物布置道路的形式,在库区组成纵横贯通的道路网。它是在运输较繁忙和库区中心地带经常采用的一种道路布置形式(如图1-2所示):

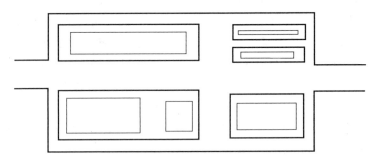

图1-2 环形布置

②尽头式道路。尽头式道路是通到某地点后终止,一般是在运输量少或库区边缘地区采用(如图1-3所示):

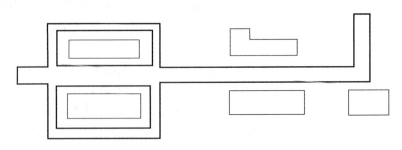

图1-3 尽头式布置

③混合式道路。混合式是同时采用环行式和尽头式两种道路布置形式,这是一种较普遍采用的、灵活的道路布置形式(如图1-4所示):

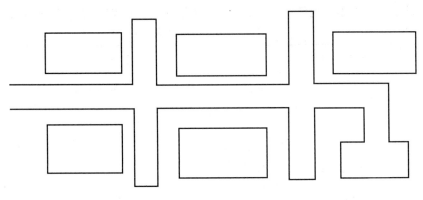

图1-4　混合式布置

（2）铁路专用线的布置

铁路专用线在仓库内的布置，是库区总平面布置的重要组成部分。其布置是否合理，对物料装卸次数、物料搬运距离、整车装卸效率、仓库作业成本等，都有直接影响。铁路专用线应进入并贯穿整个货场，应靠近或进入主要库房。

铁路专用线布置的主要有以下要求：

①满足仓库总体布置的要求。专用线的布置要与库区总体布置相协调，如专用线应进入露天货场，尽量靠近主要库房或进入库房，专用线的股道数和有效长度，应与仓库的规模相适应。

②符合仓库技术作业流程的要求。专用线的走行方向和具体位置，应使库区内的物料搬运路线顺直、短捷，避免库区内不合理搬运，使物料的收发互不干扰。

③满足节约用地的要求。应合理选择库区内铁路线路的布置形式，宜采用尽头式布置，以减少线路长度和扇形面积。扇形面积的大小不仅与线路的布置形式有关，而且与线路进入库区内的角度、曲线半径等因素有关。

④满足仓库安全的要求。铁路专用线不应穿过库前区，并避免与人流、货流较大的道路发生交叉，必须交叉时应采取安全措施。

4. 辅助生产区

辅助生产区是为商品储运保管工作服务的辅助车间或服务站，包括车库、变电室、油库、维修车间等。值得注意的是，油库的设置应远离维修车间、宿舍等易出明火的场所，周围须设置相应的消防设施。

5. 行政生活区

行政生活区由办公室和生活场所组成，具体包括办公楼、警卫室、化验室、宿舍和食堂等。行政生活区一般布置在仓库的主要出入口处并与作业区用隔墙隔开。这样既方便工作人员与作业区的联系，又避免非作业人员对仓库生产作业的影响和干扰。

仓库作业区与辅助作业区分开的目的是为了避免在辅助作业区内发生的灾害事故危及存货区域。

此外，现代仓库的消防水道，应以环形系统布置于仓库全部区域，在消防系统管道上需装有室内外消火栓。消火栓应沿道设置，并靠近十字路口，其间隔不超过100米，距离墙壁不超过 5 米。根据当地气候,消火栓可建成地下或地上式(如表 1-8 所示)。

表 1-8　仓库的平面布局

仓库区域	内部区域构成		用途、要求
生产作业区(储存区)	储货区	库房	储存货物的封闭式建筑,它主要用来储存受气候条件影响的物品或货物,如一般的消费品和大部分生产原材料等
		货棚	储存货物的设施,可以用来储存受气候条件影响不大的货物
		货场	货场是用于储存货物的露天堆场,主要用于储存基本不受气候条件影响的货物
	铁路专用线路		由国家铁路部门直接引入企业,专供一些物流、采矿、大型制造业企业使用的铁路。通过铁路专用线路,运货的火车可以直接沿铁路将货物运到企业仓库
	仓库内道路		仓库内外物品的主要运输通道,供运货的汽车或其他搬运工具行驶
	装卸站台	单独站台	供火车或汽车装卸物品的平台,高度和宽度应该根据运输工具及装卸作业方式而确定
		库边站台	
辅助生产区	车库		物品储运保管工作服务的辅助车间或服务站,辅助生产区应尽量靠近生产作业区
	变电室		
	油库		
	维修车间		
	包装材料间		
行政生活区			仓库行政管理机构的办公地点和生活区域

6. 储存场所布置

储存场所布置是将各种物资合理地布置到库房、物料棚或货场的某个具体位置。储存场所的合理布置对提高物资保管质量、充分利用仓库能力、加速物资收发、降低仓储费用等具有重要意义。储存场所布置可分为平面布置和空间布置。

(1)储存场所的平面布置

货垛、货架的排列形式决定了储存场所平面布置的形式,常见的平面布置形式有垂直布置和倾斜布置两种类型。

①垂直布置:货垛(或货架)的长度方向与库墙各通道互相垂直。具体又分为横列式布置、纵列式布置和纵横式布置(如图 1-5、图 1-6、图 1-7 所示)。各种布置方式的特点及优、缺点见表 1-9。

表 1-9 货架布置方式

类型	特点	优点	缺点
横列式布置	货垛或货架的长度方向与库房的长度方向互相垂直	运输通道较长,作业通道较短,因此对库存物资的收发和查验较方便,有利于实现机械化作业,通风采光良好	运输通道占用的面积较多,从而影响了仓库的面积利用率
纵列式布置	货垛或货架的宽度方向与库房的长度方向互相垂直	运输通道较短,占用面积少,仓库面积利用率较高	作业通道长,存取物资不方便,对通风采光不利
纵横式布置	同一库房内横列式布置和纵列式布置兼而有之	兼有横列式和纵列布置的优点	对场地规划能力的要求较高

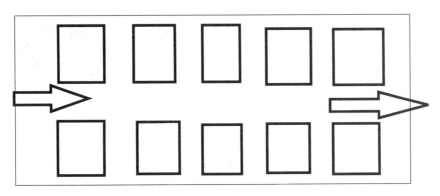

图 1-5 横列式布置

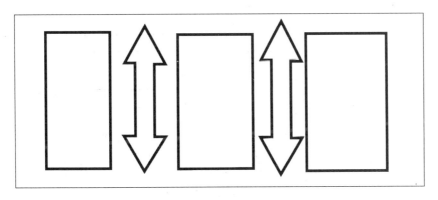

图 1-6 纵列式布置

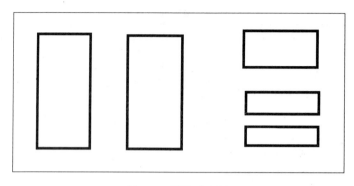

图 1-7　纵横式布置

②倾斜布置:货垛的长度方向与运输通道成一锐角(30°、45°或 60°)具体可分为货垛倾斜和通道倾斜两种情况。倾斜布置仅适用于单一品种、大批量、集装单元堆垛和利用叉车作业的场合。

• 货垛倾斜:是指货垛的长度方向相对于运输通道和库墙成一锐角排列(如图 1-8 所示)。

优点:便于利用叉车配合集装单元进行作业,它能减少叉车作业时的回转角度,提高装卸搬运效率。

缺点:存在不少死角,浪费了仓库面积,降低了仓库平面利用率。

• 通道倾斜:是指运输通道与库墙成一锐角。大大提高了仓库的利用率(如图 1-9 所示)。

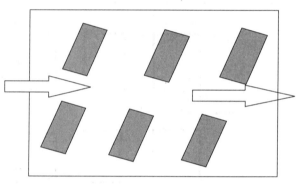

图 1-8　货垛倾斜布置

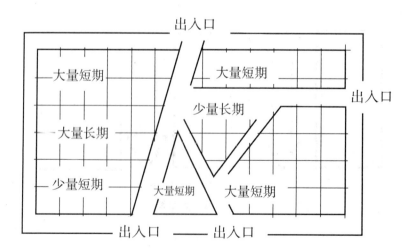

图 1-9　通道倾斜布置

（2）储存场所的空间布置

从有效利用仓储空间的角度出发，必须综合考虑储存场所的平面和高度两方面的因素，才能使仓储空间得到充分利用。储存场所的空间布置，即库存物资在库房、物料棚和货场高度方向上的布置。通常的形式有物资堆垛，利用货架和采用架上平台。

①物资堆垛。物资堆垛是大批量物资的垂直布置形式，它是将物资的单位包装直接堆码在垛基上，层层堆码到一定高度。物资堆码可以利用原包装堆码或利用托盘和集装箱堆码。

②利用货架。物资进行竖向布置的主要手段是利用各种货架，货架的类型和高度决定了竖向布置的形式和高度。有些物品利用原包装直接存入货架，有的可装入货箱或码到托盘上再存入货架，这样可充分利用仓储空间，并有利于迅速发货。

图 1-10　货架布置图

③采用架上平台。在库房净空比较高、货架比较矮的情况下，可以采用架上平台的方式充分利用空间，即在货架的顶部铺设一层承压板构成二层平台，这样可在平台上直接堆放货物，也可以排布货架。在不需要增加其他设备的条件下，仓库人员可以方便地到平台上进行收发作业。

储存场所的竖向布置潜力很大，在不增加仓库面积的情况下，向空间要货位，可以成倍地扩大储存能力，节省基建投资。

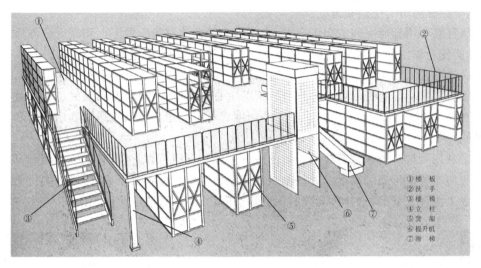

①楼　板
②扶　手
③楼　梯
④立　柱
⑤货　架
⑥提升机
⑦滑　梯

图 1-11　阁楼式货架

（3）储位管理

储位是储存物品的最小单位。储位管理就是对储位进行科学合理的规划、分配、控制和使用的管理活动。储位管理就是利用储位来使商品处于"被保管状态"并且能够明确显示所储存的位置，同时当商品的位置发生变化时能够准确记录，使管理者能够随时掌握商品的数量、位置以及去向。它的主要构成要素包括储位标识、储位规格、储位管理对象和储位登记卡四个方面。

①储位规划的要求。

a. 充分有效地利用空间；

b. 尽可能提高人力资源及设备的利用率；

c. 有效保护好商品的质量和数量；

d. 维护良好的储存环境；

e. 使所有在储货物处于随存随取状态。

在保证良好的存储环境，所有货物能随存随取的条件下，尽可能充分地利用空间保证商品质量与数量，提高人效与物效利用率。

②储位规划的基本原则。

a. 储位标识明确。先将储存区域详细划分，并加以编号，让每一种预备存储的商品都有位置可以存放。此位置必须是很明确的，而且经过储位编码的，不可以是边界含糊不清的位置，例如走道、楼上、角落或某商品旁等。需要指出的是仓库的过道不能当成储位来使用，虽然短时间会得到一些方便，但会影响商品的进出，违背了储位管理的基本原则。

b. 商品定位有效。依据商品保管方式的不同，应该为每种商品确定合适的储存单位、储存策略、分配规则，以及其他储存商品要考虑的因素，把货品有效地配置在先前所规划的储位上，例如冷藏的商品就该放冷藏库，流通速度快的商品就该放置在靠近出口处，香皂就不应该和食品放在一起等等。

c. 变动更新及时。当商品被有效地配置在规划好的储位上之后,接下来的工作就是储位的维护,也就是说商品不管是因拣货取出或是商品被淘汰,或是受其他作业的影响,使得商品的位置或数量发生了改变时,都必须及时地把变动情形加以记录,以使记录与实物数量能够完全吻合,如此才能进行管理。由于此项变动登录工作非常烦琐,仓库管理人员在繁忙的工作中会产生惰性,使得这个原则是进行储位管理中最困难的部分,也是目前各仓库储位管理作业成败的关键所在。

③ 储位管理的方法与步骤。

a. 先了解储位管理的原则,接着应用这些原则来判别自己商品储放需求。

b. 对储放空间进行规划配置,空间规划配置的同时选择储放设备及搬运设备。

c. 对这些保管区域与设备进行储位编码和商品编号。

d. 储位编码与商品编号完成后,选择用什么分配方式把商品分配到所编好码的储位上,可选择人工分配、计算机辅助分配、计算机全自动分配的方法进行分配。

e. 商品分配到储位上后,要对储位进行维护。要做好储位维护的工作,除了使用传统的人工表格登记外,也可应用最有效率、最科学的方法来执行。而要让这维护工作能持续不断的进行就得借助一些核查与改善的方法来监督与鼓励。

④ 储位管理的对象。

储位管理的对象,分为保管商品和非保管商品两部分。

保管商品:是指在仓库的储存区域中的保管商品。

非保管商品:包装材料、辅助材料(就是一些托盘、箱、容器等搬运器具)、回收材料(就是经补货或拣货作业拆箱后剩下的空纸箱)。

⑤ 储位管理的主要构成要素。

储位是储存物品的最小单位。储位管理就是对储位进行科学合理的规划、分配、控制和使用的管理活动。它的主要构成要素包括储位标识、储位规格、储位管理对象和储位登记卡四个方面。

a. 储位标识。储位标识就是储位的符号。储位标识系统的设计,主要是为了迅速准确地指出存放的物品对应所处的位置。因此,设计储位标识,要考虑到储区、楼层、货架的行位、货架的列位以及货架的层位。如某储位标识号码为 093110905,它对应有储区、楼层、货架的行位、货架的列位以及货架的层位。

其意义如下:09,储区编号,表示在第 9 号储区;3,仓房楼层编号,表示在该区 3 楼;11,货架行位编号,表示在该楼第 11 行货架;09,货架列位编号,表示在该行货架的第 9 列;05,货架层位编号,表示在该列第 5 层。

在此基础上,按物流条码的编码规则,生成储位条码。储位实行条码管理,更能充分地发挥物流信息管理系统的作用,提高物流中心作业管理的效率。

b. 储位规格。储位规格就是单个储位的空间大小。储位规格一般以单个储位的长、宽、高来表示。储位规格与托盘规格或者物品包装规格相互配套。物品包装规格根据包装模数(对于物流而言,是物流基础模数)导出。

根据多数国家的做法,物流基础模数尺寸一般定为 600 mm×400 mm。物流模数是最小的集装尺寸,一般以 1200 mm×1000 mm 为主,也有采用 1100 mm×1100 mm 或

1200 mm×800 mm 规格的。

确定了储位规格，针对各个储位存放物品的包装尺寸和堆码层数，就可以计算出各个储位存放物品的最高限量。储位规格和储位存放物品的最高限量，均是物流信息管理系统初始化的重要数据，是实行储位系统管理的基础。

c. 储位管理对象。储位管理对象就是储位存放的物品。储位管理对象是与储位指派紧密联系在一起的。储位指派是由储位策略决定的。储位策略包括定位储放、随机储放、分类储放、分类随机储放等。

d. 储位登记卡。储位登记卡是传统仓储管理中的存料卡在储位管理中新的运用。一个储位对应一张储位登记卡。它是系统管理与手工管理并行的主要凭证。储位登记卡的主要栏目包括储位登记卡编号、储位条码、物品条码、储位标识、储位管理对象、时间、入库数量、出库数量、结存数量、备注。

储位登记卡的主要记录项目的关系是，期初数量＋入库数量－出库数量＝结存数量。备注记录每笔入库、出库的作业人员姓名或工号，亦可以盖工号章代替。

e. 储存策略。良好的储存策略可以减少出入库移动的距离，缩短作业时间，甚至能够充分利用储存空间。常见的储存策略如下：

定位储存

每一储存物品都有固定储位，物品不能互用储位，因此必须使每一项货品的储位容量不小于其可能的最大在库量。

选用定位储放的原因在于：

- 储存条件对物品储存非常重要。如必须控制温度。
- 易燃物必须满足保险标准及防火法规。
- 依物品特性，由管理或其他政策指出必须分开储放。例如：饼干和肥皂，化学原料和药品。
- 保护重要物品。
- 储区能被记忆，容易提取。

定位储存的优点：

- 每种物品都有固定储放位置，拣货人员容易熟悉物品储位。
- 物品的储位可按周转率大小或出货频率来安排，以缩短出入库搬运距离。
- 可针对各种物品的特性作储位的安排调整，将不同物品特性间的相互影响减至最小。

定位储存的缺点：

储位必须按各项物品最大在库量设计，因此储区空间平时的使用效率较低。

随机储存

随机储存指每一个货品被指派储存的位置都是随机产生的，而且可经常改变，也就是说，任何物品都可以被存放在任何可利用的位置。

随机储存的优点：

由于储位可公用，因此只需按所有库存货品的最大在库量设计即可，储区空间的使用效率较高。

随机储存的缺点：

- 物品的出入库管理及盘点工作的进行困难度较高。
- 周转率高的物品可能被储放在离出入口较远的位置，增加了出入库的搬运距离。
- 具有相互影响特性的物品可能相邻储放，造成物品的伤害或发生危险。

随机储存较适用于以下两情况：

- 厂房空间有限，尽量利用储存空间。
- 种类少或体积较大的物品。

分类储存

分类储存是指所有的储存物品按照一定特性加以分类，每一类物品都有固定存放的位置，而同属一类的不同物品又按一定的法则来指派储位。

分类储放通常按产品相关性，流动性，产品尺寸、重量，产品特性来分类。

分类储存的优点：

- 便于畅销品的存取，具有定位储放的各项优点。
- 各分类的储存区域可根据物品特性再作设计，有助于物品的储存管理。

分类储存的缺点：

储位必须按各项物品最大在库量设计，因此储区空间平均的使用效率低。

分类储放较适用于以下情况：

- 产品相关性大者，经常被同时订购。
- 周转率差别大者。
- 产品尺寸相差大者。

分类随机储存

分类随机储存是指每一类物品有固定存放位置，但在各类的储区内，每个储位的指派是随机的。

分类随机储存的优点：

可体现分类储放的部分优点，又可节省储位数量，提高储区利用率。

分类随机储存的缺点：

物品出入库管理及盘点工作的进行困难度较高。

分类随机储放兼具分类储放及随机储放的特色，所需要的储存空间介于两者之间。

共用储存

如果确定知道各物品的进出仓库时刻，不同的物品可共用相同储位的方式称为共用储放。共用储放在管理上虽然较复杂，所占的储存空间及搬运时间却更经济。

f. 储位指派法则。储存策略是储区规划的大原则，因而还必须配合储位指派法则才能决定储存作业实际运作的模式。而随着储存策略产生的储位指派法则，可归纳为如下几项：

- 可与随机储放策略、共用储放策略相配合者：

靠近出口法则：将刚到达的商品指派到离出入口最近的空储位上。

- 可与定位储放策略、分类（随机）储放策略相配合者：

以周转率为基础法则：按照商品在仓库的周转率（销售量/存货量）来排定储位。首

先依周转率由大自小排一序列,再将此序列分为若干段,通常分为三至五段。同属于一段中的货品列为同一级,依照定位或分类储存法的原则,指定储存区域给每一级的货品。周转率愈高应离出入口愈近(如图 1-12 所示):

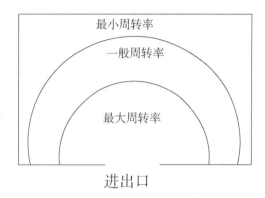

图 1-12　储位指派一般原则

g. 货位编号。为了使商品存取工作顺利进行,必须对货位进行编号,货位编号好比商品的地址。货位编号是将库房、货场、货棚、货架按地址、位置顺序统一编列号码,并做出明显标识。

常见的货位编号方法:

区段法

把保管区分成几个区段,再对每个区段编码。这种方式是以区段为单位,每个号码代表的储存区比较大。适用于单位化货品和大量货品且保管期短的货品。区域大小根据物流量大小而定。

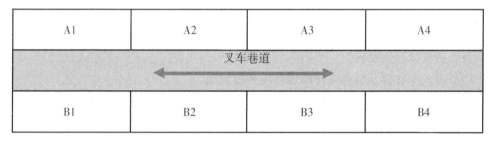

图 1-13　区段法示意图

品项群法

把一些相关性货品经过集合后,区分成几个品项群,再对每个品项群进行编码。这种方式适用于按照商品群保管的场合和品牌差距大的货品,如服饰群、五金群、食品群等。

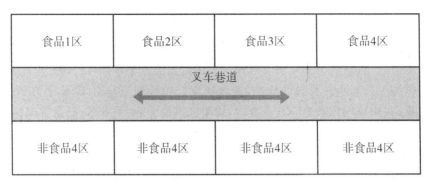

食品1区	食品2区	食品3区	食品4区
叉车巷道 ⟷			
非食品4区	非食品4区	非食品4区	非食品4区

图 1-14 品项群法示意图

地址式

利用保管区中的现成参考单位,如建筑物第几栋、区段、排、行、层、格等,按相关顺序编码,如同传统的邮寄信件,需要地址的区、胡同号一样。这是物流配送中心使用比较普及的编码方法。如图 1-15 所示标识货物在 B10 区域第 3 排第 12 列第 1 层仓位。

图 1-15 地址式仓储示意图

货位编号要记入保管账、卡的"货位号"栏中,如果货物调整了货位,账、卡的货位号应同时调整,这样可以做到"见账知物"和"见物知账"。

另外,为了方便管理,货位编号可以绘制成平面布置图。通过图板管理不但可以全面反映库房和货场的货物储存分布情况,而且也可以及时掌握货物储存动态,便于仓库调整安排。

1.2.4 实训前准备

◆ 收集库房货架相关信息;

◆ 准备条码打印机和条码打印纸。

1.2.5 实训步骤

步骤1:分区布局

①依照合同,吉珠物流公司将3号库房提供给美心汽车零部件公司。

②根据统一公司小件货物的特性,吉珠物流公司经理王华对3000平方米库房进行了分区布局,其中堆码区占地500平方米,货架区占地1500平方米,托盘货架区占地500平方米,立体仓库占地500平方米。

步骤2:货架布局

吉珠物流公司经理王华考虑到库房布局应美观整齐的要求,选择了横式货架布局,在货架区提供高层货架20组,每组5列30行。

步骤3:储位编码

本任务中,吉珠物流公司经理王华采用地址式方式对货架进行编码。

①确定库房号。吉珠物流公司根据库区平面图位置,按顺序给所有库房及料棚排号,将编码数字刷在库房醒目处。

②确定货架号。库房内以货架为单位按顺序编号,本任务货架编号为1~20号,并在货架明显处标记,货场一般按行列编号,直接标注在地上。

③确定货架的列号和行号。货架上单元格的编号规则是列号从左到右,行号从上到下,如表1-10所示。

表1-10　储位编码表(节选)

0501A01	0501B01	0501C01	0501D01	0501E01
0501A02	0501B02	0501C02	0501D02	0501E02
0501A03	0501B03	0501C03	0501D03	0501E03
0501A04	0501B04	0501C04	0501D04	0501E04
0501A05	0501B05	0501C05	0501D05	0501E05
0501A06	0501B06	0501C06	0501D06	0501E06
0501A07	0501B07	0501C07	0501D07	0501E07
0501A08	0501B08	0501C08	0501D08	0501E08
0501A09	0501B09	0501C09	0501D09	0501E09

步骤4:打印储位条码

吉珠物流公司员工启动条码打印机,打印编码。

步骤5:粘贴储位条码

吉珠物流公司员工将条码粘贴到指定储位,粘贴时应注意高度合理平整,便于扫描。

1.3　拣选作业

1.3.1　实训目标

◆ 掌握电子标签系统流程；

◆ 能完成电子标签拣货作业；

◆ 掌握摘取式拣货和播种式拣货方式。

1.3.2　任务描述

按表1-11和1-12,分别执行摘取式拣货和播种式拣货出库作业。

表 1-11　2012030501 出库单

货物代码	货物名称	单位	发货数量
MK3067	咪咪虾条	箱	17
MK3068	咪咪鱼干	箱	12
MK3069	咪咪鱿鱼丝	箱	14

表 1-12　2012030502 出库单

货物代码	货物名称	单位	发货数量
MK3067	咪咪虾条	箱	13
MK3052	咪咪葡萄干	箱	15
MK3069	咪咪鱿鱼丝	箱	19

1.3.3　知识链接

1. 拣选作业

仓库或配送中心发货过程中,针对客户的订单,将每个订单上所需的不同种类的商品,由仓库或配送中心取出集中在一起,包括拆包或再包装,即所谓的拣选(分拣、拣货)作业。

随着商业竞争日趋白热化,零售点对于商品配送的需求,转为多样少量、高频率的配送方式。

"在正确的时间内,将正确的商品及数量,以最好的产品状态与服务品质,在最低的

 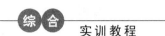
运送成本下,送到正确的场地,给正确的客户",这依赖整个仓库或配送中心各项作业的相互配合。但拣选作业的快慢及正确与否,将直接影响对客户的服务品质。

2. 拣选的功能

拣选作业是按订单将一种或多种存储货物取出,按顾客要求整理组合,包括拆包或再包装,并放置在指定地点的整套作业。

这里所说的订单是指拣选单、顾客订单、DC发货单、车间发料单等,它是我们拣选所依赖的信息。订单对手工作业来说是不可或缺的。

拣选作业的目的在于正确且迅速地集合顾客所订购的商品。

这也说明拣选作业的难度,既要有搬运的费力过程,又要有信息的准确。同时拣选还与保管和发货作业紧密相连,作业之间相互影响。

3. 电子标签辅助拣货

电子标签在现代物流中正发挥越来越大的作用。与传统出库方式相比,利用电子标签拣货可以实现无纸化作业,大大提高作业效率和准确率,使用户的出库时间大大减少。在日本和韩国,电子标签已成为大部分物流配送中心的标准配置。

电子标签拣货系统又称CAPS(Computer Assisted Picking System),其工作原理是通过电子标签进行出库品种和数量的指示,从而代替传统的纸张拣货单,提高拣货效率。电子标签在实际使用中主要有两种方式——DPS和DAS。

DPS(Digital Picking System)方式就是利用电子标签实现摘果法出库。首先要在仓库管理中实现库位、品种与电子标签对应。出库时,出库信息通过系统处理并传到相应库位的电子标签上,显示出该库位存放货品需出库的数量,同时发出光、声音信号,指示拣货员完成作业。DPS使拣货人员无需费时去寻找库位和核对商品,只需核对拣货数量,因此在提高拣货速度、准确率的同时,还降低了人员劳动强度。采用DPS时可设置多个拣货区,以进一步提高拣货速度。DPS一般要求每一品种均配置电子标签,对很多企业来说,投资较大。因此,可采用两种方式来降低系统投资。一是采用可多屏显示的电子标签,用一个电子标签实现多个货品的指示;另一种是采用DPS加人工拣货的方式:对出库频率最高的 $20\%\sim30\%$ 产品(占出库量 $50\%\sim80\%$),采用DPS方式以提高拣货效率;对其他出库频率不高的产品,仍使用纸张的拣货单。这两种方式的结合可确保拣货效率的提高,有效节省投资。

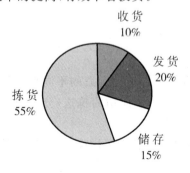

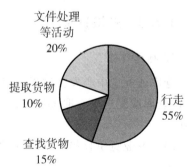

图 1-16

DAS(Digital Assorting System)是另一种常见的电子标签应用方式,根据这些信息可快速进行分拣作业。同DPS一样,DAS也可多区作业,提高效率。电子标签用于物流配送,能有效提高出库效率,并适应各种苛刻的作业要求,尤其在零散货品配送中有绝对优势,在连锁配送、药品流通场合以及冷冻品、服饰、音像制品等物流中有广泛应用前景。而DPS和DAS是电子标签针对不同物流环境的灵活运用。一般来说,DPS适合多品种、短交货期、高准确率、大业务量的情况;而DAS较适合品种集中、多客户的情况。无论DPS还是DAS,都具有极高的效率。据统计,采用电子标签拣货系统可使拣货速度至少提高一倍,准确率提高10倍。

企业是否应导入电子标签,衡量方法比较简单,主要看三方面:一是服务时间要求,二是准确率要求,三是成本要求。从成本角度来说,现阶段我国劳动力成本低,电子标签的成本似乎要高很多,但市场竞争对服务时间和准确率不断提出更高要求,企业必须要平衡费用和效率间的关系,仅靠增加人力来满足需求一方面不可能从根本上提高效率,另一方面长期的人工成本也是可观的。可以预见未来几年,电子标签在我国会有较大的发展。

图1-17 电子标签辅助拣货示意图

1.3.4 实训前准备

◆ 了解基本拣选方法;
◆ 了解电子标签辅助拣货流程;
◆ 准备WMS及"货物出库单"。

1.3.5 实训步骤

步骤1:启动系统

启动实训室的电子标签拣选系统。

步骤2:客户部进行订单处理

①登录WMS系统,选择"配送业务"—"货物发货订单",如图1-18所示。

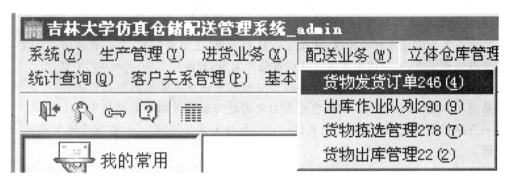

图 1-18 系统选择图

②填写"发货订单",如图1-19所示。

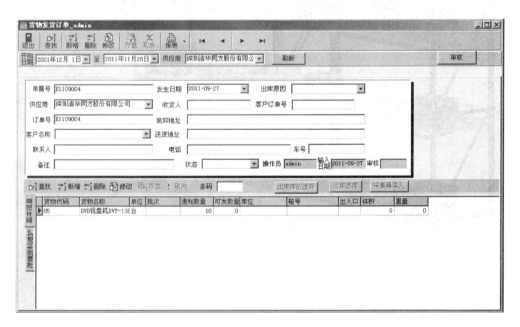

图 1-19 发货订单图

③进入拣选过程,选择"货物发货订单"—"货物拣选管理",如图1-20所示。

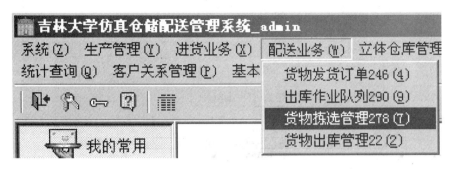

图 1-20　拣选管理图

④根据信息库存情况,填写拣选单,如图 1-21 所示。

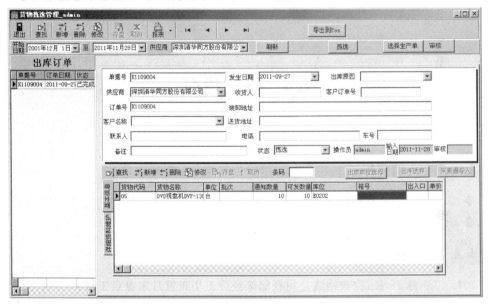

图 1-21　拣选单填写图

⑤打印"拣选单",如图 1-22 所示。

货 物 拣 选 单

供应商:　深圳清华同方股份有限公司　　　　单据号: K1109004

K1109004

货物代码	货物名称	单位	拣选数量	体积立方	重量T	库位	备注
05	DVD视盘机DVP-138A	台	10	0.23	0.00	E0202	
	合　　　计		10	0.23	0.00	--------	

备货仓管员:　　　　　　　　操作工号: admin　　　　　　　第1页 共1页
发货仓管员:　　　　　　　　仓库发货章:

打印日期: 2011-11-28

图 1-22　货物拣选单

步骤 3:拣货人员接到拣货指令后开始拣选工作

①利用手持终端设备,扫描"拣选单"单据号条码(图 1-23),此时,系统会自动点亮电

子标签,提示拣选人员进行相应操作。

图1-23 电子标签操作图

②正确完成货物拣选,确认拣选数量后点击"查询结果"—"确认"。至此电子标签拣货作业流程结束。

1.4 货物盘点

1.4.1 实训目标

◆ 掌握盘点的流程和注意事项;
◆ 能完成货物盘点工作。

1.4.2 任务描述

2012年3月25日,吉珠物流公司仓储部经理王华布置月末盘点工作:

(1)请通过人工盘点的方式对实际库存量进行盘点,将账面数量与盘点数量进行对比,找出差异并进行必要的分析处理,最终将盘点信息录入仓库管理系统,制作出盘点清单和盘点分析报告。

(2)利用RF手持终端对库存数量进行盘点,并与上一种方法进行效率对比分析。

1.4.3 知识链接

仓库中的库存物始终处于不断的进、存、出动态中,在作业过程中产生的误差经过一段时间的积累会使库存资料反映的数据与实际数据不相符。有些物品则因存放时间太长或保管不当,会发生数量和质量的变化。为了对库存物品的数量进行有效控制,并查清其在库中的质量状况,必须定期或不定期地对各储存场所进行清点、查核,这一过程称为盘点作业。盘点的结果经常会出现较大的盈亏,因此,通过盘点可以查出作业和管理中存在的问题,并通过解决问题提高管理水平,减少损失。

1. 盘点作业的目的

①查清实际库存数量。盘点可以查清实际库存数量,并通过盈亏调整使库存账面数

量与实际库存数量一致。账面库存数量与实际存货数量不符的主要原因通常是收发作业中产生的误差，如记录库存数量时多记、误记、漏记；作业中导致的损失、遗失；验收与出货时清点有误；盘点时误盘、重盘、漏盘等。通过盘点清查实际库存数量与账面库存数量，发现问题并查明原因，及时调整。

②帮助企业计算资产损益。对货主企业来讲，库存商品总金额直接反映企业流动资产的使用情况，库存量过高，流动资金的正常运转将受到威胁。而库存金额又与库存量及其单价成正比，因此为了能准确地计算出企业实际损益，必须进行准确无误的盘点。

③发现仓库管理中存在的问题。通过盘点查明盈亏的原因，发现作业与管理中存在的问题，并通过解决问题来改善作业流程和作业方式，提高人员素质和企业的管理水平。

2. 盘点作业的内容

①查数量。通过点数计数查明在库物品的实际数量，核对库存账面资料与实际库存数量是否一致。

②查质量。检查在库物品质量有无变化，有无超过有效期和保质期，有无长期积压等现象，必要时还必须对其进行技术检验。

③查保管条件。检查保管条件是否与各种物品的保管要求相符合。如堆码是否合理稳固，库内温度是否符合要求，各类计量器具是否准确等。

④查安全。检查各种安全措施和消防设备、器材是否符合安全要求，建筑物和设备是否处于安全状态。

盘点是为了避免账物不符的情况，对库存货品进行定期或不定期的盘点货清查。通过盘点核对系统库存数量与实物数量是否一致，检查货物状态是否正常，保证库存货品质量良好、数量正确。

3. 常见的盘点方法（表1-13）。

表1-13　常见的盘点方法和特点

编号	盘点方法	操作方法和特点
1	动态盘点	指核对处于动态的货品（即发生过收、发作业的货品）的余额是否与系统相符。动态盘点法有利于及时发现差错并及时处理
2	循环盘点	指周而复始地连续盘点库存货品，每天、每周按顺序一部分一部分地进行盘点，到了月末或期末，每项货品至少完成一次盘点。循环盘点法是保持存货记录准确性的可靠方法
3	期末盘点	指在期末对所有库存货品进行数量清点。必须关闭仓库做全面的货品清点，因此对货品的核对十分方便和准确，可以避免盘点中不少的错误
4	缺料盘点	指某一货品的存量低于一定数量时，防止断货而对其进行的盘点。例如，大包装货品低于200个，小包装货品低于500个时，应及时盘点
5	重点盘点	指对进出频率高、易损耗的或昂贵的货品所用的盘点方法
6	全面盘点	指对在库货品进行全面的盘点清查，多用于清仓查库或年终盘点
7	临时盘点	指在台风、梅雨、严冬等灾害性季节进行临时性突击盘点

4. 盘点的一般流程

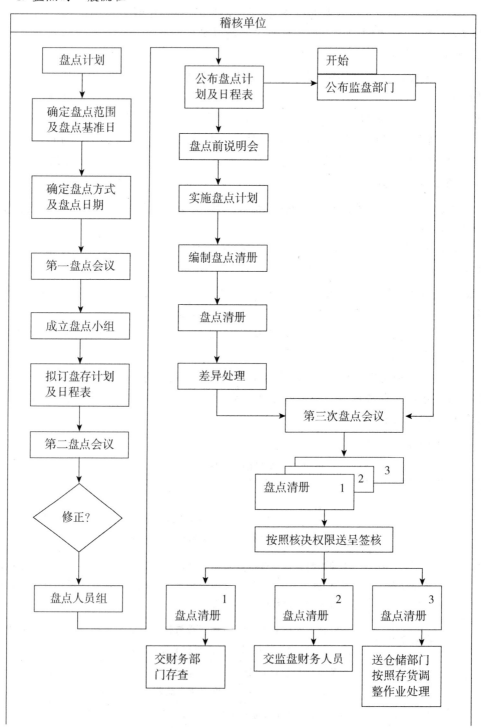

图 1-24　盘点流程图

1.4.4 实训前准备

◆ 准备相应的盘点工具,如 RF 阅读器、磅秤、皮尺等;

◆ 准备盘点的相关表单;

◆ 将学生分成若干小组,分小组讨论本次实训任务设计的专业知识和任务步骤,然后自行分工,按实训要求操作。

1.4.5 实训步骤

步骤 1:盘点准备

①确定盘点程序和盘点方法;

②制订盘存计划,包括日期、进度、清点范围等;

③打印盘存单;

④根据盘存计划配备盘存小组人员,包括领导人员及清点人员;

⑤仓库清理;

⑥分类整理实物,凡残损或变质的货物应另行堆放,做好标记,记录数量以备盘存清点后处理;

⑦准备好盘存工具。

步骤 2:清点货物

①按计划仔细盘存,每种货物清点两次,盘存的同时清洁货物;

②查验货物尺寸,根据约定或货物的特性,用标准量器(如卡尺、直尺、卷尺等)丈量货物的长、宽、高;

③查验货物重量;

④查验货物表面状态,检验货物是否符合单据、合同所描述的状态和质量标准。

步骤 3:剔除残损

盘点员将外表状况不良、怀疑内容物有损坏的货物剔除,单独存放,避免与其他正常货物混淆。对被剔除的货物进行质量检验,确定其内容是否受损及受损程度。对不良货物可以采取修理、重新包装等措施进行处理并填写换包装记录表。

步骤 4:货物分拣

盘点员对同时入库的多品种、多规格货物,按分货种、分规格、分批次的方式进行分拣分类。按颜色、尺码所进行的分拣作业,盘点员应该核查分类的准确性。盘点员对要求开包进行内容分拣的货物,进行独立分拣作业。

步骤 5:填写盘点表

盘点员根据清点后的数量,填写盘存单相应栏位(如表 1-14 所示),复盘人员进行复盘,并将复盘结果填入盘存的相应栏位。如果复盘数量与初盘数量不一致,初盘人员再次清点,确定最终数量。

表 1-14　盘存单

日期	
盘存单号码	
品项号码	
存放位置	
数量	
盘点人	
日期	
盘存单号码	
品项号码	
存放位置	
数量	
查核人	

步骤 6：汇总核对盘点结果

盘点员将盘存单汇总，并将盘点所得的库存货物的实际数量与库存账目核对，制作盘点盈亏汇总表。

步骤 7：盘点结果处理

①由于人为盘点操作不规范导致的盘点差异，可通过再次复盘解决。

②由于账务制度造成的盘点差异，由主管部门调整和完善账务制度。

③盈处理：应及时上报领导，经审批后再调整账务，加强管理，保证以后账务处理的正确性。

④亏处理：如果是发错货，公司应给予相关责任人适当处罚，并同时安排人员查找收货单位尽可能追回货品；如果是因管理不善而丢失货品，公司应及时处理，以赔偿等方式来解决问题。

步骤 8：编制并上报盘点分析报告

盘点小组及相关人员编制货物盘点分析报告，向上级主管报告盘点的最终结果和相应的分析结论和建议。

利用 RF 进行库存盘点的相关内容详见实训六的 6.2 部分。

1.5　3D实训系统仓储业务实训

1.5.1　合同业务

1. 相关知识

合同是平等主体的自然人、法人、其他组织之间设立、变更、终止民事权利义务的协议。公司与公司的合作都是从"合同"开始的,合同一经双方签订,就意味着合同中所有条款生效并无条件执行。

仓储合同,是指当事人双方约定由保管人(又称仓管人或仓库营业人)为存货人保管储存的货物,存货人支付仓储费的合同。

仓储合同具有以下特征:

第一,仓库营业人须有仓储设备并是专事仓储保管业务的人。在仓储合同中,作为保管存货人货物的一方,只能是仓库营业人。仓库营业人可以是法人,也可以是个体工商户、合伙人,但必须具备一定的资格,即具有仓储设备和专门从事仓储保管业务。所谓仓储设备,指能够满足储藏和保管物品所需要的设施。所谓专事仓储保管业务,指经过仓储营业登记专营或兼营仓储保管业务。

第二,仓储合同的保管对象须为动产,且是特定物或特定化的标的物。一般来说,仓储合同的标的物都是特定的,即使原属于种类物的标的物,通过仓储合同也被特定化了。

第三,仓储合同为实践性合同,但当事人另有约定的除外。

第四,仓储合同为双务有偿合同。所谓双务合同指合同双方当事人的权利和义务是相互对应的,双方相互享有权利、负有义务。有偿合同是指双方当事人要按照等价有偿的原则,从对方取得权利时必须偿付一定的代价。

第五,仓储合同可能为要式合同,也可为不要式合同。

仓储合同的成立应具备如下条件:

第一,必须有双方当事人即仓管人和仓储人。

第二,双方当事人意思表示必须一致。仓储合同的双方当事人必须就仓储合同的主要条款达成一致,合同方能成立。

仓储合同一般包括如下主要条款:

①货物的品名或品类;

②货物的数量、质量及包装;

③货物验收的内容、标准、方法、时间;

④货物保管的条件和保管要求;

⑤货物进出库手续、时间、地点、运输方式;

⑥货物损耗标准和损耗处理;

⑦计费项目、标准和结算方式、银行、账号、时间;

⑧责任的划分和违约处理;

⑨合同的有效期限等。

第三,要式仓储合同必须采取书面形式。

第四,实践性的仓储合同必须有保管标的物的交付。

合同方的权利与义务:

(1)保管方的义务与存货方的权利

①保证货物完好无损。

②对库场因货物保管而配备的设备,保管方有义务加以维修,保证货物不受损害。

③在由保管方负责对货物搬运、看护、技术检验时,保管方应及时委派有关人员处理。

④保管方对自己的保管义务不得转让。

⑤保管方不得使用保管的货物,其不对此货物享有所有权和使用权。

⑥保管方应做好入库的验收和接受工作,并办妥各种入库凭证手续,配合存货方做好货物的入库和交接工作。

⑦对危险品和易腐货物,如不按规定操作和妥善保管,造成毁损,则由保管方承担赔偿责任。

⑧一旦接受存货方的储存要求,保管方应按时接受货物入场。

(2)存货方的义务与保管方的权利

①存货方对入库场的货物数量、质量、规格、包装应与合同规定内容相符,并配合保管方做好货物入库场的交接工作。

②按合同规定的时间提取委托保管的货物。

③按合同规定的条件支付仓储保管费。

④存货方应向保管方提供必要的货物验收资料。

⑤对危险品货物,必须提供有关此类货物的性质、注意事项、预防措施、采取的方法等。

⑥由于存货方的原因造成退仓、不能入库的,存货方应按合同规定赔偿保管方。

⑦由于存货方的原因造成不能按期发货的,由存货方赔偿逾期损失。

仓储合同中的违约责任:

(1)仓储合同中保管人的违约责任

①保管人验收仓储物后,在仓储期间发生仓储物的品种、数量、质量、规格、型号不符合合同约定的,承担违约赔偿责任。

②仓储期间,因保管人保管不善造成仓储物毁损、灭失,保管人承担违约赔偿责任。

③仓储期间,因约定的保管条件发生变化而未及时通知存货人,造成仓储物的毁损、灭失,由保管人承担违约损害责任。

(2)仓储合同中,存货人的违约责任

①存货人没有按合同的约定对仓储物进行必要的包装或该包装不符合约定要求,造成仓储物的毁损、灭失,自行承担责任,并由此承担给仓储保管人造成的损失。

②存货人没有按合同约定的仓储物的性质交付仓储物，或者超过储存期，造成仓储物的毁损、灭失，自行承担责任。

③危险有害物品必须在合同中注明，并提供必要的资料，存货人未按合同约定而造成损失，自行承担民事和刑事责任，并承担由此给仓储人造成的损失。

④逾期储存，承担加收费用的责任。

⑤储存期满不提取仓储物，经催告后仍不提取，仓储人承担由此提存仓储物的违约赔偿责任。

2. 实训要求

◆ 了解客户开发的流程以及进行客户开发的方法，能够进行仓储客户接洽，能够与客户进行沟通、交流；

◆ 学会制订销售计划；

◆ 能熟练撰写仓储合同，熟悉合同签订的流程，掌握需签订合同的条款内容和格式。

3. 实训内容

(1)实训背景

您所在的公司背景：

益达物流服务有限公司，主要从事第三仓储配送物流服务，其中主营业务有仓储物流外包服务，包括仓储保管、流通加工、条码管理、装卸作业及城市/国际配送物流服务。

客户背景：

新华贸易公司成立于1992年，是一家以批发贸易为主营业务的综合商业集团公司，主要经营业务包括四大类商品的代理、批发及相关的仓储、配送业务。四大类商品分别是电器类、日化类、化妆品类、食品类。公司始终坚持以质量为本，以技术贸易为主导，以服务取胜，以诚信为纲的经营宗旨，凭借良好的信誉在国内外多个领域享有盛誉。

服务的目标客户有：

大型卖场超市(百佳超级市场、好又多超级市场、国美电器城、苏宁电器城)。

小型超市(7-eleven便利店、OK便利店、华联超市)。

任务背景：

经过益达物流公司长期的客户拜访与跟进后，新华贸易公司决定在2009年7月14日至2010年7月14日期间委托第三方物流企业益达物流公司为其提供物流服务，包括仓储保管、流通加工、条码管理、装卸作业及城市配送等。

表 1-15　新华贸易公司商品信息

编号	货物名称	类型	规格	单位	第二单位	单位换算率	条形码	制造商
BOX	电子标签拣货箱子	其他		箱		0		
MK6	白糖1吨×20包	食品		箱		1	1111111117	新华贸易公司
MK7	薄荷雪碧塑 600mL×15	食品		箱	瓶	1	1111111118	新华贸易公司
MK8	芬达柠檬塑 600mL×	食品		箱	瓶	1	1111111119	新华贸易公司

（续表）

编号	货物名称	类型	规格	单位	第二单位	单位换算率	条形码	制造商
MK9	芬达橙玻 200mL×24	食品		箱	瓶	1	1111111120	新华贸易公司
MK10	芬达橙玻 ULTRA200mL	食品		箱	瓶	1	1111111121	新华贸易公司
MK11	芬达橙罐 355mL×24B	食品		箱	罐	1	1111111122	新华贸易公司
MK12	芬达橙塑 355mL×6C	食品		箱	罐	1	1111111123	新华贸易公司
MK13	芬达橙塑 1.25L×12A	食品		箱	瓶	1	1111111124	新华贸易公司
MK14	芬达橙塑 1.25L×6	食品		箱	瓶	1	1111111125	新华贸易公司
MK15	芬达橙塑 1.5L×12A	食品		箱	瓶	1	1111111126	新华贸易公司
MK16	芬达橙塑 1.5L×12B	食品		箱	瓶	1	1111111127	新华贸易公司
MK17	芬达橙塑 1.5L×12CC	食品		箱	瓶	1	1111111128	新华贸易公司
MK18	芬达橙塑 2.25L×6A	食品		箱	瓶	1	1111111129	新华贸易公司
MK19	芬达橙塑 2.25L×6B	食品		箱	瓶	1	1111111130	新华贸易公司
MK20	芬达橙塑 2.25L×6C	食品		箱	瓶	1	1111111131	新华贸易公司
MK21	芬达橙塑 2L×6A	食品		箱	瓶	1	1111111132	新华贸易公司
MK22	芬达橙塑 2L×6B	食品		箱	瓶	1	1111111133	新华贸易公司
MK23	芬达橙塑 2L×6C	食品		箱	瓶	1	1111111134	新华贸易公司
MK24	芬达橙塑 500mL×12B	食品		箱	瓶	1	1111111135	新华贸易公司
MK25	芬达橙塑 500mL×24A	食品		箱	瓶	1	1111111136	新华贸易公司
MK26	芬达橙塑 600mL×12	食品		箱	瓶	1	1111111137	新华贸易公司
MK27	芬达橙塑 600mL×12B	食品		箱	瓶	1	1111111138	新华贸易公司
MK28	芬达橙塑 600mL×12C	食品		箱	瓶	1	1111111139	新华贸易公司
MK29	芬达橙塑 600mL×24A	食品		箱	瓶	1	1111111140	新华贸易公司
MK30	芬达混包罐 355mL2×1	食品		箱	罐	1	1111111141	新华贸易公司
MK31	芬达苹果 RB200mL×24	食品		箱	瓶	1	1111111142	新华贸易公司
MK32	芬达苹果 RB250mL×24	食品		箱	瓶	1	1111111143	新华贸易公司
MK33	芬达苹果玻 200mL×24	食品		箱	瓶	1	1111111144	新华贸易公司
MK34	芬达苹果罐 355mL×12	食品		箱	罐	1	1111111145	新华贸易公司
MK35	芬达苹果罐 355mL×24	食品		箱	罐	1	1111111145	新华贸易公司
MK36	芬达苹果塑 600mL×12	食品		箱	瓶	1	1111111146	新华贸易公司
MK37	芬达青柠檬塑 355mL×24	食品		箱	罐	1	1111111147	新华贸易公司

（续表）

编号	货物名称	类型	规格	单位	第二单位	单位换算率	条形码	制造商
ML38	芬达青柠檬塑600mL×12	食品		箱	瓶	1	1111111148	新华贸易公司
MK39	芬达阳光橙罐355mL×24	食品		箱	罐	1	1111111149	新华贸易公司
MK40	芬达阳光橙塑500mL×12	食品		箱	瓶	1	1111111150	新华贸易公司
MK41	芬达阳光橙塑600mL×12	食品		箱	瓶	1	1111111151	新华贸易公司
MK42	火辣雪碧塑600mL×12	食品		箱	瓶	1	1111111152	新华贸易公司
MK43	健怡可乐罐355mL×24	食品		箱	罐	1	1111111153	新华贸易公司
MK44	健怡柠檬355mL×24	食品		箱	罐	1	1111111154	新华贸易公司
MK45	健怡柠檬355mL×6	食品		箱	罐	1	1111111155	新华贸易公司
MK46	可口玻UTC250mL×24	食品		箱	瓶	1	1111111156	新华贸易公司
MK47	可口可乐玻192mL×24	食品		箱	瓶	1	1111111157	新华贸易公司
MK48	可口可乐玻250mL×24	食品		箱	瓶	1	1111111158	新华贸易公司
MK49	可口可乐玻250mL×24	食品		箱	瓶	1	1111111159	新华贸易公司
MK50	可口可乐玻355mL×24	食品		箱	瓶	1	1111111160	新华贸易公司
MK51	可口可乐罐300mL×6C	食品		箱	瓶	1	1111111161	新华贸易公司
MK52	可口可乐罐355mL×24	食品		箱	罐	1	1111111162	新华贸易公司
MK53	可口可乐罐355mL×24	食品		箱	罐	1	1111111163	新华贸易公司
MK54	可口可乐瓶箱250mL	食品		箱	瓶	1	1111111164	新华贸易公司
MK55	可口可乐塑1.25L×12	食品		箱	瓶	1	1111111165	新华贸易公司
MK56	可口可乐塑1.25L×12	食品		箱	瓶	1	1111111166	新华贸易公司
MK57	可口可乐塑1.25L×12	食品		箱	瓶	1	1111111167	新华贸易公司
MK58	可口可乐塑1.25L×6C	食品		箱	瓶	1	1111111168	新华贸易公司
MK59	可口可乐塑2.25L×6A	食品		箱	瓶	1	1111111169	新华贸易公司
MK60	可口可乐塑2.25L×6B	食品		箱	瓶	1	1111111170	新华贸易公司
MK61	可口可乐塑2.25L×6C	食品		箱	瓶	1	1111111171	新华贸易公司
MK62	可口可乐塑2L×6A	食品		箱	瓶	1	1111111172	新华贸易公司

（2）实训任务

请根据相关背景资料，以益达物流公司的身份，模拟完成：

①制订销售计划；

②调查了解新华贸易公司后，建立该公司的拜访资料；

③2人一组模拟客户拜访，最终与新华贸易公司建立合作关系；

④草拟销售合同,与新华贸易公司签订仓储合同,将仓储合同交销售经理审核;

⑤撰写销售工作报告,进行本月工作总结,并制订下月销售计划;

⑥对销售计划进行审核;

⑦完成不同角色"任务题库"中的内容。

(3)参与角色

表1-16　实训角色分配表

序号	角色名称	对应任务
1	销售代表	制订销售计划
2	销售代表	建立拜访资料
3	销售代表	合同草拟
4	销售经理	合同审核
5	销售经理	撰写销售工作报告
6	总经理	审核工作报告

4.实训指导

(1)合同业务角色流程图

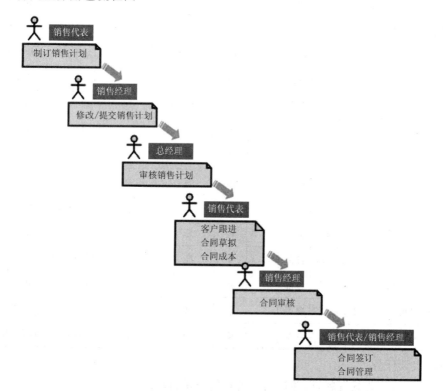

图1-25　合同业务流程图

（2）合同成本费用列表

表1-17 合同费用率

序号	费用名称	单价(人民币)/立方
1	入库费	200
2	出库费	150
3	理货费	40
4	仓储费	40
5	包租费	80
6	装卸费	30
7	加工费	120
8	入库装卸费	35
9	出库装卸费	20
10	包装费	70
11	条码费	60
12	盘点费	120
13	移库费	75
14	退货费	10
15	提货费	120
16	配送费	10
17	特殊处理	20

（3）操作指南

①制订销售计划。

操作流程：

• 销售代表选择"任务中心"—"合同业务"任务，"实训中心"—"合同管理"—"销售计划"。

• 点击"新增",输入合同相关内容,填写完整销售计划内容后"存盘"。

范例:

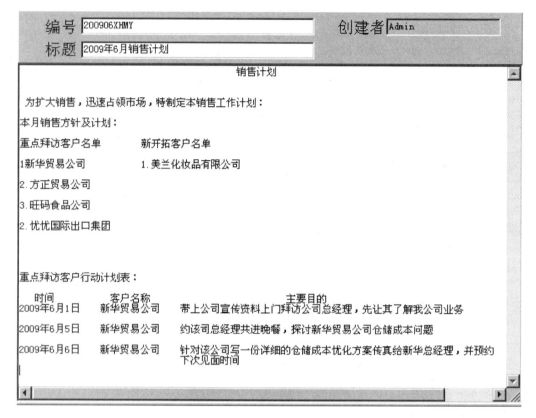

图1-26 "合同管理"界面示意图

②建立客户资料。

操作流程:

• 销售代表选择"任务中心"—"合同业务"任务,"实训中心"—"客户管理"—"客户拜访与资料建立"。

• 点击"新增",输入合同相关内容,填写完整销售计划内容后"存盘"。

范例:

编号 XHMY001　　　　　　　　　　客户资料

填写日期：2009-06-10 ▼

客户	新华贸易公司	地址	州市白云区新贸路新华工业区	电话	020-85774121

经营者概况

姓名	任新华	性别	男 ▼	年龄	35	籍贯	广东
学历	研究生	语言	汉语	性情	随合	品性	良好
配偶影响		信誉	诚信	曾否前科	否	曾倒闭否	否

社会关系

法人代表	任新华	实权者	任新华	与经营者关系	同一人

金融状况

往来银行	建设银行白云支行	记事	
账号	2054478124555424	兑现情况	

资金状况　☑丰裕　☑充足　☑紧张　☑短缺　☑危险

付款情况

付款态度　☑爽快　☑普通　☑尚可　☑迟延　☑为难　☑欠款

其它说明

经营概况

经营方针　☑积极　☑保守　☑坚实　☑平常　☑零乱　☑投机

业务状况　☑兴隆　☑渐盛　☑常态　☑衰退　☑危险

营业种类　贸易

进货对象　1 品牌占 00%　2 牌占 %　3 品牌占 %

销售对象　1 门市 80%　2 机关 0%　3 批发 10%　4 其它 10%

销售范围　☑本地　☑其它

销售价格　☑合理　☑略低　☑略高　☑削价

营业性质　☑专营　☑兼营

营业性质　☑专营　☑兼营

每月平均销售实绩　100万

最高月额	进货	500	最低月额	进货	200
	销售	400		销售	100
	存货	100		存货	100

一般概况

组织	☑独资	☑合资	☑股份公司	
门市面积	☑大	☑中	☑小	
开业时间	1992-05-08 ▼			
门市布置	☑好	☑普通	☑可以	☑不好
仓库	☑大	☑中	☑小	☑无
退货习惯	☑无	☑合理	☑不正常	☑正常
财务管理	☑佳	☐普	☐劣	☐无
存货管理	☑佳	☑可以	☑一般	☑劣
店铺	☑自有，市价		☑租用，租金	
店址	☑闹市	☑商店街	☑住宅街	☑工矿区　☑摩托车
车辆	☑轿车	☑大卡车	☑三轮车	☑车辆4
同行业中地位	☑领导地位	☑具影响力	☑一流	☑二流　☑三流
员工情况	☑店员	☑修理员	☑推销员	☑临时工
对国际名牌认识程度	☑了解	☑略知	☑熟悉	☑不知　☑颇感兴趣
最近半年来实变化	以往每月平均实绩 100	概况		预测
与其他厂家的特殊关系				

图 1-27　"客房资料管理"示意图

③合同的草拟、签订。

本模块作为整个流程业务的开始，在商业交易中，当买卖双方达成买卖意向之后，就

 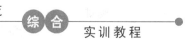
会通过确立合同的方式来明确双方的权利与义务,草拟合同为正式合同签订的前阶段。

操作流程:

• 销售代表选择"任务中心"—"合同业务"任务,"实训中心"—"客户管理"—"合同管理"。

• 点击"新增",输入合同相关内容,填写完整合同表体内容后,经双方代表签字"确认",则表明合同生成。

各项内容填写说明:

甲方(仓储服务购买方,即租用仓库一方):名称;地址。

法定代表人:受公司授权签订此份合同的自然人。

营业执照证号:公司注册时工商管理局颁发的营业执照上的号码,通常"个体工商户营业执照"注册号由13位数字码连续排列组成:前6位为该个体工商户登记主管机关所在地的行政区划代码;第7位为识别号,个体工商户的识别号为3(私营企业以外的内资企业的识别号为1,私营企业的识别号为2);后6位为个体工商户登记主管机关赋予个体工商户的顺序,如1101052966541。

乙方(仓储服务提供方,即仓储设施设备财产所有者):相关项目的填写比照甲方对应项的填写规范。

接下来部分为具体合同内容,即该份合同的真实意愿,按要求填好即可。

乙方权利与义务:出租仓库现有设施设备按实际情况填写;相关物流费用按双方协定的实际产生的费用输入,包括收费项目和收费价格;期限、租金和结算办法:按双方协商一致后的实际情况填写。

同时,一份内容完整的合同还应包括违约后相关责任方应承担的责任,即违约责任规范。最后,草拟好的合同经双方确认无违背双方真实意愿后,需双方代表在合同的最下方签字确认。

甲方、乙方:签上公司的全名称。

授权代表:公司授权签订此份合同的自然人。

日期:合同具体签订的日期。

注意事项:草拟合同表体内的合同编号无需手工填写,点击"新增"弹出草拟合同表体的时候已自动生成。

合同编号:主要用以区分具体某个时间签订的合同,便于日后针对该合同的履行进行跟踪查阅。编号一般可以按以下规范填写:公司名称首字母+签订合同日期+三位数字序列号。如益达物流有限公司于2008年09月12号签订的一份合同可以表示为YD20080912001。

货主(即为货物所有人,物流服务公司的上游客户):选择相应货主即可。

合同标题:该份合同的名称,主要根据其类型进行命名,便于区分查找。

合同类型:合同类属哪方面的合同,如仓储合同、销售合同、劳务合同等。

签订日期:为合同实际签订日期。

生效日期:一般即是合同签订日期,因为合同一经签订即在法律上确立了双方的关系,合同双方则必须按合同规定履行合同,否则将构成违约。

截止日期:合同实际生效的最后日期,一般同合同签订和生效日期。

合同成本分析:根据所产生的费用和公司通过此单业务所得收益间的一个权衡的对比,通过成本分析来评估该单业务的成效。

合同费用:完成此份合同的整个过程所产生的相关费用,比照"费用参考"进行填写。

范例:

合同编号:XHMY200907001
货主:新华贸易公司
合同标题:新华贸易公司仓储合同
签订日期:2009-07-01
合同类型:仓储合同
生效日期:2009-07-01
截止日期:2010-07-01
合同费用:

费用名称	费用金额	计费类型
入库费	200	占用面积(1立方米)
出库费	150	占用面积(1立方米)
仓储费	40	占用面积(1立方米)
装卸费	30	占用面积(1立方米)
入库装卸费	35	占用面积(1立方米)
出库装卸费	20	占用面积(1立方米)
盘点费	120	占用面积(1立方米)
移库费	75	占用面积(1立方米)
退货费	10	占用面积(1立方米)
提货费	120	占用面积(1立方米)
配送费	10	占用面积(1立方米)
理货费	40	占用面积(1立方米)
包租费	80	占用面积(1立方米)

甲方:益达物流服务有限公司
地址:益达配送中心
法定代表人:杨益
营业执照证号::2303 0219 9211 022
乙方:新华贸易公司

图 1-28 合同范例

地址：广州市白云区新贸路新华工业区

法定代表人：任新华

营业执照证号：4401 1111 8888 8

合同编号：etwt   合同签订及履行地：益达配送中心

根据《中华人民共和国合同法》有关规定,经甲、乙双方好协商,就甲方租用乙方位于 广州 市益达配送中心 (详细地址)实际使用总面积为 2000 平方米仓库 2 间(下称"协议仓库")用于储存美的牌系列家用电器产品(具体包括：芬达饮料、白糖 共 62 种)及相关的物流增值服务,仓储货物保管的具体事项达成如下协议：

一、甲方权利与与义务

(一)甲方配备管理人员和保安,负责产品收、发、存管理,仓库范围的 24 小时巡查,保证产品防盗安全。

(二)甲方负责对存放于协议仓库内产品向保险公司投普通财产保,并承担保险费用。

(三)仓库范围内,未经甲方许可,乙方不得擅自进入,但甲方必须保证仓库用于协议用途。

(四)协议期内,有权随时对仓库实际使用面积、设施及货物收发存、安全管理等情况进行查。

(五)按约定支付租金。

二、乙方权利和义务

(一)按约定提供适用之仓库并保证仓库消防设施符合国家法律、法规规定,根据仓库实际情况,乙方库房范围内必须配备消防龙头 10 个,消防水带 10 卷,气体灭火器 10 支。

(二)水、电、电话设施齐全,并承担安装、使用费用及维护责任,保证甲方正常使用。

(三)保证仓库可防御水浸等意外事故,并承担意外事故赔偿责任。

(四)按约定收取租金。

(五)物流服务收费项目另行约定,参考见下表。

相关物流服务费用如下：

序号	物流服务明细	收费用单价	数量	费用合计
1	入库费	200	每立方米	200
2	出库费	150	每立方米	150
3	理货费	40	每立方米	40
4	仓储费	40	每立方米	40
5	包租费	80	每立方米	80

图 1-29 合同范例(续 1)

序号	物流服务明细	收费用单价	数量	费用合计
6	装卸费	30	每立方米	30
7	加工费	120	每立方米	120
合计				

三、期限、租金及结算办法

(一)租赁期:自 2009-07-01 ▼ 至 2010-07-01 ▼,最长不得超过一年,否则超过部分无效,期间届满前半个月,双方协商续约事宜。

(二)租金:每月每平方米 5 元,每月合计 10000 元。

四、结算办法

乙方提交等额含 增值 税发票交甲方自签收之日起一个月内电汇至乙方指定银行账户。

五、违约责任

(一)租赁期内,任何一方未经另一方同意,不得擅自解除合同,否则,以一个月租金向守约方支付违约金。但系出现法定之解除因素的除外。如系甲方提前解除合同的,甲方在支付规定违约金后,乙方不得以任何理由扣留甲方产品,否则,由此造成甲方的一切损失由乙方全额赔偿。

(二)租赁期内,乙方将仓库改作他用的,应提前一个月通知甲方,以便甲方准备转仓事宜,由此造成甲方转仓等费用的增加由乙方承担,并以一个月租金向甲方支付违约金。

(三)甲方未按约定期限支付租金的,每延迟的一天,按应付未付部分的 1‰支付违约金,并即时支付租金。

(四)乙方对仓库内产品出现之意外事故(如水浸等)损失按甲方产品出厂价全额赔偿。

(五)甲方投保范围内出现之产品损失,若系甲方原因造成的,乙方免责;若系乙方原因造成的,且保险理赔额不足以偿还甲方损失的,由乙方全额承担。

(六)乙方提供之实际使用面积与本协议内所填列面积不符,即少用多填,无论何种原因,经甲方稽查属实,除扣回甲方已多付租金外,按多付金额的 100%支付违约金。

(七)乙方未按合同规定配置相应设施的,无论何种原因,经甲方稽查属实,除责令乙方限期改正外,按当月租金 10%～30%支付违约金。

甲方: 岳达物流服务有限公司   乙方: 新华贸易公司

授权代表:杨益   授权代表:任新华

日期:2009-07-01 ▼   日期:2009-07-01 ▼

图 1-30　合同范例(续 2)

④合同审核。

销售代表与客户签订合同后，合同经审核才生效。

操作流程：

• 销售经理选择"任务中心"—"合同业务"任务，"实训中心"—"合同审核"—"合同管理"。

• 找到签署的那份合同，认真查阅各项后，点击"审核"—"是"即可。

范例：

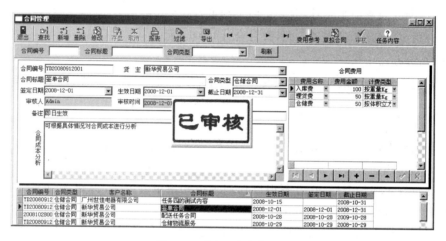

图 1-31 "合同审核"界面

⑤撰写销售工作报告。

操作流程：

销售经理选择"任务中心"—"合同业务"任务，"实训中心"—"销售管理"—"销售工作报告"。

范例：

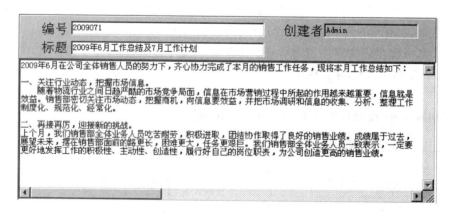

图 1-32 "销售工作报告"界面

操作流程：

总经理选择"任务中心"—"合同业务"任务，"实训中心"—"审核各种计划"—"审核销售计划"。

范例：

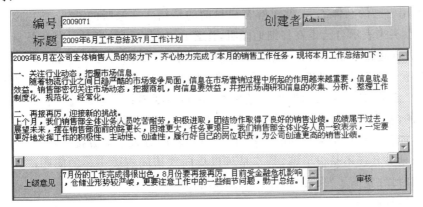

图 1-33 "审核销售计划"界面

1.5.2 客户投诉处理

1. 知识链接

(1)处理客户投诉技巧

当客户在接受企业物流服务的过程中进行投诉时,原因可能是来自于物流部门提供的商品,也可能来自于服务。投诉的行为一旦做出,不论是对客户,或是对物流部门而言,都是一个不愉快的事情。

从客户角度来说,拿到与订单不符的商品或是对物流部门提供的服务品质和项目不满,都可能会对客户的经营造成伤害。至于物流部门本身,则可能因为客户的不满而降低其对企业的信心。情况严重的,还可能影响到企业的信誉及利润。有的研究资料指出,客户有如企业的免费广告,当客户有好的体验时会告诉 5 个其他的客户,但是一个不好的体验可能会告诉 20 个其他客户。因此,如何让客户成为企业有利的免费宣传媒介,使企业不断发展下去,在一定程度上有赖于企业物流服务人员能否谨慎处理客户的每一个不满与投诉。

物流部门对客户投诉的处理步骤不论是第一线的物流业务人员、管理人员或者是部门负责客户服务的专职人员,在接获客户投诉时的处理原则都是一致的。其主要目的在于使客户的投诉得到妥善的处理,在情绪上觉得受到尊重。因此,在处理客户抱怨时应遵循下列步骤:

①要有效地倾听客户各种不满陈述。

为了让客户心平气和,在有效倾听时应做到下列事项:

a. 让客户先发泄情绪。当客户还没有将事情全部述说完毕之前,就中途打断,做一些言词上的辩解,只

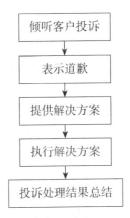

图 3-34 物流部门客户投诉处理步骤

会刺激对方的情绪。如果能让客户把要说的话及要表达的情绪充分发泄,往往可以让对方有一种较为放松的感觉,心情上也比较平静。

b. 善用自己的肢体语言,并了解客户目前的情绪。在倾听的时候,应以专注的眼神及间歇的点头来表示自己正在仔细地倾听,让客户觉得自己的意见受到重视。同时也可以观察对方在述说事情时的各种情绪和态度,以此来决定以后的应对方式。

c. 倾听纠纷发生的细节,确认问题所在。倾听不仅是一种动作,还必须认真了解事情的每一个细节,然后确认问题的症结所在,并利用纸笔将问题的重点记录下来。如果对于投诉的内容不是十分了解,可以在客户将事情说完之后再问对方。不过在这一过程中,千万不能让客户产生被质问的印象,而应以婉转的方式请对方提供情况,例如:"很抱歉,有一个地方我还不是很了解,是不是可以再向您请问有关……的问题。"并且在对方说明时,随时以"我懂了"来表示对问题的了解状况。

②表示道歉。

不论引起客户不满的责任是否属于物流部门,如果能够诚心地向客户道歉,并对客户提出的问题表示感谢,都可以让客户感到自己受到重视。事实上,从物流部门的立场来说,如果没有客户提出投诉,物流经理也就不知道有哪些方面的工作有待改进。一般来说,客户之所以投诉,表示他关心这家企业,愿意继续与之合作,并且希望这些问题能够获得改善。因此,任何一个客户投诉都值得物流部门道歉并表示感谢。

③提供解决方案。

所有的客户投诉都必须向其提出解决问题的方案。在提供解决方案时,必须考虑下列几点:

a. 掌握问题重心,分析投诉事件的严重性。通过倾听将问题的症结予以确认之后,要判断问题严重到何种程度,以及客户有何期望。这些都是处理人员在提出解决方案前必须考虑的。例如,客户对于配送时间延迟十分不满,进行投诉。就必须先要确认此行为是否已对客户造成经营上的损失,若是希望赔偿,其方式是什么,赔偿的金额为多少,这些都应该进行相应的了解。

b. 有时候客户投诉的责任不一定属于物流部门,可能是由企业其他部门所造成。例如送过去的产品——在奶粉里面发现异物,其责任应在企业生产部门,此时应会同生产部门处理,并为客户提供协助和保持联络,以表示关心。

c. 按照物流部门既定的办法处理。物流部门一般对于客户投诉有一定的处理方法,在提出解决客户投诉的办法时,要考虑到既定方针。有些问题只要引用既定的办法,即可立即解决,例如补货、换货的处理;至于无法援引的问题,就必须考虑做出弹性处理,以便提出双方都满意的解决办法。

d. 处理者权限范围的确定。有些客户投诉可以由物流部门的客户服务人员立即处理,有些就必须报告物流经理,这些视物流部门如何规定各层次的处理权限范围而定。在服务人员无法为客户解决问题时,就必须尽快找到具有决定权的人士解决,如果让客户久等之后还得不到回应,将会使其又回复到气愤的情绪上,前面为平息客户情绪所做的各项努力都会变成无用功。

④让客户认同解决方案。

处理人员所提出的任何解决办法,都必须亲切诚恳地与客户沟通,并获得对方的同意,否则客户的情绪还是无法恢复。若是客户对解决方法还是不满意,必须进一步了解对方的需求,以便做新的修正。有一点相当重要:对客户提出解决办法的同时,必须让对方也了解物流部门为解决问题所付出的诚心与努力。

⑤执行解决方案。

当双方都同意解决的方案之后,就必须立即执行。如果是权限内可处理的,就迅速利落、圆满解决。若是不能当场解决或是权限之外的问题,必须明确告诉对方事情的原因、处理的过程与手续、通知对方的时间及经办人员的姓名,并且请对方留下联络方式,以便事后追踪处理。在客户等候期间,处理人员应随时了解投诉处理的过程,有变动必须立即通知对方,直到事情全部处理结束为止。

⑥客户投诉处理结果总结。

这一步骤主要应从以下两个方面做好工作:

a. 检讨处理得失。对于每一次的客户投诉,都必须做好妥善的书面记录并且存档,以便日后查询。物流经理应定期检讨投诉处理的得失,一旦发现某些投诉是经常性发生的,必须追查问题的根源,以改进现有作业,或是制订处理的办法;如果是偶发性或特殊情况的投诉事件,也应制订相应规定,作为物流员工再遇到类似事件时的处理依据。

b. 对物流部门员工宣传并防止日后再发生。所有的客户投诉事件,物流经理都应通过固定渠道,如例会等在部门内宣传,让员工能够迅速改善造成客户投诉的各项因素,并了解处理投诉事件时应避免的不良影响,防止类似事件再度发生。

(2)客户投诉处理作业要领培训

处理客户投诉最重要的一件事,就是要让每一个投诉事件的处理方式具有一致性。如果同一类型的客户投诉,因为处理人员的不同而有不同的态度与做法,势必让客户表失对这家企业的信心。客户投诉的方式不外乎电话投诉、信函投诉,或者是直接到物流部门当面投诉这三种方式。依据客户投诉方式不同,可以分别采取下列行动:

①客户电话投诉的处理。

a. 倾听对方的不满,考虑对方的立场,同时利用声音及话语来表示对其不满情绪的支持。

b. 从电话中了解投诉事件的基本信息。

c. 如有可能,把电话的内容予以录音存档,尤其是特殊或涉及纠纷的抱怨事件。

②信函投诉的处理。

a. 立即通知客户已经收到信函,表示诚恳的态度和解决问题的意愿。

b. 请客户告知联络电话,以便日后沟通和联系。

③当面投诉的处理。

a. 用上面所说到的"抱怨处理步骤"妥善处理客户的各项投诉。

b. 各种投诉都需填写"客户投诉记录表"。对于表内的各项记载,尤其是名称、地址、联络电话以及投诉内容必须复述一次,并请客户确认。

c. 所有的投诉处理都要制定结束的期限。

d. 必须掌握机会适时结束,以免因拖延过长,浪费了双方的时间。

e. 客户投诉一旦处理完毕,必须立即以书面的方式通知对方,并确定每一个投诉内容均得到解决及答复。

f. 谨慎使用各项应对措词,避免导致客户再次不满。

g. 客户投诉处理的通报与训练。俗话说:"预防胜于治疗。"物流经理除了必须对投诉事件制定处理的作业原则与要领之外,还须将每个投诉的处理以各种渠道进行通报,并进行有计划的训练,让所有员工了解必要的事项,达到有效减少客户投诉的目的。

• 客户投诉处理的通报。所有投诉事件处理完毕之后,客户服务人员都应将记录表妥善填写并予以整理归纳,分析客户投诉发生的原因、处理的得失、注意的事项,确定奖惩、改进的办法,然后有效地通报至每一位员工。

• 处理客户投诉能力训练。物流服务人员处理客户投诉的能力与投诉事件是否得以有效解决有相当大的关系。为此,物流经理要对员工进行相应服务技巧的培训,使之真正具备高超的行业素质,敬业乐业,促进物流部门整体工作的提高和改善。投诉训练内容有:面对客户投诉的基本理念及处理投诉的原则;物流部门既定的投诉处理办法以及相关的客户服务原则;认识常见的客户投诉项目;熟悉各种投诉方式的处理要领;熟悉各种应对用语。客户投诉的处理,对于物流部门的工作而言,事实上是一种持续不断的改进过程。物流经理做好投诉处理工作,掌握处理技巧,其目的不仅在于减少投诉的发生,更重要的是要借每一次投诉的处理来提升本部门的业务水平。

2. 实训要求

◆ 及时处理客户投诉并制定合理的解决方案;

◆ 掌握投诉处理的原则,技巧和有效方法。

3. 实训内容

(1)实训背景

①延时送达事件。

任务背景:

广东科迪电器有限公司因未能准时收到订单号为 KLDQ200907421 的货物,造成了很大一笔损失。负责人非常气愤地打来电话要求取消同益达物流公司的合作协议。

内部调查原因:

益达物流公司派了一名新司机送货,由于不熟悉路线,绕了路。加上路上碰到交通事故塞车,故而未准时送达。

②货物变质事件。

任务背景:

2009 年 8 月 1 日,益达物流公司接到新华贸易公司的投诉,上午送至 OK 便利店的鸡蛋有 50% 已经成了"臭鸡蛋",认为此事是益达公司库内管理单方的问题,要求全赔。

内部调查原因:

入库时客服文员将食品生产日期打错了。鸡蛋原本的保质期是三个月,结果存放了四个月才出库。

③意外事件。

任务背景：

2009 年 8 月 1 日,广州浪潮服饰公司委托益达物流公司送 1000 件女装至万佳超市,途中适逢大暴雨,货物送至目的地时已全被淋湿,万佳超市拒绝收货,随即,广州浪潮服饰公司打来投诉电话,认为此事益达物流公司应负全责。

（2）实训任务

根据相关背景资料,模拟完成以上三单的投诉事件：

①对客户投诉问题进行登记;

②对客户投诉问题进行审核,制定解决方案;

③制定客户理赔方案。

（3）角色任务

表 1-18

序号	角色名称	对应任务
1	客服文员	投诉信息录入
2	客服经理	投诉问题解决
3	客服经理	客户理赔方案的制订

（4）实训指导

①客户投诉处理。

操作流程：

• "客服部—客服文员"登录,弹出客服文员主界面。

• "任务中心"—"客户投诉处理"—"—"客户管理"—"客户投诉表",弹出—"新增"窗口。

图 1-35　客服人员登记"客户投诉表"界面

• 填写好上表后单击"存盘",则这张投诉单系统自动流向客户经理处理。

• "客服部—客服经理"登录,弹出客服经理主界面。

• "任务中心"—"客户投诉处理"—""—"投诉处理",弹出图 1-36 所示窗口。

图 1-36 客户经理"处理投诉"界面

• 在弹出的窗口中单击"修改",输入处理意见后单击"确认"。

• 客户经理登录—"实训中心"—"客户管理"—"客户服务建议书",制定相应的理赔计划。

4. 实训思考题

①受自然天气或灾害影响货物受损的理赔方式。

②货物破损的理赔方式。

③货物未能及时送达的理赔方式。

5. 实训总结

实训结束后,学生对模拟操作进行总结,编写出实训报告。
实训报告包括如下内容:

①实训题目

②实训的目的和要求

③实训步骤

④实训结论

⑤本次实验取得的主要收获和体会

⑥每个同学都要在自己的电脑上运行出模拟的结果,并存盘,供教师考核。

6．评分标准

◆ 有针对性地处理客户投诉(分值:5分);

◆ 对客户投诉的响应速度(分值:3分);

◆ 正确处理理赔(分值:5分)。

1.5.3 入库作业——托盘货架区

1．知识链接

货物入库业务是仓储业务的开始,它包括货物的接运、卸货、搬运、清点数量、货物验收、整理、堆码、办理入库手续等一系列的操作过程,是根据货主提供的货物储存计划和入库凭证来安排的,仓库按照规定的程序进行收货的业务。在收货过程中,仓库要做到手续简便、操作敏捷、点数准确、保证质量。货物入库的业务程序可以分为收货准备、货物接运、货物验收、货物入库等几个环节。

入库作业是指仓储部门按照存货方的要求合理组织人力、物力等资源,按照入库作业程序,认真履行入库作业各环节的职责,及时完成入库任务的工作过程。入库的基本作业流程参见下图:

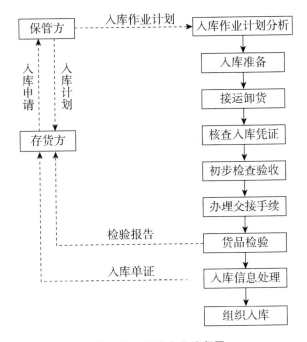

图1-37 入库作业流程图

(1)入库作业的影响因素

影响入库作业的因素:

①货品供应商及货物运输方式。

②商品种类、特性与数量。

③入库作业的组织管理情况。

根据不同的管理策略、货物属性、数量以及现有库存情况，自动设定货物堆码位置、货物堆码顺序建议，从而有效地利用现有仓库容量，提高作业效率。

（2）入库作业的内容

商品入库作业的整个过程包括商品接运、商品入库验收、办理入库交接手续等一系列业务活动。

①商品接运。商品接运是指仓库对于通过铁路、水运、公路、航空等方式运达的商品，进行接收和提取的工作。接运的主要任务是准确、齐备、安全地提取和接受商品，为入库验收和检查作准备。

接运的方式主要有车站码头提货、铁路专用线接车、自动提货和库内提货。

②商品入库的验收。商品的入库验收，要进行数量点收和质量检验。数量点收：主要是根据商品入库凭证清点商品数量，检查商品包装是否完整，数量是否与凭证相符。质量检验：主要是按照质量规定标准，检查商品的质量、规格和等级是否与标准符合，对于技术性强，需要用仪器测定分析的商品，须由专职技术人员进行。

③办理入库手续。入库手续主要是指交货单位与库管员之间所办理的交接工作。其中包括商品的检查核对，事故的分析、判定，双方认定，在交库单上签字。仓库一面给交货单位签发接收入库凭证，并将凭证交给会计、统计入账、登记；一面安排仓位，提出保管要求。

2. 实训要求

（1）通过本次实训要求学生能准确地表述仓储管理中入库作业的流程，说出并分析影响入库作业的各种因素，并能处理和利用影响入库作业的各种因素；复述供应商的送货方式。

（2）熟练完成货物的收货、验货、入库作业，能独立制作货物的入库凭证。

（3）掌握具有何种特点的货物适合放在托盘货架区，若放于其他货架区有何区别。

（4）掌握入库成本核算的方法，根据入库费用核算单进行总结，减少入库成本。

3. 实训内容

（1）实训背景

客户背景：

新兄弟柏森公司秉承"和衷共济，诚信立业"的核心理念，专业生产地砖、墙砖、工业用砖及卫浴产品，成为全国规模最大、品种规格最齐全、信誉最好的专业生产企业之一。

任务背景：

2009年9月14日新兄弟柏森公司送来一批货物到益达物流配送中心1号库门，通知益达物流公司工作人员收货。在验货过程中发现有两箱货物在运输装卸中不小心出现了损坏，给予退货处理。将合格的货物放入仓库中储存60天。

货物信息列表：详见3D系统显示。

送货联系人信息：

联系人：陈×诚

电话：020-87412365   13588451121

货物计费方式:元/m³

(2)实训任务

根据相关背景资料,模拟完成:

①入库单缮制;

②库位的合理分配;

③货物的入库、退货操作;

④入库的成本核算。

(3)参与角色

表 1-19　入库业务角色分配表

序号	角色名称	对应任务
1	客服文员	缮制入库单
2	收货员	收货、卸货
3	验货员	验货
4	仓管员	库位分配、上架审核
5	上架员	货物上架
6	财务会计	入库成本核算

4．实训指导

(1)作业角色流程图

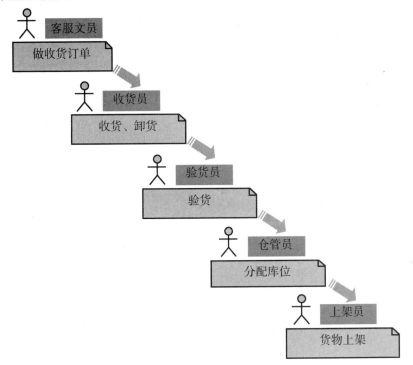

图 1-38　入库作业流程

（2）入库相关成本列表

系统中现有仓库及各仓库货架介绍、成本描述见表1-20：

表1-20　入库业务相关费用

序号	仓库类型	仓库面积	业务描述
1	配送中心——立体仓库区	1.5 m×1.5 m×2 m标准库位12000个	以标准托盘为作业单位，完全自动化快速出入库作业。特点：作业效率高、出错率低，单个作业成本高
2	配送中心——托盘货架区	高6 m，20组，1.5 m×1.5 m×2 m标准库位480个	以标准托盘为作业单位，但每托盘货物可以拼放，以动力叉车为装卸工具。特点：作业效率相对较高、容易人为出错，单个作业成本低
3	配送中心——电子标签分拣货架区	1.5 m×1.5 m×1 m标准电子标签库位800个	以物料箱为作业单位，每个电子标签为库位可以存放3个物流箱，以电子标签辅助拣货，能快速完成物料品种较多但量相对较小的分拣模式，单个作业成本低
4	配送中心——中型货架区	1.5 m×1.5 m×1 m标准库位800个	以产品原包装形式直接存入，每库位货物重量不超过500 kg，以笼车、平板车、托盘车作搬运，以人工上下架为主。库位管理人工操作，较易出错
5	配送中心——轻型货架区	1.5 m×1.5 m×1 m标准库位800个	以产品原包装形式直接存入，每库位货物重量不超过200 kg，以笼车、平板车、托盘车作搬运，以人工上下架为主。库位管理人工操作，较易出错
6	配送中心——阁楼货架区	1.5 m×1.5 m×1 m标准库位800个	以产品原包装形式直接存入，每库位货物重量不超过200 kg，与轻型货架基本相同，只是为了容积率增加一层阁楼。以笼车、平板车、托盘车作搬运，以人工上下架为主。库位管理人工操作，较易出错
7	平仓	面积8000平方米	只有库区管理，没有具体库位，主要针对品种单一，以托盘为单位，叉车直接操作的货物。仓储成本及库内操作成本较低，但较易出错

表 1-21　库位成本

代码	名　称	单价
0001	自动立库区大于 10 个库位	4
0002	自动立库区小于 10 个库位	10
0003	托盘高架区每个库位	7
0004	电子标签区按体积每立方	5
0005	电子标签区按重量每 kg	0.5
0006	中型货架区按体积每立方	5
0007	中型货架区按重量每 kg	0.5
0008	轻型货架区或阁楼货按体积每立方	4
0009	轻型货架区或阁楼货架按体积每 kg	0.4

表 1-22　现有装卸设备、设备主要功能

序号	仓储工具名称	台数	仓储工具主要功能
1	电动叉车	10	宽视野门架,驾驶员具有广宽的视角,故本叉车十分适合在仓库、工厂车间内部进行货物装卸、堆垛和短途运输作业
2	高位叉车	3	使货物起升平稳有力,具有体积小、可靠性高、工作平稳、节能、降噪、环保等优点
3	手动液压堆叉车	10	仓库内的货物堆垛及装卸
4	手动液压托盘车	15	水平搬运及货物装卸
5	平板车	20	自重:11.5 kg;最人载重:150 kg

成本项:

①不同的车型,工作效率不同,那么需要的叉车数量、司机数量也不同,会导致一系列成本发生变化。

②如果叉车在仓库内作业,不同车型所需的通道宽度不同,提升能力也有差异,由此会带来仓库布局的变化,如货物存储量的变化。

③车型及其数量的变化,会对车队管理等诸多方面产生影响。

④不同车型的市场保有量不同,其售后保障能力也不同。

(3)操作指南

①做收货订单。收货订单是收货的一份单据,包含了交货收货双方的相关信息以及货物的具体资料等。

操作流程:

客服文员登录—"任务中心"—"入库作业—托盘货架区"—"实训中心"—"收货订单"—"货物做收货订单"。

划定一个时期段,选定货主,刷新后点击"新增",系统会自动生成单据号和订单号,其他表体相关内容根据任务要求进行填写;货物的具体相关信息点击"货物名称",货物名称可在下拉菜单中进行选择,选择了货物后,相应的货物代码和单位会自动生成,填好此单货物发生数量;整个表体内容填写完整后,点击"存盘",则会显示如下:

图 1-39 "收货订单"示意图

各项内容填写说明:

时期段:公司一般是以一年作为一个单据管理的时期段,确定这样一个范围相对比较大的时期段是便于确保所开展的业务都能在此时期段内可以查找到,即方便查询相关业务。

货主:选择相应货主。

发生日期:此单生成日期。

入库原因:按实际情况进行选择。

收货单位:提供仓储服务的单位。

所属仓库:货物所储存仓库的类型。

运输方式:货物运送到仓库的具体方式,在下拉菜单中选择相对应的方式即可,如送货上门、上门提货。

装卸地址:货物送达的仓储中心所在地址,提供服务方的地址。

联系人、电话:皆是指收货单位的信息。

注意事项:点"新增"后,相关的单据号、订单号为自动生成,不得更改;其他相关内容可根据实际需要在下拉菜单中进行选择。

②收货。该模块主要是记录货物的相关资料,进行收货。

操作流程:

• 收货员登录—"任务中心"—"入库作业——托盘货架区"—"实训中心"—"收货单"—选择单据号—到提示的库门等待运货车。

• "实训中心"—"填写收货单"—单击"收货"—单击"卸货 "。

③验货。

物品验收作业内容：

表 1-23　物品验收作业内容

验收作业	具体内容
验收准备	1. 人员准备
	2. 资料准备
	3. 器具准备
	4. 货位准备
	5. 设备、防护用品的准备
实验检验	1. 数量检验
	2. 质量检验,包括外观检验(参考检验报告)、尺寸检验、机械物理性能检验和化学成分检验四种形式
	3. 物品验收
入库中的问题处理	1. 物品验收中,可能会发现诸如单证不齐、数量短缺、质量不符合要求等问题,应区别不同情况,及时处理
	2. 在货物验收过程中,如果发现货物数量或质量问题,应该严格按照有关规定进行处理

操作流程：

• 验货员登录—"任务中心"—"入库作业——托盘货架区"—"实训中心"—"收货单"—选择刚才收货的单据号。

• 根据验货单到指定地点进行验收工作(单击"　　"验货图标),填写验收报告(当货物发生短少、破损时,验货员应填写事故记录)。

④库位分配。对需要入库的货物进行合理的库位分配。

操作流程：

• 仓管员登录—"任务中心"—"入库作业——托盘货架区"—"实训中心"—"仓位分配"—双击刚才验货的单据号。

• 先点击"修改"按钮,再选择"手工",选择仓位区后点击"分配"按钮,然后录入货架的具体位置,如图 1-40 所示。

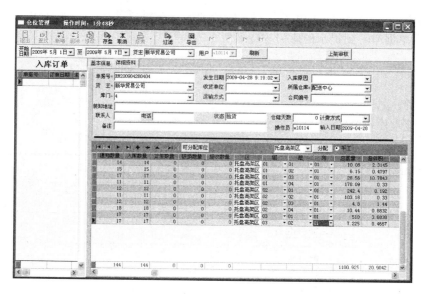

图1-40 "货架分配"示意图

• 库位分配完毕后,点击"上架审核"按钮进行审核,如果该库位超出承载量,则审核不通过,如图1-41所示,托盘高架区01组03层01列和03组01层01列都超出了承载量(总重量不能超过500,总体积不能超过3),所以审核不能过。可以减少通知数量和入库数量或分解数量直到审核通过为止,如通知数量和入库数量都是17,这时总重量和总体积超出承载量,可以把17分解成通知数量为10,入库数量为10和通知数量为7,入库数量为7的货物,或直接减少入库数量。

图1-41 系统"警示"界面

如果总重量和总体积不超出库位的承载量,审核通过,如图1-42所示。

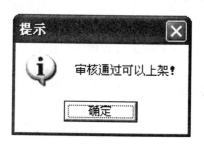

图1-42 系统"确认"界面

系统会提示"分配货架位完成,可以进行上架",如图 1-43 所示,表示货物已分配仓位及货架了,可以将货物上架。

图 1-43 "完成货架分配"的系统提示信息

⑤货物上架。对已分配好库位的货物进行入库作业。

操作流程:

• 上架员登录—"任务中心"—"入库作业——托盘货架区"—"实训中心"—"仓位分配"—双击刚才验货的单据号。

• 选择上架单据号,系统提示取货库门。

图 1-44 "取货"提示

• 取车"　　"。

• 取车后,把车开到系统提示库门取货。

• 取货后系统会提示货架的位置。

图 1-45 "货架信息"提示

• 按照系统提示把货物放到对应的货架上。

图 1-46 "上架完成"提示

⑥入库成本核算。

操作流程：

财务会计登录—"任务中心"—"财务管理"—"实训中心"—"公司数据维护"—"收入费用支出统计"。

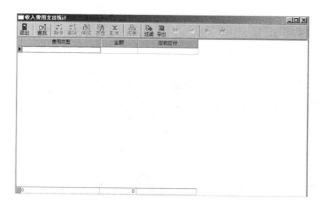

图 1-47 "收入费用支出统计"界面

费用管理：

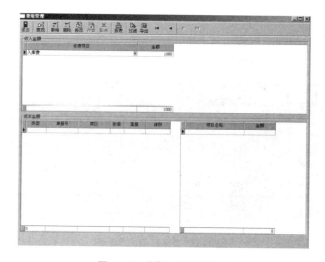

图 1-48 "费用管理"界面

1.5.4 在库管理

1. 知识链接

商品在库管理就是研究商品性质以及商品在储存期间的质量变化规律,积极采取各种有效措施和科学的保管方法,创造一个适宜于商品储存的条件,维护商品在储存期间的安全,保护商品的质量和使用价值,最大限度地降低商品损耗的一系列活动。

(1)商品在库管理的内容

①分区分类:对货物进行分区分类的存放,以确保货物的储存安全。货物存放应便于检查和取货。根据仓库的建筑、设备等条件,将库房、货棚、垛场划分为若干保管商品的区域,以适应商品存放的需要。商品分类就是按照商品大类、性质和它的连带性将商品分为若干类,分类集中存放,以利收发货与保管业务的进行。

②货位选择:货位选择是在分区分类保管的基础上进行的。货位的选择是落实到每批入库商品的储存点,必须遵循"安全、优质、方便、多储、低耗"的原则,具体来说就是确保商品安全、方便吞吐发运、力求节约仓容。

③货位编码:货位编码将仓库范围的房、棚、场以及库房的楼层、仓间、货架、走支道等按地点、位置顺序编列号码,并作出明显标示,以便商品进出库可按号存取。

④商品堆码:商品堆码是入库商品堆存的操作及其方式、方法。商品堆码要科学、标准,应当符合安全第一、进出方便、节约仓容的原则。这是商品保管工作中的一项重要项目。

⑤商品苫垫:商品苫垫,是防止各种自然条件对储存商品的质量影响的一项安全措施。苫垫可分为苫盖和垫底。苫盖、垫底都要根据商品的性能、堆放场所、保管期限以及季节、温湿度光照日晒、风吹雨淋等情况合理选择。

⑥商品盘点:商品盘点是对库存商品进行账、卡、货三方面的数量核对工作。通过核对,管理人员可以及时发现库存商品数量上的溢余、短缺、品种互串等问题,以便分析原因,采取措施,挽回和减少保管损失;同时还可检查库存商品有无残损、呆滞、质量变化等情况。

盘点,是指定期或临时对库存商品的实际数量进行清查、清点的作业,即为了掌握货物的流动情况(入库、在库、出库的流动状况),对仓库现有物品的实际数量与保管账上记录的数量相核对,以便准确地掌握库存数量。

盘点方式通常有两种:一种是定期盘点,即仓库的全面盘点,是指在一定时间内,一般是每季度、每半年或年终财务结算前进行一次全面的盘点。由货主派人会同仓库保管员、商品会计一起进行盘点对账;二是临时盘点,即当仓库发生货物损失事故,或保管员更换,或仓库与货主认为有必要盘点对账时,组织一次局部性或全面的盘点。

主要包括以下几个方面:

a.数量盘点。

b.重量盘点。

c.货与账核对。

d.账与账核对。

库存调拨就是两个仓库之间的货物相互调配。

例如：你有两个仓库分别是甲和乙，甲仓库存有一样物品而乙仓库没有，但是必须要从乙仓库出该货物，就必须做调拨单，把甲方仓库的物品调配到乙方。

（2）商品在库养护管理

对仓库保管员来说，商品养护时一项综合性、科学性的应用技术工作。商品入库后，仓库需要对不同性质的商品，在不同储存条件下采取不同的技术养护措施，以防止其质量劣化。

①仓库温湿度管理与调解。商品在仓库储存过程中的各种变质现象，几乎都与空气温湿度有密切关系。仓库温湿度的变化对储存商品的质量安全影响很大，而仓库温湿度往往又受自然气候变化的影响，这就需要仓库管理人员正确的控制和调节仓库温湿度，以确保储存商品的安全。

②金属的防锈与除锈。金属锈蚀的类型区别，有的属于化学锈蚀，有的属于电化学锈蚀。就金属原因分析，既有金属本身的因素，也有大气中的各种因素的影响。

金属制品的防锈，主要是针对影响金属锈蚀的外界因素进行的。

除锈的方法大体有手工除锈、机械除锈、化学除锈和电化学除锈四种。

③商品的霉变腐烂与防治。商品的霉腐是指在某些微生物的作用下，引起商品生霉、腐烂和腐败发臭等质量变化的现象。引起霉变的微生物有真菌、细菌、酵母菌等。

2. 实训目标

◆ 能独立制作商品的调拨单；

◆ 掌握调拨入库的流程及方法；

◆ 掌握入库成本核算的方法，根据入库费用核算单进行总结，减少入库成本；

◆ 熟悉盘点作业的含义与目的、盘点作业的内容，掌握盘点作业的步骤，能有效地做好盘点前的准备工作，按要求对盘点现场进行有效的清理；

◆ 了解各种盘点表单的识读和使用，准确计算盈亏差异，对盘点结果进行合理分析，正确进行盘盈、盘亏处理；

◆ 树立责任意识，明白盘点工作的重要性与责任，掌握盘盈、盘亏处理原则。

3. 实训内容

（1）实训背景

①库位调拨。新华贸易有限公司在配送中心的重型货架有一批食品，因仓库叉车操作失误，委托益达物流有限公司将该货物移至电子标签货架区。

需调拨的商品信息：详见 3D 系统显示。

实训任务：

根据相关背景资料，模拟完成：

◆ 调拨单的缮制

◆ 库位的调拨

参与角色：

表 1-24

序号	角色名称	对应任务
1	仓管员	库位调拨

②货物盘点（预盘）。益达物流公司在每个月的 15 号都会对库内所有商品进行盘点，要据盘点报表分析进行库内优化，降低仓储成本。

实训任务：

根据相关背景资料，模拟完成：

◆ 对库内所有商品按货主进行分类进行预盘点；

◆ 对预盘点数据进行分析；

◆ 生成盘点报表，并打印；

◆ 不同角色"任务题库"中的内容。

参与角色：

表 1-25

序号	角色名称	对应任务
1	仓管员	预盘点

③货物盘点（实盘）。完成不同货架、每个库位、不同商品的盘点工作，并打印报表。

④条码管理。因商品更新原因，新华贸易有限公司委托益达公司将所有库存食品的条码换成 Code128C 格式。

根据相关背景资料，模拟完成：新华贸易有限公司食品条码的更新。

（2）在库管理业务图

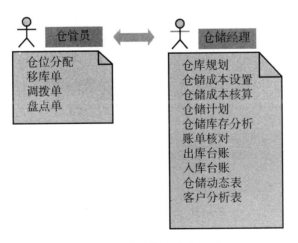

图 1-49　在库管理业务分配

（3）在库管理成本

表1-26　在库管理费用表　　　　　　　　　　　　　　单位：元

项目名称	费用
盘点	120
移库	75
加工费	120
特殊处理费	20

4．实训指导

（1）调拨作业管理

即库位调整：若任务货物在上架过程中，遇到库位已满货或商品属性问题不能存放此库位等各方面原因，则需要调整货物存放库位，填写库位调整单。

操作流程：

· 仓管员登录—"任务中心"—"在库管理"—"实训中心"—"库间调拨业务"。

· 选择"货主"—" 刷新 "—" 调拨选择 "。

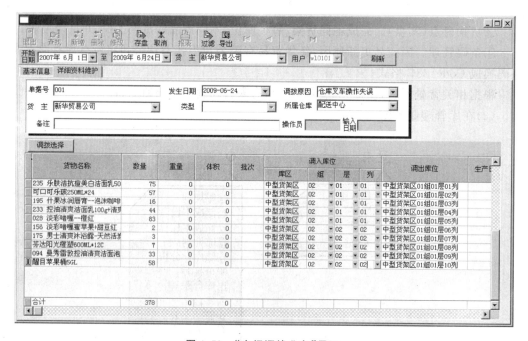

图1-50　"库间调拨业务"界面

表体各项内容填写说明：

单据号：即实际要发生调拨货物的单据号。

发生日期、调拨原因、类型、所属仓库等相关内容按实际发生选择。

货物名称可以进行选择,其他关于货物的详细资料根据实际发生调拨货物资料进行录入。

(2)盘点管理

盘点可以清查在数量上有无短缺损耗和溢余,在质量上有无残次、损坏、变质等情况,同时还可以发现在库存结构上是否合理。目的是核对账实是否一致,有没有存在入仓不记账,或是出仓不记账的情况。

该模块主要是针对货物的流动(入库、出库、调拨等)进行实时跟进,以便及时掌握库存货物的最新动态,更好地为客户提供准确、及时、可靠的相关信息。

操作流程:

仓管员登录—"任务中心"—"在库管理"—"实训中心"。

该环节包括预盘管理、实盘管理和直接盘点三个方面。

①预盘管理:选择某一单据进行抽盘,点"新增",选择时间段,选择盘点方式;输入单据号(所要进行抽盘的该单货物的单据号);货物的相关资料根据实际要抽盘的该单货物进行录入,并记录下相关盘点结果,最后点击"预盘",生成预盘单。

②实盘管理:对单据货物的实际盘点,选择盘点时间段,并确定好盘点方式,输入此次盘点的单据号和具体的盘点当日日期,填好盘点货物的相关信息,包括货物的基本信息和存放位置等相关信息,填写完整后存盘,即生成了实盘单。

③直接盘点:针对货物的流动进行的实际盘点并记录相关盘点信息,具体过程可参考预盘。

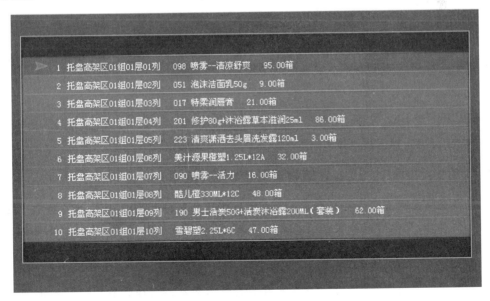

图 1-51　"实盘单"示意图

(3)条码管理

操作流程:

①条码编码管理。物流单元代码与条码:是指对物流中临时性商品包装单元所编制的代码和条码标识。

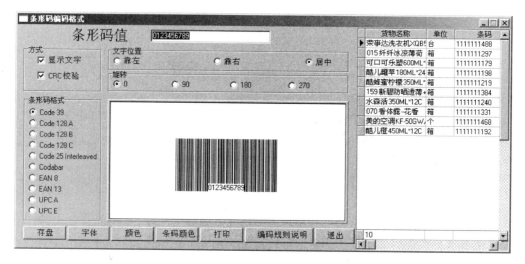

图1-52 "条码设计"界面

②货物条码管理:是由一组规则排列的条、空及其对应代码组成,是表示商品特定信息的标识。商品条码由三部分组成:厂商识别代码、项目代码和校验位。如龙虎牌风油精,3mL/瓶,条码为6901234000188。

(4)仓库管理

操作流程:

仓储经理登录—"任务中心"—"在库管理"—"实训中心"—

"

"

1	出库台账
2	入库台账
3	仓储动态表
4	客户分析表

补充阅读:仓储管理制度

仓储物流管理制度(范本)

物流仓储管理直接关系到企业正常运转的连续性和科学合理性,严格地做好各类物资的仓储工作,可以增强各类物资匹配的合理性,提高资金使用率,结合本公司运行机制,特制定仓储物流管理办法。

1. 仓储组织队伍

仓储管理机构是存货控制管理和负责原材料物资收、发、存业务的职能组织,其主要任务是在生产副总的领导下配合生产部、工程部、销售部、采购部等部门,及时供应各部门所需的各类物资,以保证销售和生产的正常进行。同时负责存货的管理和安全,以加速存货的周转,节约资金,降低存储费用,避免存货损失,保障存货的安全和完整。为了完成上述任务,仓库必须结合公司实际情况,配备必要的人员和设备装置。

①供应处根据仓库规模设立仓库主管、仓库组长。

②仓库保管员,可根据实际情况合并职能,但必须明确岗位职责。

③仓储人员应当慎重挑选工作认真、细致、责任心强、熟悉业务及保管知识,作风严谨、思想品德好的人员担任仓储保管工作。

④仓储人员必须职能明确,明确规定职责权限、工作范围和任务。做到既有分工又有配合、协调,人人忠于职守、守职尽责、勤奋工作,完成各自任务,实行岗位责任制。

⑤严格规定纪律,建立仓库管理规章制度和工作规范,实行规范化管理。

⑥建立仓储人员考勤考核、奖惩、升迁和轮岗轮训制度。实行监督检查,制约不规则行为,激励其积极、认真、负责地完成各项任务。

⑦实行交接班制度和人员调动交接制度,做好交接工作,明确交接人员的责任。

2. 仓储管理制度

(1)仓库库存管理原则

①库存合理原则。

仓库的库存应根据公司的生产销售计划和资金情况,以及各类物资的生产周期情况。合理使用资金,防止盲目购进、超储超压、脱销脱供等情况的发生,对库存实行控制管理,适时调查库存结构和数量。

②凭证收货、发货原则。

仓库管理员应根据管理制度规定专人负责,按凭证办理收发业务,做到无合理性凭证不收发物资。仓管人员对物品进、出仓,应当即办理手续,不得事后补办;应保证账物相符,经常核对,并得随时受单位主管或财务部稽核人员的抽点。

③货物进出原则。

坚持无进无出、先进先出原则,批次清晰,确保各类物资不积压、不损坏。

④四清原则。

即账、物、卡数量相符清楚、规格批次清、质量性能清、主要用途清。

(2)仓库管理的有关规定

①各类物资的入库管理:

a. 仓库管理人员应根据当月当日物资采购计划、生产计划、送货通知单对交库的各类物资进行验收,凡与计划品种、数量不相符的,必须向有关人员问明情况方可验收。

b. 仓库管理人员应按规定,根据质量安全检验人员开具的验货检验单予以验收,否则严禁入库。当实交数超出合格证上的数量时,应要求供方补开多出部分的合格证,才能予以验收入库。

c. 各类物资入库时,仓库管理人员必须看包装是否完好,标记是否清楚,入库品种、数量、型号是否与送货单相符。发现问题及时通知相关采购人员查实核对,并同供方当面交接清楚。各种原始凭证不得涂改,入库前必须对入库物资、逐项清点、核对,属工程用料应在入库单等单据上标明工程名称,并及时登账建卡。

②库存物资保管规定:

a. 入库后各物资要摆放整齐,分类合理,做到有物必有类、有类必有区;严禁把尺寸大小相似或性能上相互影响的物资放到一起。按各品种不同的要求进行保管、存放,露

天存放的物资要根据不同性质和要求进行覆盖和衬垫,使其不受雨水浸泡和阳光曝晒。做到在保质期内不锈蚀、不变质、不失效、不损坏。

b. 仓库保管员应经常对自己所分管的物资进行数量上的核准,做到每月小盘点,每季大盘点,保持账、物、卡三相符。同时做到规格批次清、质量性能清、主要用途清。

③各类物资出库管理规定:

a. 各类物资出库时必须凭主管单位签发的领料单、发货清单从仓库中领出,仓库保管人员要同领用单位人员一起当面点清数量,并按规定办理有关手续,严禁超数量发货。

b. 出库物资必须有合格证,否则不准出库。一次领不完一批的,可根据用户需要随时另开合格证,原合格证不出库。

c. 涉及容器周转的仓库,要坚持以一换一的容器交换制度,特殊情况也必须打欠条,并按时归还。

④登账管理规定:

对出入库的各类物资做到及时逐笔登账、销账,日清月结,字迹清楚不涂改,如有写错可用红线更正法进行纠正。

⑤退库管理规定:

凡从仓库中领出的物资原则上不得退货,若需要退库的需经主管领导批准,查明原因后方可退库,退库前要有质检人员的验证证明,仓库做好数量的清点工作,并按ISO9000标准要求分类登账,定置存放。

⑥仓库积压、变质、报废物品的处理规定:

为使仓库始终处于良好的储存备用状态,原则上每年12月份对公司各类仓库清理一遍,由仓库提出对库存超过保质期的物资的处理建议,并组织质量安全QC、技术处、生产部、财务处对其进行一次鉴定、确认,对经鉴定仍有使用价值的继续使用或保存,确实过期无用的则办理有关报废手续,清理出库。

(3)仓库储存操作规范

①存货的入库和出库手续必须完整严密,工作人员须严格按照规定的程序和方法进行操作。

②存货收、发、存的品种和数量必须正确,并有专人负责,不发生错收、错发的事故。

③存货的保管由专人负责,做到安全、完整,卡与实物相符,堆放整齐,品质完好。

④公司各仓库内禁带火种、严禁烟火,各库门窗要按防盗要求关锁,并做好防水、防潮工作。班前、班后搞好检查,及时关好电闸、水、气阀门。做到防火、防盗、防水、防潮、防破坏。

⑤有特殊要求的各类物资必须按特殊要求进行保管、存放。

⑥各仓库必须每天清扫,做好库容整洁、地面无杂物,各类物资定置存放。

⑦仓库管理人员必须做到不说脏话粗话,服务态度要端正,服务意识要明确,不乱写乱画,不乱扔乱倒,不损坏公物。

(4)仓储人员的工作纪律

①不准接受企业非仓储部门人员和客户的请吃送礼和贿赂;不准向客户或非仓储人员索取钱物;不准怠忽职守,擅离岗位和违反规章制度随意操作,造成责任事故,按规定

及有关法律追究责任;不准仓储人员带领非相关人员进入仓库。

②严禁仓储人员无证发货、无单出库;严禁将含毒、易燃、易爆、易腐蚀物资与一般物资存放在一起,必须另按指定地点妥善存放与保管;严禁仓储人员酒后上班和在仓库内饮酒、吸烟;严禁仓储人员违反劳动纪律嬉笑打骂,随意损坏或挪用存储的物资;严禁隐匿不报或谎报仓储工作中发现或发生的问题;严禁仓储人员内部纷争,闹不团结或纪律松懈。

3.仓库管理人员的岗位责任制

(1)仓库主管人员岗位

仓库主管在生产副总领导下,负责仓库内存货的收、发、存管理,并对供应处负责,报告工作,其岗位责任如下:

①负责组织和管理仓库原材料的收发、存储和安全工作。保证供应生产、工程和销售所需的各种原材料。

②正确组织、安排、规定各类物资的仓位(存放场地),其中包括有毒、易燃、易腐蚀物资的存放场地。

③规定各类仓储人员的职责权限、工作范围和任务,使人员分工明确,职责分明,互相配合。

④负责制定与实施存货储存管理的规章制度,规定存货收、发、存的操作方法与规范,严格执行仓储人员的纪律,实行人员轮调,实施纪律控制。

⑤负责完善防火、防洪、防腐、防盗窃,监控的安全措施和存货准备的配合工作,指定专人管理。

⑥负责与销售、生产、采购、会计部门的联系,随时报告存货的收、发、存情况,其中包括超储积压、脱供、存期过长和质量变化的情况,以便及时进行处理。

⑦组织专人负责保管存货,随时清点、核对和检查存货数量与质量状况,确保存货的安全和完整。

⑧负责检查存货的安全保卫工作,监督检查仓库人员职守情况,防止仓储人员怠忽职守、违反纪律和规章造成责任事故的发生,如发现仓储人员违反纪律和制度的及时进行处理。

(2)仓库保管人员的岗位责任

①在仓库主管的领导下,根据分配的任务,对各自负责的仓库物资进行管理,并对仓库主管负责报告工作。

②对分管的存货做到堆装整齐,便于清点、发货,并随时清点存量,检查质量状况,出现超储、积压、脱供、变质、残损、保质期将到等情况时,应及时报告仓库主管人员处理。

③严格按仓储管理制度的有关规章进行物资的收、存、发货工作,配合财务人员的查登账务。

④随时检查存货的堆装和安全设施,防止事故的发生,保证存货的安全和完整。

⑤遵守储存规章制度和纪律,不擅离岗位,做到尽职尽守。

⑥负责看守仓库,保证仓库安全,防止发生存货被盗被窃和破坏仓库安全设施以及纵火犯罪行为。

⑦未经主管领导同意严格禁止非仓库人员和外来人员入库。

（3）凡两人以上管理仓库应设组长，负责仓库主管所授权的日常管理工作，对其他保管人员的岗位责任进行监督，并负责向仓库主管汇报工作。

（4）对仓库保管人员的要求、考核和奖罚

①仓库必须建立健全仓库管理人员岗位责任制，建立健全各仓库具体管理细则，针对不同性质的仓库进行管理。

②对于仓库管理的有关规定有一项没做到的，应对相应仓库管理人员进行经济处罚，连续三次做不到的建议调离仓储岗位。

4. 仓储管理报告制度

（1）建立仓储管理报告制度

①根据仓库情况及物资种类做出各类存货的收、发、存月报。每月仓库应盘点一次，检查货的实存、货卡结存数、物资明细账余额三者是否一致；每年年终，仓储人员应会同财务部、采购部门共同办理总盘存，并填具《盘存报告表》。

②存货损耗和短缺损失报告。仓库物资如有损失、贬值、报废、盘盈、盘亏等，应及时上报主管，分析原因，查明责任，按规定办理报批手续。未经批准一律不得擅自处理；仓管员不得采取"盈时多送，亏时克扣"的违约做法。

③仓储人员重大责任事故报告。

④存货安全状况报告。实施电脑化后，《物资盘点表》由电脑制表，仓管员应不断提高自身业务素质，提高工作效率。

⑤工程发货及退货物资情况报告。保管物资未经总经理同意，一律不得擅自借出；总成物资一律不准拆件零发，特殊情况应经总经理批准。

（2）以上报告由保管员和仓库负责编写并应遵循以下原则

①各类报告应详细填写原材料的种类、数量。

②根据时效性分为定期和不定期报告两种，为生产办和供应处及时掌握库存情况并进行生产经营决策服务。

③各类存货储存报告内容必须真实、正确，责任必须写明。

④报告的编写人必须对报告的内容负责，并提出合理化建议。

5. 本管理内部控制制度解释权、修改权归供应处，并检查执行

6. 本制度自发之日起执行

资料来源：

http://wenku.baidu.com/view/21a3906c561252d380eb6e55.html,2013 年 10 月

实训二　物流运输管理实训

2.1　货运单证制作

2.1.1　实训目标

◆ 了解货运托运流程；

◆ 掌握货运托运单、货票的制作；

◆ 装卸搬运劳动力调配：根据指定的搬运装卸任务进行劳动力调配。

2.1.2　知识链接

1. 运输的概念

运输是指人或者物借助于运力创造时间和空间效应的活动。简单地说指"物"的载运与输送（两个城市、两个工厂、一个大企业内部相距较远的车间间等）。我们这门课程研究的对象是货物运输，包括生产领域和流通领域（物料搬运）的运输。

当产品因从一个地方转移到另一个地方而价值增加时，运输就创造了空间价值，时间效应则是指这种服务在需要的时候发生。所谓运力，是指由运输设施、路线、设备、工具和人力组成的，具有从事运输活动能力的系统。关于人的运输称为客运，货物的运输称为货运。

2. 运输的功能及原理

（1）产品转移

运输的主要功能就是使产品在价值链中来回移动，即通过改变产品的地点与位置，消除产品的生产与消费之间的空间位置上的背离，或将产品从效用价值低的地方转移到效用价值高的地方，创造出产品的空间效用。另外，因为运输的主要目的是以最少时间完成从原产地到规定地点的转移，使产品在需要的时间内到达目的地，创造出产品的时间效用。

（2）产品储存

如果转移中的产品需要储存，且在短时间内又将重新转移，而卸货和装货的成本费用也许会超过储存在运输工具中的费用，这时，可将运输工具作为暂时的储存场所。所

以,运输也具有临时的储存功能。通常以下几种情况需要将运输工具作为临时储存场所:一是货物处于转移中,运输的目的地发生改变时,产品需要临时储存,这时,采取改道则是产品短时储存的一种方法;二是在起始地或目的地仓库储存能力有限的情况下,将货物装上运输工具,采用迂回线路运往目的地。诚然,用运输工具储存货物可能是昂贵的,但如果综合考虑总成本,包括运输途中的装卸成本、储存能力的限制、装卸的损耗或延长时间等,那么,选择运输工具作短时储存往往是合理的,有时甚至是必要的。

不增加社会产品数量,不赋予产品以新的使用价值,而只变动其所在的空间位置,但这一变动则使生产能继续下去,使社会再生产不断推进,所以将其看成一种物质生产部门。

运输作为社会物质生产的必要条件,表现在以下两方面:

①在生产过程中,运输是生产的直接组成部分,没有运输,生产内部的各环节就无法连接。

②在社会上,运输是生产过程的继续,这一活动联结生产与再生产,生产与消费的环节,联结国民经济各部门、各企业,联结着城乡,联结着不同国家和地区。

3. 运输的分类

(1)按运输设备及工具分

公路、铁路、水路、航空和管道。

(2)按运输线路区分

干线运输、支线运输、城市内运输、厂内运输。

(3)按运输的作用分

集货运输、配送运输。

(4)按协作程度分

一般运输、联合运输、多式联运。

(5)按中转环节分

直达运输、中转运输。

(6)按运输经营活动性质分

营业性运输、非营业性运输。

表 2-1 各种运输方式优缺点比较

运输方式	优　点	缺　点
铁路运输	安全性高,运量大,速度快,成本低,全天候、准时	基建投资较大,运输范围受铁路线限制
公路运输	机动灵活,可实现"门到门"运输,不需转运或反复搬运,是其他运输方式完成集疏运的手段	成本较高,容易受气候和道路条件的制约,准时性差,货物安全性较低,对环境污染较大
水路运输	运量大,运距长,成本低,对环境污染小	速度慢,受港口、气候等因素影响大

（续表）

运输方式	优　点	缺　点
航空运输	速度极快,运输范围广,不受地形限制,货物比较安全	运量小,成本极高,站点密度小,需要公路运输方式配合,受气候因素影响
管道运输	运量大,运费低,能耗少,较安全可靠,一般受气候环境影响,劳动生产率高,货物零损耗,不污染环境	只适用于输送原油、天然气、煤浆等货物,通用性差

4. 运输的特点

（1）运输产品的独特特性

运输市场上出售的商品实际上也是一种运输劳务,它具有以下特征:

①不可感知性。运输产品本身无形无质,无法用触摸或肉眼感知其存在。

②不可分离性。运输的生产具有一定的特殊性,运输的生产和消费过程在时间上完全融合在一起,无法分离。

③不可储藏行。运输产品如不能及时、完全消费,否则就会造成浪费,这种损失一旦出现就无法弥补。

④缺乏所有权。运输产品在生产和消费过程中不涉及任何东西的所有权转移。

（2）运输生产过程具有流动性、分散性的特征

运输生产的"产品"是位移,除港口、车间装卸场地固定外,整个运输生产过程始终在广阔的空间内不断流动,具有流动方向分散和不集中的特征。

（3）运输方式之间的可替代性与不可替代性

（4）运输劳务计量的特殊性

运输产品在产生的同时具有两种量的体现:运输对象的量(人或吨)以及其在运输的过程中被移动距离的量(千米等)。在计量运输产品时一般用的是运输对象的量和其被移动距离的量之积。

5. 运输的意义

（1）提高运输服务水准。

（2）提高运输的现代化水平。

（3）降低物流全过程的总费用。

（4）实现物流过程的一体化管理。

（5）促进运输经营理念和组织方式等的变革。

6. 主要海运航线

（1）太平洋航线

①远东—北美西海岸航线。该航线包括从中国、朝鲜、日本、俄罗斯远东海港到加拿大、美国、墨西哥等北美西海岸各港的贸易运输线。从我国沿海的各港出发,偏南的经大

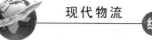

隔海峡出东海;偏北的经对马海峡穿日本海后,或经清津海峡进入太平洋,或经宗谷海峡,穿过鄂霍茨克海进入北太平洋。

②远东—加勒比、北美东海岸航线。该航线常经夏威夷群岛南北至巴拿马运河后到达。从我国北方沿海港口出发的船只多半经大隅海峡或经琉球庵美大岛出东海。

③远东—南美西海岸航线。从我国北方沿海各港出发的船只多经琉球庵美大岛。硫磺列岛、威克岛、夏威夷群岛之南的莱恩群岛穿越赤道进入南太平洋,至南美西海岸各港。

④远东—东南亚航线。该航线是中、朝、日货船去东南亚各港,以及经马六甲海峡去印度洋、大西洋沿岸各港的主要航线。东海、台湾海峡、巴士海峡、南海是该航线船只的必经之路,航线繁忙。

(2)西北欧航线

①西北欧、北美东海岸—加勒比航线。西北欧—加勒比航线多半出英吉利海峡后横渡北大西洋。它同北美东海岸各港出发的船舶一起,一般都经莫纳、向风海峡进入加勒比海。除去加勒比海沿岸各港外,还可经巴拿马运河到达美洲太平洋岸港口。

②西北欧、北美东海岸—地中海、苏伊士运河—亚太航线。西北欧、北美东海岸—地中海—苏伊士航线属世界最繁忙的航段,它是北美、西北欧与亚太海湾地区间贸易往来的捷径。该航线一般途经亚速尔、马德拉群岛上的航站。

③西北欧、地中海—南美东海岸航线。该航线一般经西非大西洋岛屿—加纳利,佛得角群岛上的航站。

④西北欧、北美东海—好望角、远东航线。该航线一般是巨型油轮的油航线。佛得角群岛、加纳利群岛是过往船只停靠的主要航站。

⑤南美东海—好望角—远东航线。这是一条以石油、矿石为主的运输线。该航线处在西风漂流海域,风浪较大。一般西航偏北行,东航偏南行。除了以上三条油运线之外印度洋其他航线还有:远东—东南亚—东非航线;远东—东南亚、地中海—西北欧航线;远东—东南亚—好望角—西非、南美航线;澳新—地中海—西北欧航线;印度洋北部地区—欧洲航线。

(3)印度洋航线

印度洋航线以石油运输线为主,此外有不少是大宗货物的过境运输。

①波斯湾—好望角—西欧、北美航线。该航线主要由超级油轮经营,是世界上最主要的海上石油运输线。

②波斯湾—东南亚—日本航线。该航线东经马六甲海峡(20万吨载重吨以下船舶可行)或龙目、望加锡海峡(20万载重吨以上超级油轮可行)至日本。

③波斯湾—苏伊士运河—地中海—西欧、北美运输线。该航线目前可通行最大吨位为21万吨的超级油轮。

(4)世界集装箱海运干线

目前,世界海运集装箱航线主要有:

①远东—北美航线。

②北美—欧洲、地中海航线。

③欧洲、地中海—远东航线。

④远东—澳大利亚航线。

⑤澳洲、新西兰—北美航线。

⑥欧洲、地中海—西非、南非航线。

2.1.3　实训背景

(1)A单位有100台电视机(35 kg/台,3800元/台)从福州运往上海B单位,全程1190 km,运价0.4元/吨千米。2014年9月15日起运,约定2日内到达。由运输公司C负责装卸,装卸费5元/台,保价费率7‰,该电视机计费重量为100kg/台。请进行货物托运单填写。

(2)有 A、B、C 三个装卸搬运任务,基本要求如下:

A:短途装卸搬运甲—乙—丙—丁—戊—甲,往返1次,甲、乙、丙、丁、戊地各需装卸工人5人、6人、5人、3人、6人;

B:短途循环装卸搬运甲—乙—丙—丁—甲,往返4次,甲、乙、丙、丁各需装卸工人7人、5人、3人、4人,计划派出6辆车;

C:B任务调整继续,派出3辆车,往返8次。

要求:确定每次任务需派出的最少装卸工人数,并说明安排的方法。设随车人数定额为6人/车。

2.1.4　实训前准备

了解物流运输的意义及流程,准备相应的运输单据。

2.1.5　实训步骤

步骤1:填写运输托运单

表 2-2　货物运输托运单

(代承运协议书)　　　　　　　　　　　　　(存根)

日期:　　年　　月　　日　　　　发站:　　　　到站:　　　　No:

托运人	单位:		收货人	联系人		单位:
	电话:			电话:		地址:

货物名称	件数	总重量(T)	包装规格	保费(元)	运费(元)	备注
合计费用:(大写)￥				结算方式		

协定事项:	经办人签字:
1. 托运人必须如实填写货物名称、件数、重量及收货人的详细地址和电话,并出具托运货物的合法手续。	
2. 所托运货物外包装必须完好无损,易燃、易爆物品必须声明。国家法律法规禁运物品,本公司概不受理。	
3. 托运人托运的货物应上全额保险,如有货物损坏丢失,按照有关规定和损坏的程度确定赔偿金额,但最高赔偿额不能超过保险金额,没按规定上全额保险的,托运人自负,如遇特殊原因需赔偿的,每公斤按人民币5元赔偿,最多不超过10元1公斤。	托运人特约事项 本协议双方签字认可,具有同等法律效力。
4. 货到指定地点,收货人当场清点验收,如收货人当场对本批物没有提出异议可视为本次货物安全到达。	
5. 托运人和收货人如有查询、索赔或其他事宜,应在本单开出之日起十五日内提出,过期本公司概不受理。	
托运人签字:	托运人电话:

步骤2:填写车辆调度单

表2-3 车辆调度单
第一联:用车部门填写

编号:

存根			
用车部门		日期	年　月　日
事由		用车人	
目的地		出车时间	
用车部门意见		行政综合部负责人意见	
＊公司领导审批			
取费情况			
注:＊栏仅供长途用车填写。用车部门应严格遵守公司有关规定使用车辆。车号　　　驾驶人			

表 2-4　车辆调度单

第二联:车辆管理部门填写

编号:

调度联				
日　期	年　　月　　日		车号、驾驶人	
用车单位及目的地				
出车	时　　间:　　时　　分			
	路程表读数:			
用完	时　　间:　　时　　分			
	路程表读数:			
车辆调度		驾驶员		
取费情况				
管理部门按照公司车辆管理规定调度车辆,无此单司机不得出车。				

步骤 3:安排员工完成装卸任务

2.2　物流节点选址

2.2.1　实训目标

◆ 了解物流节点选择的相关方法;

◆ 掌握重心法选择物流节点的方法,并能利用 Excel 办公软件进行求解。

2.2.2　知识链接

重心法(the centre-of-gravity method)是一种设置单个厂房或仓库的方法,这种方法主要考虑的因素是现有设施之间的距离和要运输的货物量,经常用于中间仓库或分销仓库的选择。商品运输量是影响商品运输费用的主要因素,仓库尽可能接近运量较大的网点,从而使较大的商品运量走相对较短的路程,就是求出本地区实际商品运量的重心所在的位置。

重心法首先要在坐标系中标出各个地点的位置,目的在于确定各点的相对距离。坐标系可以随便建立。在国际选址中,经常采用经度和纬度建立坐标。然后,根据各点在坐标系中的横纵坐标值求出成本运输最低的位置坐标 X 和 Y,重心法使用的公式是:

$$C_x = \frac{\sum D_{ix} V_i}{\sum V_i}$$

$$C_y = \frac{\sum D_{iy} V_i}{\sum V_i}$$

公式中：

- C_x——重心的 x 坐标；
- C_y——重心的 y 坐标；
- D_{ix}——第 i 个地点的 x 坐标；
- D_{iy}——第 i 个地点的 y 坐标；
- V_i——运到第 i 个地点或从第 i 个地点运出的货物量。

最后,选择求出的重心点坐标值对应的地点作为要布置设施的地点。

重心法是在理想条件下求出的仓库位置,但模型中的假设条件在实际会受到一定的限制。重心法计算中简化的假设条件包括以下几方面：

①模型常常假设需求量集中于某一点,而实际上需求来自分散于广阔区域内的多个消费点。

②模型没有区分在不同地点建设仓库所需的资本成本,以及与在不同地点经营有关的其他成本的差别,而只计算运输成本。

③运输成本在公式中是以线性比例随距离增加的,而运费是不随运距变化的固定的部分和随运距变化的可变部分组成。

④模型中仓库与其他网络节点之间的路线通常假定为直线。而应该选用的是实际运输所采用的路线。

⑤模型未考虑未来收入和成本的变化。

从以上假设中可以看出模型存在诸多的限制条件,但这也并不意味着模型没有使用价值。重要的是选址模型的结果对事实问题的敏感程度。如果简化假设条件,对模型设施选址的建议影响很小或根本没有影响,那么可以证明简单的模型比复杂的模型更有效。

2.2.3 实训背景

假设有一系列点代表生产地和需求地,各自有一定量货物需要以一定的运输费率运向待定的仓库,或从仓库运出,现在要确定仓库应该位于何处才能使总运输成本最小？这是一类单设施选址问题,精确重心法是求解这类问题最有效的算法之一。

我们以该点的运量乘以到该点的运输费率再乘以到该点的距离,求出上述乘积之和最小的点,即

$$\min TC = \sum_{i=1}^{n} V_i R_i d_l$$

其中：TC——总运输成本；

V_i——i 点的运输量；

R_i——到 i 点的运输费率；

d_i——从位置待定的仓库到 i 点的距离。

$$d_i = K \sqrt{(X_i - \overline{X})^2 + (Y_i - \overline{Y})^2}$$

其中 K 代表一个度量因子,将坐标轴上的一单位指标转换为通用的距离单位,如公里等。

2.2.4　实训前准备

传统的精确重心法是对上述目标函数求偏微分,然后再使用迭代的方法,计算过程烦琐,在这里我们使用 Excel 软件求解。下面将就使用 Excel 软件进行计算的相关知识进行说明:

1. 什么是规划求解加载宏

规划求解加载宏(简称规划求解)是 Excel 的一个加载项,可以用来解决线性规划与非线性规划优化问题。规划求解可以用来解决最多有 200 个变量 100 个外在约束和 400 个简单约束(决策变量整数约束的上下边界)的问题。可以设置决策变量为整型变量。

2. 怎样加载规划求解加载宏

加载规划求解加载宏的方法如下:

①打开"工具"下拉列菜单,然后单击"加载宏",打开"加载宏"对话框,如图 2-1 所示。

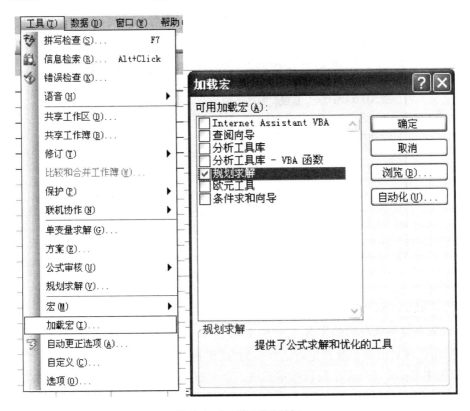

图 2-1　"加载宏"对话框

②在"可用加载宏"框中选中"规划求解"旁边的复选框,然后单击"确定"按钮。

③如果出现一条消息,指出您的计算机上当前没有安装规划求解,请单击"是",用原 Office 安装盘进行安装。

④单击菜单栏上的"工具"。加载规划求解后,"规划求解"命令会添加到"工具"菜单中。

2.2.5　实训步骤

怎样使用规划求解加载宏求解数学规划?

规划求解加载宏是一组命令构成的一个子程序,这些命令有时也称作假设分析工具,其功能是可以求出线性和非线性数学规划问题的最优解和最优值。

使用规划求解加载宏求解数学规划的步骤:

步骤1:在 Excel 工作表中输入目标函数的系数向量、约束条件的系数矩阵和右端常数项(每一个单元格输入一个数据);

步骤2:选定一个单元格存储目标函数(称为目标单元格),用定义公式的方式在这个目标单元格内定义目标函数;

步骤3:选定与决策变量个数相同的单元格(称为可变单元格),用以存储决策变量;再选择与约束条件个数相同的单元格,用定义公式的方式在每一个单元格内定义一个约束函数(称为约束函数单元格);

步骤4:点击下拉列菜单中的"规划求解"按钮,打开"规划求解参数"设定对话框(如图2-2所示),完成规划模型的设定。

图 2-2　"规划求解参数"设定对话框

模型设定方法如下:

1. 设定目标函数和优化方向

光标指向规划求解参数设定对话框中的"设置目标单元格"提示后的域,点击鼠标左键,然后选中 Excel 工作表中的目标单元格。然后根据模型中目标函数的优化方向,在规划求解参数设定对话框中的"等于"一行中选择"最大值"或"最小值"。

2. 设定(表示决策变量的)可变单元

光标指向规划求解参数设定对话框中的"可变单元格"提示后的域,点击鼠标左键,然后选中 Excel 工作表中的可变单元组。可以点击"推测"按钮,初步确定可变单元格的范围,然后在此基础上进一步确定。

3. 设定约束条件

直接点击"规划求解参数"设定对话框中的"添加"按钮，出现"添加约束对话框"，如图 2-3 所示。

图 2-3 "添加约束"对话框

先用鼠标左键点击"单元格引用位置"标题下的域，然后在工作表中选择一个约束函数单元格，再点击添加约束对话框中向下的箭头，出现＜＝、＝、＞＝、int 和 bin 五个选项，根据该约束函数所在约束方程的情况选择，其中 int 和 bin 分别用于说明整型变量和0—1 型变量。选择完成后，如果还有约束条件未设定，就点击"添加"按钮，重复以上步骤设定约束条件，设定完所有约束条件后，点击"确定"完成约束条件设定，回到"规划求解参数"设定对话框。

4. 设定算法细节

点击"规划求解参数"设定对话框中的"选项"按钮，出现"规划求解选项"对话框，如图 2-4 所示。

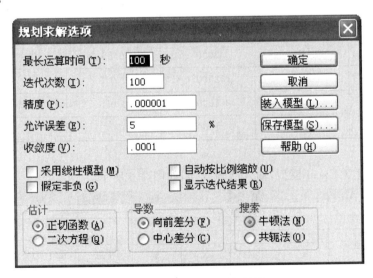

图 2-4 "规划求解选项"对话框

该对话框为使用者提供了在一些可供选择的常用算法。主要是供高级用户使用，初学者不必考虑这些选择。

选择完成后点击"确定"按钮回到"规划求解参数"设定对话框。

5. 求解模型

完成以上设定后,点击"规划求解参数"设定对话框中的"求解"按钮,将出现规划求解结果对话框,如图2-5所示。

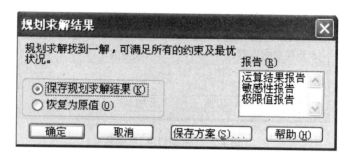

图 2-5 "规划求解结果"对话框

根据需要选择右边列出的三个报告中的一部分或全部,然后点击"确定"按钮就可以在 Excel 内看到求解报告。

算例:假设有两个工厂向一个仓库供货,由仓库供应三个需求中心,工厂一生产 A 产品,工厂二生产 B 产品。工厂和需求地的坐标、货运量和运输费率见表2-2,K 值取 10。求解仓库的最优位置(坐标)。

表 2-2 工厂和需求地的坐标、货运量和运输费率

地点	产品	总运输量(千克)	运输费率 (元/千克/公里)	坐标值	
				X	Y
工厂一	A	2000	0.05	3	8
工厂二	B	3000	0.05	8	2
需求地一	A、B	2500	0.075	2	5
需求地二	A、B	1000	0.075	6	4
需求地三	A、B	1500	0.075	8	8

求解:

第一步:建立 Excel 模型,输入已知数据,如图2-6所示。

	A	B	C	D	E	F	G	H
1		Excel求解精确重心法						
2								
3	地点	坐标值		仓库坐标值		总运输量	运输费率	K
4		x	y	X	Y	千克	元/千克/公里	
5	工厂一	3	1	1	1	2000	0.05	10
6	工厂二	3	2			3000	0.05	10
7	需求点一	2	5			2500	0.075	10
8	需求点二	6	4			1000	0.075	10
9	需求点三	8	8			1500	0.075	10
10								

图 2-6 利用已知数据建立 Excel 模型

第二步:在第一步基础上,利用 Excel 提供的函数,分别求出各个地点到仓库的运输成本和总成本,如图 2-7 和 2-8 所示。

	A	B	C	D	E	F	G	H	I	J
1		Excel求解精确重心法								
2										
3	地点	坐标值		仓库坐标值		总运输量	运输费率	K	距离di	运输成本
4		x	y	X	Y	千克	元/千克/公里			
5	工厂一	3	8	1	1	2000	0.05	10	72.80109889	7280.109889
6	工厂二	8	2			3000	0.05	10	70.71067812	10606.60172
7	需求点一	2	5			2500	0.075	10	41.23105626	7730.823048
8	需求点二	6	4			1000	0.075	10	58.30951895	4373.215821
9	需求点三	8	8			1500	0.075	10	98.99494937	11136.9318
10									总运输成本Tci	41127.69038

图 2-7　各个地点到仓库的运输成本和总成本的求解结果

距离di	运输成本
=H5*SQRT((B5−D5)^2+(C5−E5)^2)	=F5*G5*I5
=H6*SQRT((B6−D6)^2+(C6−E6)^2)	=F6*G6*I6
=H7*SQRT((B7−D6)^2+(C7−E5)^2)	=F7*G7*I7
=H8*SQRT((B8−D6)^2+(C8−E5)^2)	=F8*G8*I8
=H9*SQRT((B9−D6)^2+(C9−E5)^2)	=F9*G9*I9
总运输成本Tci	=SUM(J5：J9)

图 2-8　各个地点到仓库的运输成本和总成本的求解过程

第三步:用 Excel 的“规划求解”工具求解。点击“工具”菜单,选择“规划求解”(如果没有此菜单,选择“工具——加载宏”,选择加载“规划求解”即可),此时出现一个“规划求解参数”对话框,如图 2-9 所示。在此对话框中输入“规划求解”的参数,其中目标单元格为 J10,目标函数求的是最小值,可变单元格为 D5、E9,即仓库坐标值 x 和 y 所在的单元格。最后点击“求解”按钮求解。

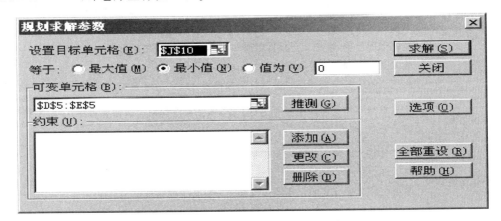

图 2-9　“规划求解参数”对话框

第四步:保存计算结果。计算机计算完成后将会提示是否将结果保存,点击"确定"保存结果。本算例的求解结果如图 2-10 所示。求得的仓库最优坐标值为(4.910,5.058),总运输成本为 21425.136 元。

Excel求解精确重心法

地点	坐标值		仓库坐标值		总运输量	运输费率	K	距离di	运输成本
	x	y	X	Y	千克	元/千克/公里			
工厂一	3	8	4.910111	5.057676	2000	0.05	10	35.07961702	3507.961702
工厂二	8	2			3000	0.05	10	43.47044398	6520.566597
需求点一	2	5			2500	0.075	10	29.10682844	5457.530332
需求点二	6	4			1000	0.075	10	15.18728416	1139.046312
需求点三	8	8			1500	0.075	10	42.66694479	4800.031288
								总运输成本Tei	21425.13623

图 2-10　求解结果

2.3　3D 系统物流运输实训

本模块使用的是物流运输 3D 软件,具体实训内容如下:

表 2-5　3D 运输实例内容及目的

实训任务名称	实训目的
业务受理	熟悉合同签订的流程 了解客户开发的流程以及进行客户开发的方法 学会制订销售计划,能熟练撰写运输合同
缮制托运单	掌握两种不同方式的业务接单 熟悉托运单的条款项,熟悉货物运输托运单的填写步骤;掌握托运单的填写要领及作用 掌握托运作业的添加、查询 掌握如何分单,遇到客户投诉时应如何解决,对客户怎样管理 确定托运里程及计算运费 根据货物内容及货物要求送达时间选择最合理的运输方式(业务类型)
零担运输	重点掌握零担运输各环节的主要工作,掌握零担货物运输作业程序,了解零担货物运输的概念、种类、特点
公路运输	了解公路运输成本的构成及控制方法 熟练各类单据的缮制 掌握公路运输方式的作业操作流程并分析其主要特征 了解公路运输的优缺点和适用范围

实训任务名称	实 训 目 的
铁路运输	了解铁路运输的优缺点和适用范围 知道铁路货物运输作业的流程,掌握各个流程中作业的内容 能计算货物运到期限,会填写铁路运单 能根据铁路货物运输业务熟练地计算运费 培养学生良好的职业素质及团队协作精神
水路运输	了解水路运输的优缺点和适用范围 知道水路货物运输作业的流程,掌握各个流程中作业的内容 能根据水路货物运输业务熟练地计算运费 培养学生良好的职业素质及团队协作精神
航空运输	了解航空运输的优缺点和适用范围 知道航空货物运输作业的流程,掌握各个流程中作业的内容 能根据航空货物运输业务熟练地计算运费 培养学生良好的职业素质及团队协作精神
同城配送	能够根据货物特性分析运输关键作业环节 掌握鲜活易腐货物运输要求及注意事项 能制定合理的运输业务流程,选择最优运输路线

2.3.1 业务受理

公司与公司的合作都是从"合同"开始的,合同一经双方签订,就意味着合同中所有条款生效并无条件执行。

运输业完成运输生产的过程,在法律上体现的是运输法律关系,而运输法律关系最重要的是运输合同关系。《合同法》规定,运输合同是承运人将旅客或货物从起运地点运输到约定地点,旅客、托运人或收货人支付票款或运输费用的合同。运输合同包括客运合同、货运合同、多式联运合同。图 2-11 是物流运输一般的业务受理流程以及角色图。

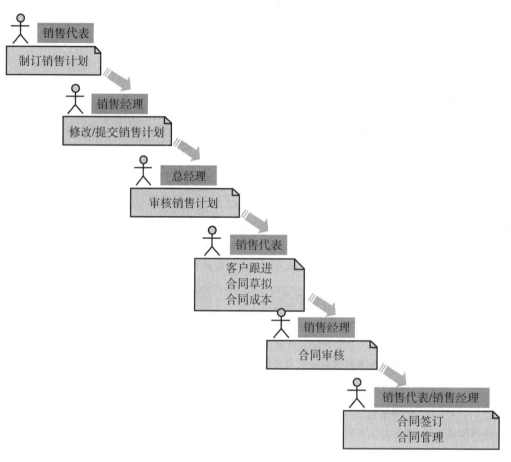

图 2-11　业务受理流程及角色图

1. 实训目标

◆ 熟悉合同签订的流程；

◆ 了解客户开发的流程以及进行客户开发的方法；

◆ 学会制订销售计划；

◆ 能熟练撰写运输合同。

2. 实训指导

(1)合同草拟

本模块作为整个流程业务的开始,在商业交易中,当买卖双方达成买卖意向之后,就会通过确立合同的方式来明确双方的权利与义务,草拟合同为正式合同签订的前阶段。

操作流程：

• 销售代表选择"任务中心"—业务受理,实训中心—客户管理—合同管理。

• 点击"新增",输入合同相关内容,填完整个合同表体内容后,经双方代表签字确认,则表明合同生成。

(2)合同审核

销售代表与客户签订合同后,合同经审核才生效。

操作流程:

• "销售经理"选择"任务中心"选—"业务受理","实训中心"—"合同审核"—"合同管理";

• 找到签署的那份合同,认真查阅各项后,点击"审核"—"是"即可。

(3)合同成本

合同成本是指为建造某项合同而发生的相关费用,合同成本包括从合同签订开始至合同完成为止所发生的、与执行合同有关的直接费用和间接费用。这里所说的"直接费用"是指为完成合同所发生的、可以直接计入合同成本核算对象的各项费用支出。"间接费用"是指为完成合同所发生的、不宜直接归属于合同成本核算对象而应分配计入有关合同成本核算对象的各项费用支出。

操作流程:

• "销售经理"—"实训中心"—"合同管理"—"物流成本"。

• 点"新增",对合同中各项成本进行分析

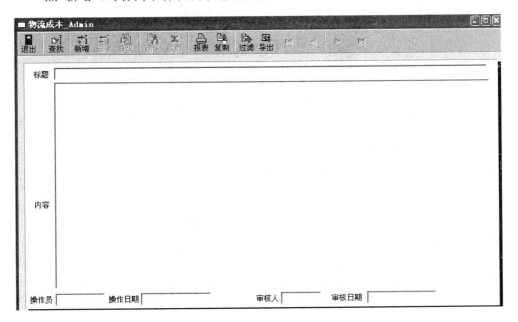

图 2-12　"合同管理"界面

(4)客户投诉

操作流程:

• "客服部——客服文员"登录,弹出客服文员主界面。

• 选择"客户管理"—"　　"—"　5 投诉中心"—"　1　客户投诉记录",弹出图 2-13 所示窗口:

图 2-13 "客户投诉"管理界面

- 填写好上表后单击"确认",则这张投诉单系统自动流向客户经理处理。

- "客服部——客服经理"登录,弹出客服经理主界面。

- 选择"客户管理"—"　　"—"1 业务管理 ▷ 1 投诉审批",弹出图 2-14 所示窗口,选择刚才的投诉单:

图 2-14

- 在弹出的窗口中单击"修改",输入处理意见后单击"确认"。系统会将客服经理的处理意见发给客服文员,客服文员再进行相应的处理。

3. 实训思考题

- 将学生以 2 人为一组,能够拟订货物运输合同。
- 将学生以 2 人为一组,扮演这客户洽谈。
- 面对客户投诉如何有效解决?

附加知识

运输合同的主要条款

货物运输合同主要条款概括如下:

①托运人、收货人的名称、地址、邮政编码、联系电话。

②承运人的名称、地址、邮政编码、电话、发站(港)、到站(港)名称。

③托运货物的品名、数量、重量、件数等。

④托运货物的包装要求。

⑤货物的接收与交付。

⑥运输方式。

⑦运到期限。

⑧承运人、托运人、收货人的义务。

⑨违约责任。

⑩双方当事人约定的其他内容。

2.3.2 缮制托运单

1. 知识链接

发货人(货主、货运代理)在托运货物时,应按承运人的要求填写货物托运单,以此作为货物托运的书面申请。货物托运单是发货人托运货物的原始依据,也是承运人承运货物的原始凭证。承运人接到托运单后,应进行认真审核,检查各项内容是否正确,如确认无误,则在运单上签章,表示接受托运。在公路汽车运输中,由于发货人与承运人一般具有长期的货运关系,托运人可利用电话等联络方式进行货物托运申请。在这种情况下,承运人必须了解所承运货物的重量、休积及有关管理部门发放的进出口许证(批文)、装卸货目的地、收发货详细地址、联络人及其电话等项情况。由承运人按托运人提供的资料填制《承运凭据》,交给司机到托运人指定的地点装运货物。

客服文员主要职责:完成客户服务工作,包括录入客户订单(收货订单、发货订单、配送订单),记录或处理客户投诉,处理客户查询(物流服务价格查询、物流跟踪查询)、记录客户资料档案。

(1)托运单定义

托运单(Booking Note,B/N)俗称下货纸,是托运人根据贸易合同和信用证条款内容填制的,向承运人或其代理办理货物托运的单证。承运人根据托运单内容,并结合船舶的航线、挂靠港、船期和舱位等条件考虑,认为合适后,即接受托运。

托运单是运货人和托运人之间对托运货物的合约,其记载有关托运人与送货人相互间的权利义务。运送人签收后,一份给托运人当收据,货物的责任从托运转至运送人,直

 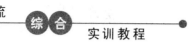
到收货人收到货物为止。如发生托运人向运货人要求索赔时,托运单是必备的文件。运货人输入托运单上数据的正确与否,影响后续作业甚大。

(2)托运单的分类

海运托运单;

陆运托运单;

空运托运单。

(3)托运单的主要内容

发货人一般应在装运前 10 天制好出口货物托运单或明细单,送交承运公司办理托运手续。其主要内容及缮制要求如下:

①经营单位或发货人(SHIPPER):一般为出口商。

②收货人(CONSIGNEE):以信用证或合同的要求为准,可以填 TOORDER,TOORDEROF××,××CO. 和 TOBEABER 等,一般以前两种使用较多。

③通知人(NOTIFY):以信用证要求为准,必须有公司名称和详细地址。

④分批装运(PARTIALSHIPMENT)和转运(TRANSHIPMENT):要明确表示是否可以分批和转运。

⑤运费(FREIGHT):应注明是"运费预付(FREIGHTPREPAID)"还是"运费到付(FREIGHTCOLLECT)"。

⑥装运日期(SHIPPINGDATE):按信用证或合同规定的装运期填写。

⑦货物描述及包装(DESCRIPTIONOFGOODS;NO. SOFPACKAGES):填写商品的大类名称及外包装的种类和数量。

⑧总毛重、总净重及总体积(TOTALGROSSWEIGHT、NETWEIGHT、MEASUREMENT):按实际填写。

2. 实训目标

◆ 掌握两种不同方式的业务接单;

◆ 熟悉托运单的条款项,熟悉货物运输托运单的填写步骤;掌握托运单的填写要领及作用;

◆ 掌握托运作业的添加、查询;

◆ 掌握如何分单,遇到客户投诉时应如何解决,对客户怎样管理;

◆ 确定托运里程及计算运费;

◆ 根据货物内容及货物要求送达时间选择最合理的运输方式(业务类型)。

3. 实训内容

(1)托运单的缮制

(2)根据货物内容、客户要求到达时间选择合理的业务类型(运输方式)

(3)初步核算托运里程及运杂费

(4)拟定每单货物的配送配载方案

4. 实训指导

(1)电话接单

操作流程：

①系统自动录入托运单：

↓"客服部——客服文员"登录弹出客服文员主界面；

↓单击""回到工作界面菜单；

↓单击""菜单选择"缮制托运单"；

↓单击""接听电话图标，在"消息"对话框中单击"确定"，弹出"业务接单"。

图 2-15

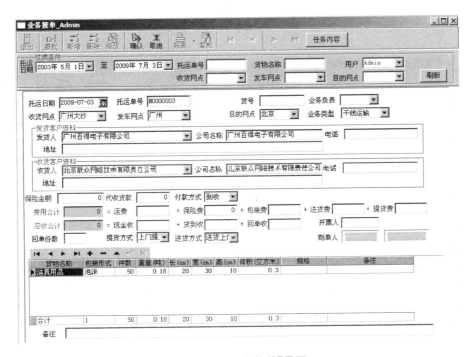

图 2-16 "业务接单"界面

这张从广州发往北京的业务单属于自动录入,单击"确认"。

②手动录入托运单:

↓"客服部——客服文员"登录弹出客服文员主界面;

↓单击""回到工作界面"菜单;

↓单击""菜单选择"缮制托运单";

↓单击""接听电话图标,在"消息"对话框中单击"确定",弹出"业务接单";

图 2-17

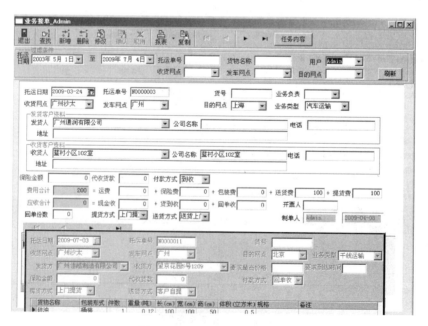

图 2-18 "新增业务单"界面

↓ 单击“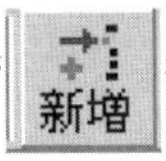
新增
”——根据托运单的内容填写接收单：

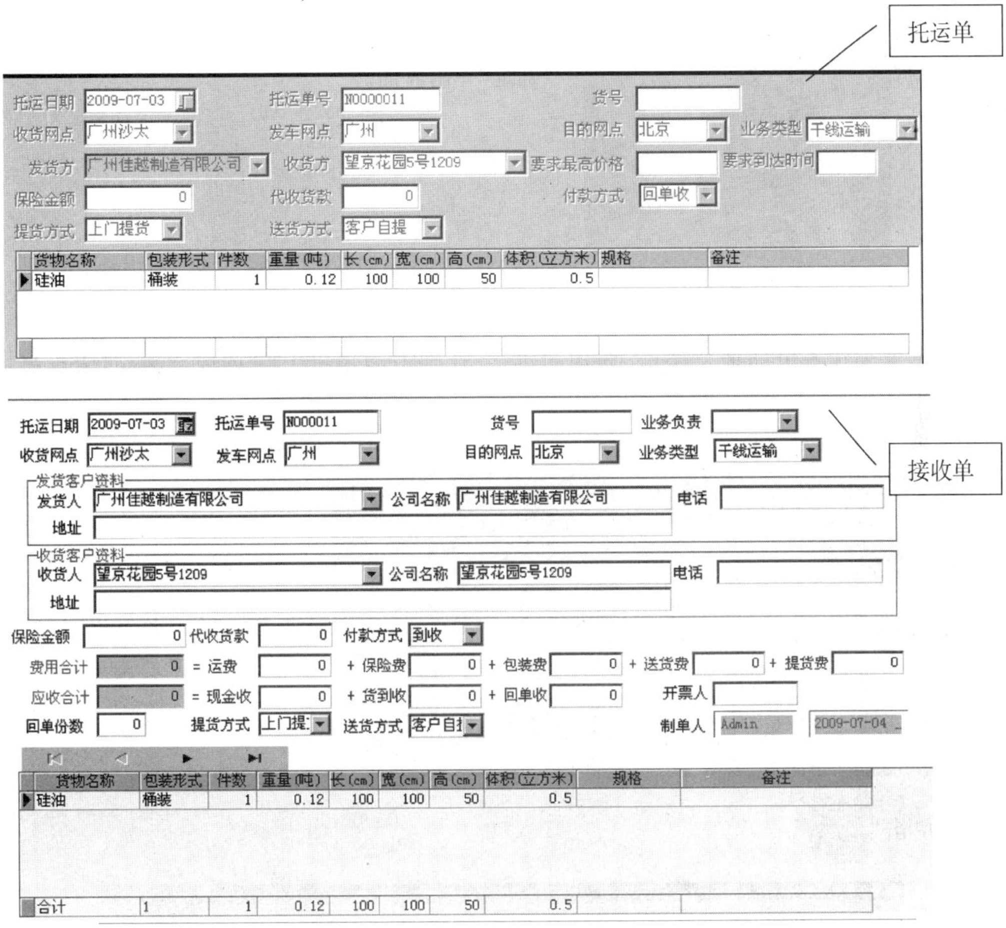
托运单
托运日期 2009-07-03
托运单号 N0000011
货号
收货网点 广州沙太
发车网点 广州
目的网点 北京
业务类型 干线运输
发货方 广州佳越制造有限公司
收货方 望京花园5号1209
要求最高价格
要求到达时间
保险金额 0
代收货款 0
付款方式 回单收
提货方式 上门提货
送货方式 客户自提
货物名称 包装形式 件数 重量(吨) 长(cm) 宽(cm) 高(cm) 体积(立方米) 规格 备注
硅油 桶装 1 0.12 100 100 50 0.5
接收单
托运日期 2009-07-03
托运单号 N000011
货号
业务负责
收货网点 广州沙太
发车网点 广州
目的网点 北京
业务类型 干线运输
发货客户资料
发货人 广州佳越制造有限公司
公司名称 广州佳越制造有限公司
电话
地址
收货客户资料
收货人 望京花园5号1209
公司名称 望京花园5号1209
电话
地址
保险金额 0
代收货款 0
付款方式 到收
费用合计 0 = 运费 0 + 保险费 0 + 包装费 0 + 送货费 0 + 提货费 0
应收合计 0 = 现金收 0 + 货到收 0 + 回单收 0
开票人
回单份数 0
提货方式 上门提
送货方式 客户自
制单人 Admin 2009-07-04
货物名称 包装形式 件数 重量(吨) 长(cm) 宽(cm) 高(cm) 体积(立方米) 规格 备注
硅油 桶装 1 0.12 100 100 50 0.5
合计 1 1 0.12 100 100 50 0.5

图 2-19 “新增信息”范例

(2)客户自送单

操作流程：

①客户自送单：

↓“运输部——业务主管”登录弹出业务主管主界面；

↓ 选择“业务接单”—“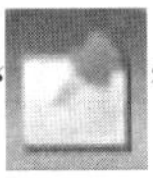”—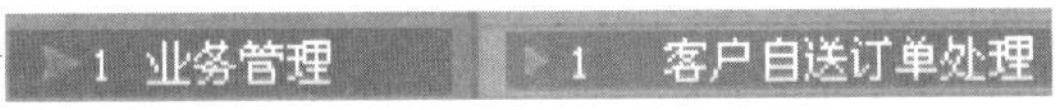
1 业务管理
1 客户自送订单处理

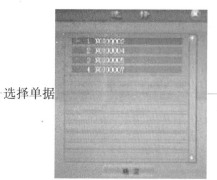

——选择单据————————"确定"弹出界面。

↓ 走至工作人员面前—单击"通知司机"—在弹出的菜单中　选择"　通知客户送

货"；　　　　　　　　　　　　　　　　　　　　　　　根据提示操作下一步；

↓ 单击"确认"。

图 2-20　"客户自送单"管理

↓根据提示操作下一步；"[ ]验货"——————————将托运单交

还给司机后此单据完成—回到工作岗位。

（3）分单管理

操作流程：

①"运输部——运输经理"登录弹出业务主管主界面；

②选择"分单管理"—"[ ]"—▶1 业务管理 ▶1 分单管理，弹出下面

窗口：

图 2-21 "分单管理"界面

③单击"刷新"：

图 2-22 "分单管理"操作

④选择单据号后单击"审核"（这几项费用是系统自动生成的

运费 送货费 提货费 保险费 保险金额）。

5. 实训思考题

◆填写托运单时应该注意哪些事项？

◆接货时应该注意哪些事项？

◆ 哪些因素会影响运输成本？

2.3.3 零担运输

零担运输是指托运一批次货物数量较少时,装不足或者占用一节货车车皮(或一辆运输汽车)进行运输在经济上不合算,而由运输部门安排和其他托运货物拼装后进行运输。运输部门按托运货物的吨公里数和运价率计费。

1. 知识链接

(1)运输形式:零担货物运输

①零担货物运输的概念:在公路货物运输中按一次托运货物重量分,可分为汽车整车货物运输和汽车零担货物运输。托运人一次托运货物计费重量3 t及以下的,为零担货物运输。

②零担货物运输的特点:货物批量小、品种繁多、站点分散、运输组织要求严密。汽车零担货运站(简称零担站),是经营汽车零担货物运输的服务单位和零担货物的集散场所,担负着组织零担运输生产、为货主服务、班线管理及信息传输等方面的任务。

(2)托运单

货物托运单的主要作用有以下几个方面:

①托运单是公路运输部门开具货票的凭证。

②托运单是调度部门派车、货物装卸和货物到达交付的依据。

③托运单是在运输期间发生运输延滞、空驶、运输事故时,判定双方责任的原始记录。

④托运单是货物收据、交货凭证。

填写托运单的内容要求如下:

①准确表明托运人和收货人的名称(姓名)和地址(住所)、电话、邮政编码。

②准确表明货物的名称、性质、件数、质量、体积,以及包装方式。

③准确表明托运单中的其他有关事项。

④一张托运单托运的货物,必须是同一托运人、收货人。

⑤危险货物与普通货物,以及性质相互抵触的货物不能用同一张托运单。

⑥托运人要求自行装卸的货物,经承运人确认后,在托运单内注明。

⑦托运单应使用钢笔或圆珠笔填写,字迹清楚、内容准确,需要更改时,必须在更改处签字盖章。

每个公司的托运单格式都有所不同。

附单:

表 2-6 物流有限公司公路运输托运单

| 单号: | | | |
| 客服代表: | TE1/FAX: | 手机: | |

托运人:	预计装货时间:	
联络人:	TEL/FAX:	手机:
装货地址:		

收货人:	要求到货时间:	
联络人:	Te1/FAX:	手机:
卸货地址:		

序号	产品名称	件数	包装材料	包装尺寸(ram)	单件重量(kg)	装卸要求	运输要求
1							
2							
3							

运输方式:零担:_____

　　　　　整车:5t_____　　8t_____　　10_____

车厢要求:全封闭_____　　半封闭低栏_____　　高栏_____　　平板_____

运输条款:门/门_____　　门/站_____ *

运输金额:_____　运费:_____　送货费:_____　提货费:_____ *

保险费:_____　投保价值:_____　投保方:_____ *

特别约定:

说明:	托运方盖章
1. 上述资料均由托运人提供并确认;　　　　盖章	经办人签名:
2. 客户代表须出具我司盖章的托运单作为提货凭证;	收货方盖章
3. 和本公司有合约的,带"＊"处可不填。　××物流有限公司	经办人签名:

托运单一式四联　第一联　托运联　第二联　托运方联　第三联　收货方联　第四联　留底

表 2-7　货物运输托运单

年　　　月　　　日　　星期　　　第　　　号

托运人：		地址：		电话：		装货地点：			
收货人：		地址：		电话：		卸货地点：			
货物名称	性质	包装或规格	件数	实际重量（t）	计费重量	计费里程	运费结算方式	货物核实记录	
约定事项：			运输记录	运输日期	吨数	装运车号	待运吨数	附记	

2. 实训目标

重点掌握零担运输各环节的主要工作,掌握零担货物运输作业程序,了解零担货物运输的概念、种类、特点。

3. 实训内容

北京百味林食品销售有限公司有批货物要求上门提货后即刻送往天津商族营销有限公司,货款到付。

4. 实训指导

步骤 1:选择客服文员角色,单击"下一步"按钮登录系统。

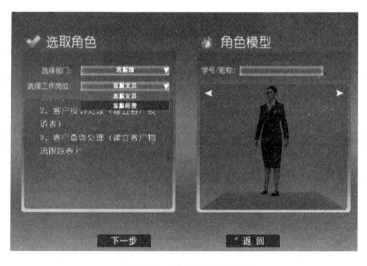

图 2-23　"角色选择"界面

步骤2:打开任务中心,双击选择"零担运输"任务。

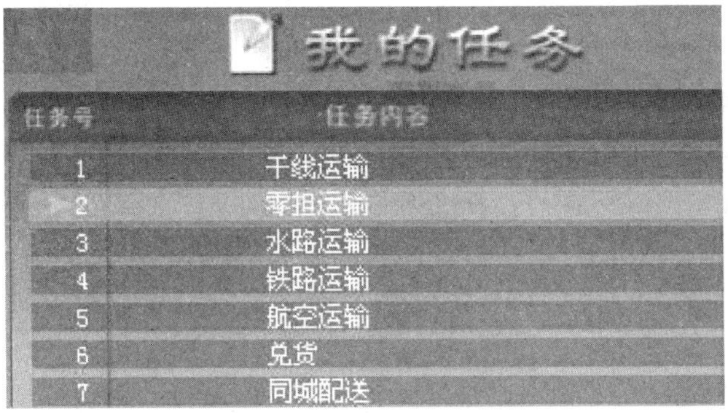

图 2-24　"任务选择"界面

步骤3:单击"回到工作按钮",系统会在左下角提示接听客户电话,点击右边的电话图标按钮接听电话。

电话图标

图 2-25

步骤4:确定接听电话后,根据任务内容,录入单据信息,保存退出,返回3D界面。

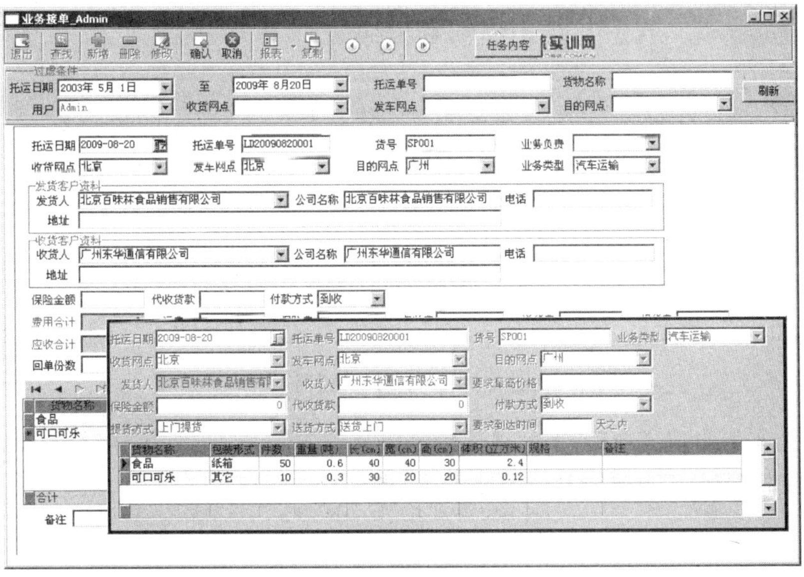

图 2-26　"业务接单"界面

步骤5：换运输经理角色登录系统，点击实训中心打开分单管理模块，点击"刷新"按钮，找到刚才的单据进行审核（注：未审核的单据以红色显示，已审核的单据以黑色显示）。

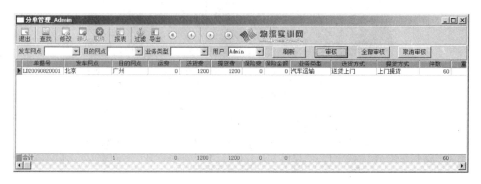

图 2-27 "分单管理"界面

步骤6：运输经理审核单据后，换调度员角色登录系统，点击"回到工作岗位"按钮，点击实训中心打开车辆申请模块，新增车辆申请单，单号为系统自动生成，运输类型为"短途运输_货物收集"，地点为"配送中心"。

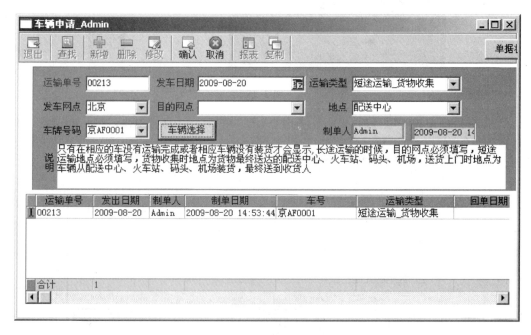

图 2-28 "车辆申请"界面

步骤7：车辆申请成功后，换配载员角色登录系统，点击"回到工作岗位"按钮，在实训中心打开配载管理，双击选择货物收集管理，进行货物配载。

图 2-29

打开车辆配载模块，单击"修改"按钮，点击"货物配载"按钮，打开货物信息进行配载，单击"存盘退出"按钮，返回车辆配载模块，保存后单击"审核"按钮进行审核。

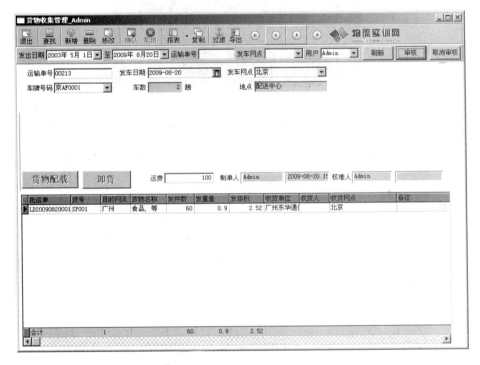

图 2-30 "货物收集管理"界面

步骤 8：配载后，换司机角色登录系统，在实训中心打开司机运输信息，双击选择货物收集业务，弹出货物收集单据，单击"确定"按钮，根据系统提示进行操作。

图 2-31 "司机"登录系统

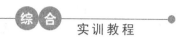

步骤9：根据系统提示，找到对应的车辆，点击上车按钮或按"F"键上车。

图 2-32

上车后，开出配送中心，提示要求填写车辆安检单，点击"确定"按钮填写安检单。

图 2-33

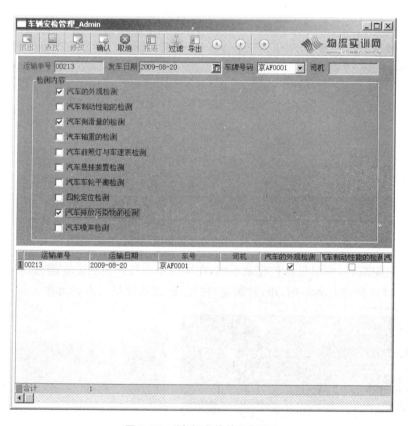

图 2-34 "车辆安检管理"界面

步骤 10：安检完后，根据提示，到"北京百味林食品销售有限公司"取货，到达取货点后，点击工作人员，再点击左边的取货按钮，取到货后，点击右下角的"放货物"按钮将货物放到车上，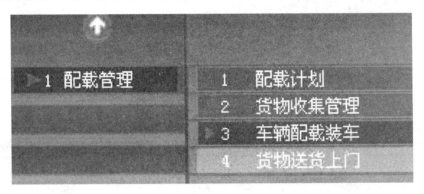 将货物送回配送中心，完成货物收集。

步骤 11：换调度员角色登录系统，申请长途车辆，运输类型为"长途运输_零担运输"。

步骤 12：车辆申请后，换配载员角色进行货物配载，在实训中心打开配载管理，双击选择车辆配载装车，装车后单击"审核"按钮审核单据。

图 2-35　配载管理

步骤 13：货物配载后，换司机角色登录系统，在实训中心打开司机运输，双击选择零担长途运输单，根据提示操作。

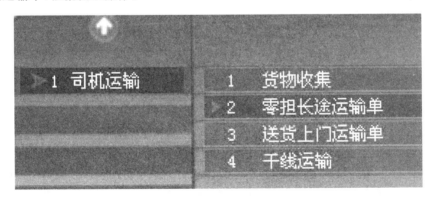

图 2-36　选择"零担长途运输单"

步骤 14：如果送货方式为"送货上门"，则换回调度员申请车辆，运输类型为"短途运输_送货上门"。

步骤 15：配载员将货物装车配载，在实训中心打开配载管理，双击选择"货物送货上门"，弹出送货上门单据，单击"确定"按钮，根据提示操作。

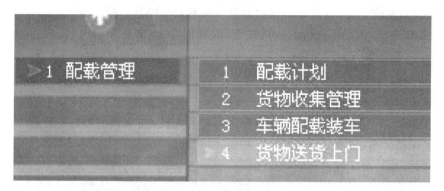

图 2-37 "货物送货上门"

步骤16：货物配载后，换司机登录系统，选择送货上门运输单，弹出送货上门单，到配送中心的发货区装货，装货后，系统提示目的地，根据提示送货上门，完成零担运输流程。

图 2-38 "司机运输"界面

2.3.4 公路运输

1. 实训目标

◆ 了解公路运输成本的构成及控制方法；
◆ 熟练各类单据的缮制；
◆ 掌握公路运输方式的作业操作流程并分析其主要特征；
◆ 了解公路运输的优缺点和适用范围。

2. 知识链接

公路运输是主要使用汽车或其他车辆(如人、畜力车)在公路上进行货客运输的一种方式。

主要优点是灵活性强，公路建设期短，投资较低，易于因地制宜，对收到站设施要求不高，可采取"门到门"运输形式，即从发站者门口直到收货者门口，而不需转运或反复装卸搬运。公路运输也可作为其他运输方式的衔接手段。公路运输的经济半径，一般在200公里以内。

缺点：运输能力低，成本高，劳动生产率低，不适合运输大宗物品，长距离运输费用较高。

主要承担：①近距离、小批量的货运；②水运、铁路运输难以到达地区的长途、大批量货运及；③铁路、水运优势难以发挥的短途运输。图 2-39 是公路运输的一般流程图。

(1)车辆调度

调度命令是指在按规定进行某些行车作业时，向行车值班员、列车司机发布的一种命令。它具有严肃性、授权性和强制性。调度命令只能由值班行车调度员发布，且必须一事一令，先拟后发。

调度命令的要素：

送交司机的调度命令必须由以下七个方面的要素组成，分别是：

①调度命令号码；

②调度命令发布的时间；

③受令处所；

④调度员姓名；

⑤调度命令内容；

⑥受令车站行车专用章；

⑦受令行车值班员签名(盖章)。

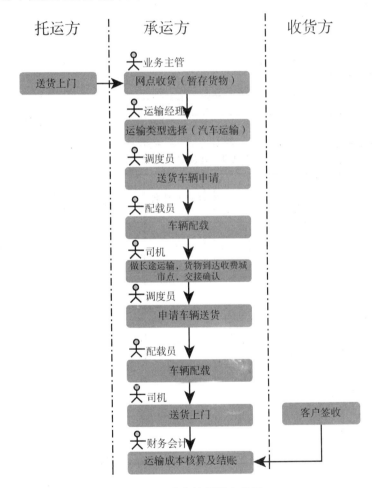

图 2-39 业务流程及角色图

附单：

表 2-8　物流有限公司内部调车单

司机信息			
姓名		年龄	
籍贯		以往信誉	
性别		身份证号码	
联系方式			
车辆信息			
载重		车长	
车型		车牌号	

此次承运从_____起,至_____,托运单单号为_____

提货时间：_____

提货地点：_____

调度员签名_____　客房代表签名_____

表 2-9　调度命令登记簿

月日	发出时刻	命令			复调人姓名	接受命令人姓名	调度员姓名	阅读时刻（签名）
		号码	受令及抄知处所	内容				

（2）货装车

验货：

①运单上的货物是否已处于待运状态。

②装运的货物数量、发运日期有无变更。

③货物的包装是否符合运输要求。

④装卸场地的机械设备、通行能力是否完好。

货物的监装：

　　在车辆到达厂家出货地点后,司乘和接货人员会同出货负责人一起根据出货清单对货物包装、数量和重量等进行清点和核实;核对无误后进行装车环节服务。

　　附单:

表 2-10　交运物品清单

起运地点:　　　　　　　　　　　　运单号码

编号	货物名称及规格	包装形式	件数	新旧程度	体积长×高×高	重量/kg	保险、保价价格

托运人签章:　　　　　　　承运人签章　　　　　　年　　月　　日

　　(3)在途跟踪

　　客服部司机及时反馈途中信息、车辆停靠地点及运行情况。填写跟踪记录,如工作单。

　　附单:

表 2-11　物流有限公司货物跟踪记录表

序列	耗运方	耗运方联系人及电话	收货方	收货方联系人及电话	到货日期	货物名称	跟踪情况	处理方法	经办人
1									
2									
3									
4									

　　(4)到货签收及回单

　　①到货交付注意事项。

　　• 物流公司客户代表提前与收货人确认收货时间及地点。例如,若送货地点在白天时间禁止大型货车通行市区,则要与收货人沟通改为晚上送货。

　　• 车辆到达目的地后,红星公司客户代表与收货方根据托运单交接货物。

　　• 清点无误后,收货人签字确认。

　　• 物流公司客户代表将签收后的托运单交与本公司单证部,将回单送至客户处。

　　(5)到货交付

　　①清点监卸。

　　②检查货票是否相符。

③收货人开具作业证明,签收。

④发现货物缺失,作记录,开具证明。

⑤处理货运事故。

(6)运费结算

单证部整理托运回单送到财务部,财务部开具发票,然后向托运人收取运费。

3. 实训内容

请把广州佳越制造有限公司的货物通过公路运输的方式送往北京百味林食品销售有限公司。内容如下:

(1)托运单的录入、运输方式的选择及审核

(2)运输车辆的申请、货物的配载

(3)货物的送达及运输成本的核算

4. 实训指导

(1)车辆申请

操作流程:

↓ "运输部——调度员"登录弹出业务主管主界面;

↓ 选择"公路运输"—" ▶ 1 车辆申请   ▶ 1 车辆申请 ";

↓ 在弹出的界面中选择" 新增 ";

↓ 填写下表,填好后按" 确认 "则申请车辆成功。

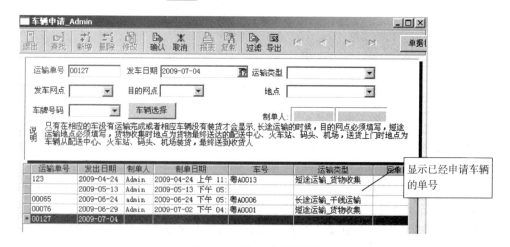

图 2-40 "车辆申请"界面

"车辆申请"对话框内相关数据说明:

运输单号:系统自动生成,也可以手动输入;

发车日期:什么时候发车;

运输类型：（通过何种方式运输，与"业务类型"是相对应的）；

地点：<u>配送中心</u>　<u>火车站</u>　<u>码头</u>　<u>机场</u>　（中转地点是哪里，与"业务类型"是相对应的）；

车辆选择：显示全部车辆所处状态（如图 2-41 所示）；

车辆状态显示

图 2-41　车辆状态

单据状态：可以方便地查看到系统中所有需要申请车辆的单据所处的状态及车辆的状态信息。

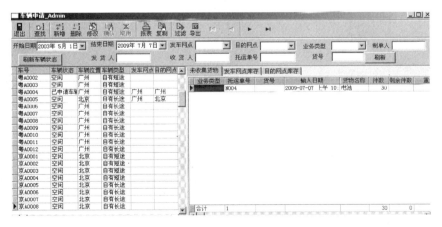

图 2-42　车辆信息查询

（2）车辆配载

操作流程：

↓"运输部——配载员"登录弹出业务主管主界面；

↓ 选择"公路运输"—""—" ≥1 配载管理"—" 3 车辆配载装车"弹出下图：

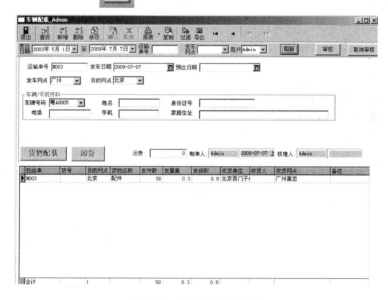

图 2-43 "车辆配载"界面

↓ 选择"修改"—" 货物配载"，弹出下图：

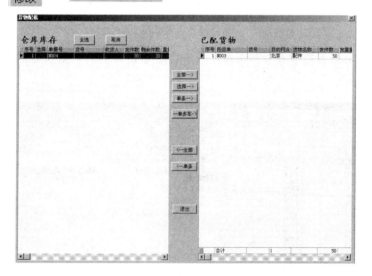

图 2-44 "货物配载"界面

↓ 选择要配载的单据号后退出，单击" 审核 "。

（3）收货及送货

操作流程：

↓"运输部——司机"登录弹出业务主管主界面。

↓选择"公路运输"—""—" 1 司机运输 "—" 4 干线运输 "—选择刚才已

经配载审核过的单据号，弹出下图：

图 2-45 "公路运输"界面

↓走到车旁边按"F"键上车，在出公司时会弹出"车辆安检管理"表（如图 2-46 所

示），单击"修改"，选择相应项后单击"确认"。

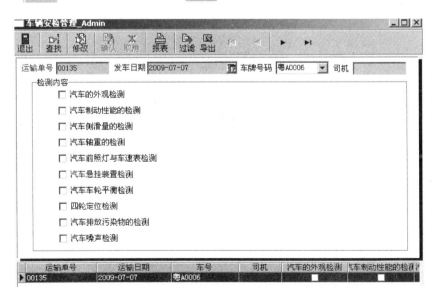

图 2-46 "车辆安检管理"界面

↓ 看地图(单击""),把车开到系统提示的指定地点进行取货工作。

图 2-47　选择公司

↓ 单击公司名,点击前台文员;

↓ 单击"　",根据提示操作;

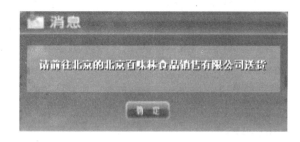

图 2-48

↓ 单击"✕"关闭当前窗口,走到电梯门口,弹出下面窗口后单击选项:

图 2-49　关闭当前窗口

司机下楼后上车,开往高速出口。

单击目的地,到达所在城市后找到要送货的具体地址,开车前往。"操作日志"可以查看。

到达送货目的地后司机下车,走到公司,单击工作人员,单击"",则此张单据完成。

图 2-50

(4)运输成本核算

操作流程:

客户结算:打开客户结算模块,选择托运日期时间段,点击"刷新"按钮,系统会显示在选择的托运日期时间段里的数据。选择发车网点、收货网点、目的网点等过滤条件时,如选择的发车网点为"广州",则显示的数据均为广州发出的货物;同理,选择收货网点或目的网点,则显示的数据与选择的网点相关联。右边的数据过滤同样可以过滤相关的信息,如选择"只显示现金收未结"选项时,则显示的数据都是现金收未结的。点击"修改"

按钮,对未结的单据进行结算,输入收款数目,确认保存即可。

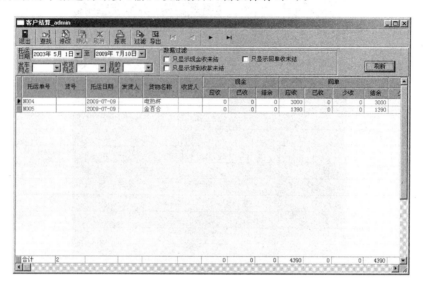

图 2-51　客户结算

5. 实训思考题

◆ 公路运输时如何使运输线路最优化?

◆ 为什么要进行车辆安检?

2.3.5　铁路运输

1. 实训目标

◆ 了解铁路运输的优缺点和适用范围;

◆ 知道铁路货物运输作业的流程,掌握各个流程中作业的内容;

◆ 能计算货物运到期限,会填写铁路运单;

◆ 能根据铁路货物运输业务熟练地计算运费;

◆ 培养学生良好的职业素质及团队协作精神。

2. 实训任务

广州佳越制造有限公司生产一批商品卖给了天津宝润丰钢铁有限公司。货物已经送到承运公司收货网点,委托 10 日内将货物送至目的地,货到后付款。

模拟完成:

(1)铁路交接单的缮制。

(2)运输车辆的申请、货物的配载。

(3)货物按时送达及运费的核算。

(4)不同角色"任务题库"中的内容。

3. 知识链接

铁路运输是使用铁路列车运送客货的一种运输方式。铁路运输优点是速度快,运输不大受自然条件限制,载运量大,运输成本较低。主要缺点是灵活性差,只能在固定线路上实现运输,需要以其他运输手段配合和衔接。铁路运输经济里程一般在 200 公里以上。

铁路运输主要承担长距离、大数量的货运,在没有水运条件的地区,几乎所有大批量货物都是依靠铁路,它是在公路运输中起主力运输作用的运输形式。

铁路运输业务流程如下:

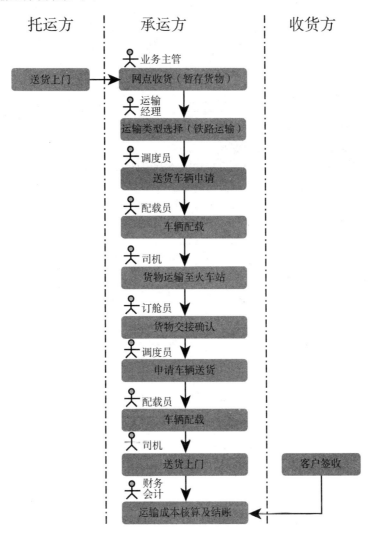

图 2-52　铁路运输流程

铁路运输相关单证如下:

表 2-12　铁路货物运输服务订单

<table>
<tr><td colspan="6">　　　　　　　××铁路局　　　　　　　　　　　编号：</td></tr>
<tr><td colspan="3">托运人：
地址：
电话：　　　　　　邮编：</td><td colspan="3">收货人：
地址：
电话：　　　　　　邮编：</td></tr>
<tr><td>发站</td><td>到站(后)</td><td colspan="2">车种/车数</td><td colspan="2">箱型、箱数</td></tr>
<tr><td colspan="3">装货地点</td><td colspan="3">卸货地点</td></tr>
<tr><td>货物品名</td><td>品名代码</td><td>货物价值</td><td>件数</td><td>货物重量</td><td>体积</td></tr>
<tr><td>　</td><td>　</td><td>　</td><td>　</td><td>　</td><td>　</td></tr>
<tr><td colspan="6">要求发站装车期限　　月　　日前或班列车次　　日期：　月　　日　　　　付款方式</td></tr>
<tr><td colspan="6">供用户自主选择的服务项目(由用户填写,需要的项目打√)
□1. 发送综合服务　　　　□5. 清运垃圾
□2. 到达综合服务　　　　□6. 代购、代加工装载加固材料
□3. 仓储保管　　　　　　□7. 代对货物进行包装
□4. 隆布服务　　　　　　□8. 代办一关三检手续</td></tr>
<tr><td colspan="6">说明或其他要求事项</td></tr>
<tr><td colspan="6">承运人报价(包括运费、杂费、服务费)　　　　元。具体项目、金额利后：</td></tr>
</table>

序号	项目名称	单位	数量	收费标准	金额(元)	序号	项目名称	单位	数量	收费标准	金额(元)

<table>
<tr><td>申请人签章
　年　　月　　日</td><td>承运人签章
　年　　月　　日</td><td>车站指定装车日期及货位</td></tr>
</table>

说明：

　　1. 涉及承运人与托运人、收货人的责任和权利,按《铁路货物运输规程》办理。

　　2. 实施货物运输、托运人还应递交货物运单,承运人应该报价核收费用,装卸等需发生后确定的费用。应先列出费目,金额按实际发生核收。

　　3. 用户发现超出国家计委、铁道部、省级物价部门公告的铁路货运价格,有权举报。

举报电话:物价部门 021－46038382 铁路部门 021－56383657

　　铁路部门在确认能够满足货主运输要求后,批准计划。

　　托运人按运单格式要求,认真正确填制"货物运单",加盖单位公章(注:托运人名称与公章名称相符)后交计划货运员;运单其中一份随货同行,一份由托运人交收货人凭此取货。

表 2-13　货物运单

货物核定于　　月　　日转入　　　　　　××铁路后 货位:　　　　　　　　　　货物运单			
计划号码或运输号码:托运人→发站→到站→收货人 运到期限　　日　　　　　　货票第　号		承运人/托运人装车 承运人/托运人施封	
托运人填写		承运人填写	
发站	到站(后)	车种车号	货车标重
到站所属省(市)自治区		施封号码	
托运人	名称　　　　　　　　　　　　　　经典		铁路货车隆布号码
	住址　　　　电话		集装箱号码
收费	名称　　　　　　　　　运价里程		
	住址　　　　电话		
货物名称	件数	包装	货物价格	托运人确定重量(kg)	承运人确定重量(kg)	计费重量	运价号	运价号	运费

合计			
托运人记载事项	保险:	承运人记载事项	
注:本单不作为收款凭证,托运人签约须知见背面。规格 350mm×185mm	托运人盖章或签字 年　　月	到站交付 日期码	发站承运 日期码

货物运单(背面)

托运人须知

1. 托运人样本货物运单向铁路托运货物,证明并确认和愿意遵守铁路货物运输的有关规定。
2. 货物运单所记载的货物名称、重量与货物的实际完全相同,托运人对其真实性负责。
3. 货物的内容、品质和价值是托运人提供的,承运人在接收和承运货物时并未全部核对。
4. 托运人应及时将领货凭证寄发收货人,凭以联系到站领取货物。

表 2-14　领货凭证

领货凭证		领货凭证(背面)
车种及车号		收货人领货须知
货票第　　号		1. 收货人接到托运人寄交的领货凭证后应及时与到站联系,领取货物。
运到期限　　日		2. 收货人领取货物的时间已超免费暂存期限时,应按规定支付货物暂存费。

发站		3. 收货人在到站领取货物、遇货物未到时,应要求到站在车证背面加盖车站戳证明货物未到。
到站		
托运人		
收货人		
货物名称	件数　重量	

托运人盖章或签字
发站承运日期
注:收货人领货须知见背面

表 2-15　铁路局货票

计划号码或运输号码　　　　　　　　　　　　　　　　　　　　　　丙联
货物运到期限　　日　　　　承运凭证:发站→托运人报销用　　　A00001

发站		到站(局)		车种车号		货车标重	承运人/托运人　装车	
托运人	名称		施封号码				承运人/托运人　施封	
	住址		电话	铁路货车篷车号码				
收货人	名称		集装箱号码					
	住址		电话	经由			运价里程	

货物名称	件数	包装	货物重量 (kg)		计费 重量	运价号	运价率	现付	
			托运人 确定	承运人 确定				费别运费	金额
								装费 取送车费	
								过秤费	
合计									
记事								合计	

发站承运日期戳
经办人盖章

4. 实训指导

(1)车辆申请

操作流程:

↓ "运输部——调度员"登录弹出业务主管主界面;

↓ 选择"铁路运输"—"　　"—　1 车辆申请　　1　车辆申请;

↓ 在弹出的界面中选择"新增";

↓ 填写下表,填好后按"确认"则申请车辆成功。

(2)货物收集管理

操作流程:

↓ "运输部——配载员"登录弹出业务主管主界面;

↓ 选择"铁路运输"—"　　"—"　1 配载管理"—"　2　货物收集管理"弹出下图:

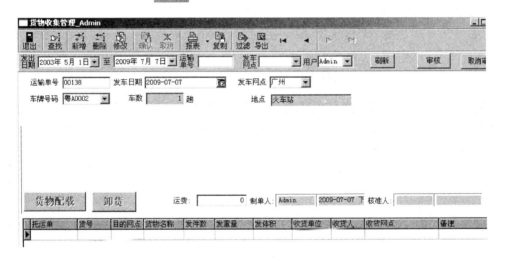

图 2-53　"货物收集管理"界面

↓ 选择"修改"—"货物配载",弹出下图:

图 2-54 "货物配载"管理

↓ 选择要配载的单据号,单击"全部"—单击"退出"—单击"审核"。

(3) 货物收集

操作流程:

↓ "运输部——司机",登录弹出业务主管主界面。

↓ 选择"铁路运输"—" "—"1 司机运输"—"1 货物收集"—选择刚才已经配载审核过的单据号。

↓ 走到车旁边按"F"键上车,在出公司时会弹出"车辆安检管理"表(下图),单击" 修改 ",选择相应项后单击" 确认 "。

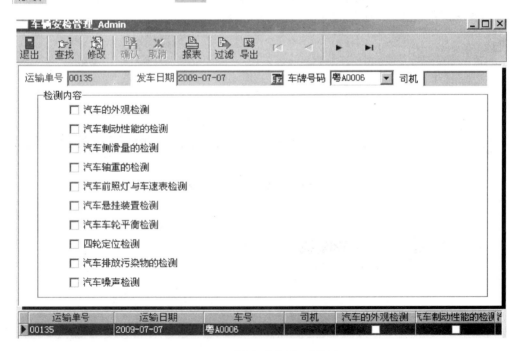

图 2-55 "车辆安检管理"界面

↓ 看地图（单击"　"），把车开到系统提示的指定地点进行取货工作。

↓ 单击公司名，点击前台文员，单击"　"，根据提示操作。

图 2-56

↓ 单击"　"关闭当前窗口，走到电梯门口。

↓ 司机下楼后按"F"上车，开往火车站卸货（具体路线看地图）。

↓ 走到办公室，单击工作人员，单击"　交接　"。

↓ 填写好铁路交接单，如图 2-57 所示（"修改"—填写数据）。

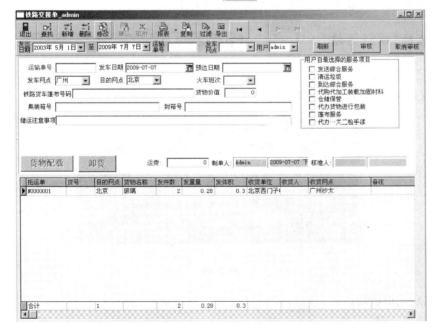

图 2-57 "铁路交接单"界面

↓ 单击" ",选择单据。

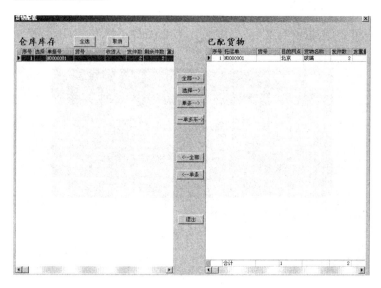

图 2-58 "货物配载"界面

↓ 单击"退出",单击" ",完成任务。

(4)客户自提货

操作流程：

↓ "运输部——业务主管"登录弹出业务主管主界面；

↓ 选择"铁路运输"—" "—➤1 业务管理 ➤2 目的网点客户提货—选择单据—"确定"弹出界面；

↓ 根据提示点击客户—"确定"：

图 2-59

确定后此单成功。

(5)送货上门

①货物交接确认操作流程：

↓ "运输部——订舱员"登录弹出订舱员主界面；

↓ 选择"铁路运输"—" 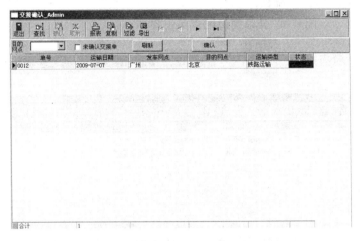 "—" 1 订舱管理 5 交接确认 "，弹出下面窗口：

图 2-60 "交接确认"界面

↓ 单击" 确认 "。

② 车辆申请操作流程

↓ "运输部——调度员"登录弹出调度员主界面；

↓ 选择"铁路运输"—" "—" 1 车辆申请 1 车辆申请 "；

↓ 新增一张单据，确认。

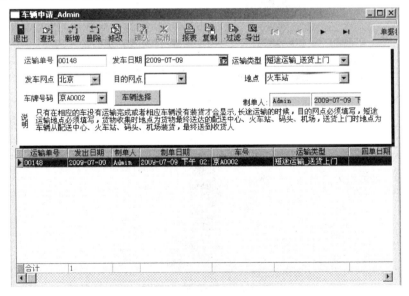

图 2-61 "车辆申请"界面

运输类型:为"短途运输——送货上门"。

发车网点:系统提示目的地网点所在城市。

地点:火车站。

③货物送货上门操作流程:

↓"运输部——配载员"登录弹出配载员主界面;

↓选择"铁路运输"—""—" 1 配载管理 ＞4 货物送货上门 ";

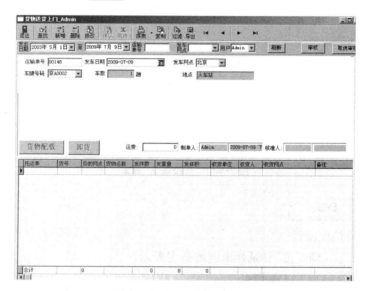

图 2-62 "货物送货上门"界面

↓单击" 修改 "—" 货物配载 ":

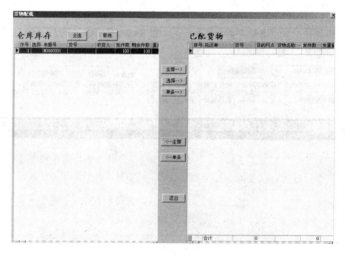

图 2-63 "货物配载"界面

↓ 选择"全部"后"退出"—单击"确认"—单击" 审核 "。

④送货操作流程：

↓ "运输部——司机"登录弹出司机主界面。

↓ 选择"铁路运输"—" "—" 1 司机运输 ▶ 3 送货上门运输单 "。

图 2-64　货物配载

↓ 根据地图将货物送至目的地。

5. 实训思考题

◆ 几个单据都是运输到同一个目的地,怎样运输最省钱?

◆ 国际铁路运输应注意哪些问题?

◆ 航空运输、水路运输比较铁路运输的操作流程有哪些相同点和不同点?

2.3.6　水路运输

1. 实训目标

◆ 了解水路运输的优缺点和适用范围;

◆ 知道水路货物运输作业的流程,掌握各个流程中作业的内容;

◆ 能根据水路货物运输业务熟练地计算运费;

◆ 培养学生良好的职业素质及团队协作精神。

2. 实训任务

上海奥博莱国际贸易有限公司委托承运公司将以下货物运至天津港口后通知两家收货公司取货。

3. 知识链接

水路运输是使用船舶运送客货的一种运输方式。

水运的主要优点是成本低,能进行低成本、大批量、远距离的运输。但是水运也有显而易见的缺点,主要是运输速度慢,受港口、水位、季节、气候影响较大,因而一年中中断运输的时间较长。

水运主要承担大数量、长距离的运输,是在公路运输中起主力作用的运输形式。在内河及沿海,水运也常作为小型运输工具使用,担任补充及衔接大批量公路运输的任务。

水运业务流程如图 2-65 所示:

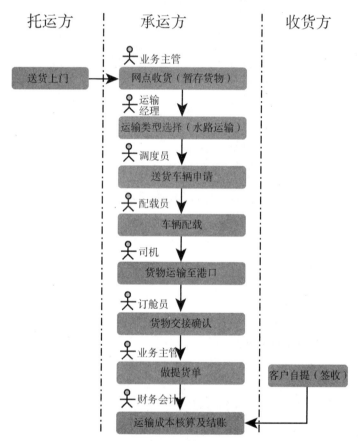

图 2-65　水运业务流程图

表 2-16　水路货物运单

<table>
<tr><td colspan="3">＿＿＿＿＿＿＿＿＿水路货物运单
月　　日</td><td colspan="2">本运单经承托双方签章后,具有合同效力,承运人与托运人、收货人之间的权利、义务关系和责任界限均按《水路货物运输规则》及运杂费用的有关规定办理。</td></tr>
</table>

交接清单号码＿＿＿＿＿＿＿＿＿＿　　运单号码＿＿＿＿＿＿＿＿＿＿

<table>
<tr><td>船名</td><td>航次</td><td>起运港</td><td colspan="2">到达港</td><td colspan="2">到达日期</td><td>收货人</td></tr>
<tr><td rowspan="3">托运人</td><td>全　称</td><td></td><td rowspan="3">收货人</td><td>全　称</td><td colspan="3" rowspan="3"></td></tr>
<tr><td>地址、电话</td><td></td><td>地址、电话</td></tr>
<tr><td>银行、账号</td><td></td><td>银行、账号</td></tr>
</table>

<table>
<tr><td rowspan="3">发货符号</td><td rowspan="3">货名</td><td rowspan="3">件数</td><td rowspan="3">包装</td><td rowspan="3">价值</td><td colspan="2">托运人确定</td><td colspan="2">计费重量</td><td rowspan="3">等级</td><td rowspan="3">费率</td><td rowspan="3">金额</td><td colspan="3">应收费用</td></tr>
<tr><td rowspan="2">重量/t</td><td>体积(长、宽、高)/m</td><td rowspan="2">重量/t</td><td>体积(长、宽、高)/m³</td><td>项目</td><td>费率</td><td>金额</td></tr>
<tr><td></td><td></td><td>运费</td><td></td><td></td></tr>
<tr><td></td><td></td><td></td><td></td><td></td><td></td><td></td><td></td><td></td><td></td><td></td><td></td><td></td><td></td><td></td></tr>
<tr><td></td><td></td><td></td><td></td><td></td><td></td><td></td><td></td><td></td><td></td><td></td><td></td><td></td><td></td><td></td></tr>
<tr><td></td><td></td><td></td><td></td><td></td><td></td><td></td><td></td><td></td><td></td><td></td><td></td><td></td><td></td><td></td></tr>
<tr><td></td><td></td><td></td><td></td><td></td><td></td><td></td><td></td><td></td><td></td><td></td><td></td><td></td><td></td><td></td></tr>
<tr><td colspan="5">合计</td><td></td><td></td><td></td><td></td><td></td><td></td><td></td><td></td><td></td><td></td></tr>
</table>

<table>
<tr><td colspan="2" rowspan="2">运到期限(或约定)</td><td rowspan="2">托运人
(公章)
月　　　日</td><td rowspan="2"></td><td rowspan="2">合计</td></tr>
<tr></tr>
<tr><td rowspan="2">特约事项</td><td rowspan="2"></td><td>承运日期</td><td>核算员</td><td></td></tr>
<tr><td>起运港承运人章</td><td>复核员</td><td></td></tr>
</table>

4. 实训指导

步骤 1:因提货方式为"客户自送",所以选择业务主管角色,单击"下一步"按钮登录系统。

步骤 2:双击选择"水路运输"任务。

图 2-66　任务选择

步骤 3:单击"回到工作"按钮,在实训中心打开"业务管理",双击选择"客户自送订单处理"业务,弹出自送单据,单击"确定"按钮处理该业务。

图 2-67

确定后将有相应的提示,根据这些提示进行操作。

图 2-68

步骤 4:走到办公室,点击"工作人员",再点击左边的"通知客户送货"按钮,等待客户送货上门,货物到达后,提示点击司机查看托运单。

 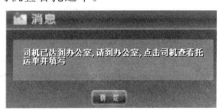

图 2-69

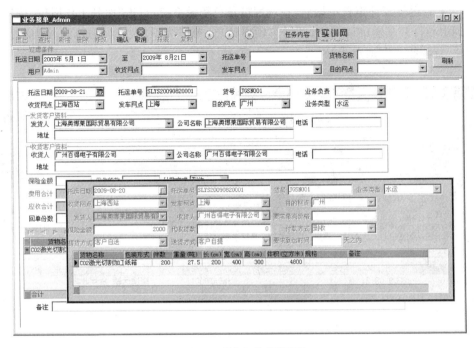

图 2-70 "业务接单"界面

点击司机确定后弹出托运单,填写托运单后,根据提示到货场验货验完货后,点击司机交接,提示单据完成。

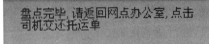

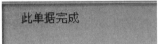

图 2-71

步骤 5:客户送货上门完成后,换运输经理角色登录系统,点击实训中心打开分单管理模块,点击"刷新"按钮,找到刚才的单据进行审核(注:未审核的单据以红色显示,已审核的单据以黑色显示)。

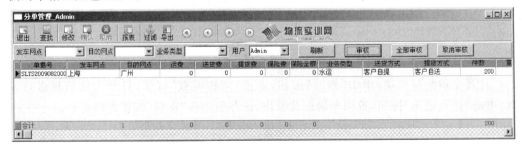

图 2-72 "分单管理"界面

步骤6:运输经理审核单据后,换调度员角色登录系统,点击"回到工作岗位"按钮,点击实训中心打开车辆申请模块,新增车辆申请单,单号为系统自动生成,运输类型为"短途运输_货物收集",地点为"码头"。

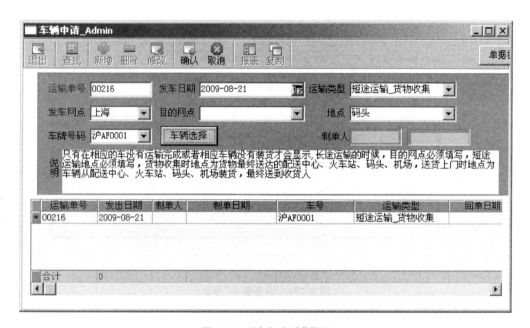

图2-73 "车辆申请"界面

步骤7:车辆申请成功后,换配载员角色登录系统,点击"回到工作岗位"按钮,在实训中心打开配载管理,双击选择货物收集管理,进行货物配载。

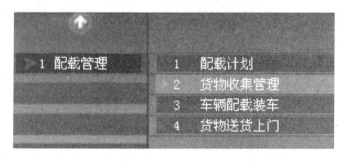

图2-74

打开车辆配载模块,单击"修改"按钮,点击"货物配载"按钮,打开货物信息进行配载,单击"存盘退出"按钮,返回车辆配载模块,保存后单击"审核"按钮进行审核。

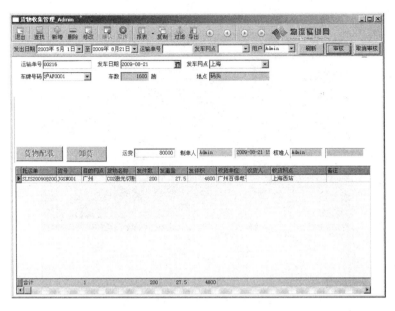

图 2-75　"货物收集管理"界面

步骤 8：配载后，换司机角色登录系统，在实训中心打开司机运输信息，双击选择货物收集业务，弹出货物收集单据，单击"确定"按钮确定，根据系统提示进行操作。

步骤 9：根据系统提示，找到对应的车辆，点击上车按钮或按"F"键上车。

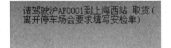

图 2-76

上车后，开出配送中心，提示要求填写车辆安检单，点击"确定"按钮填写安检。

图 2-77

安检单:

图 2-78 车辆安检管理

步骤 10:安检完后,根据提示,到"上海西站货运站取货"取货,到达取货点后,提示下车与工作人员交谈,点击下车按钮,走到办公室点击工作人员,再点击左边的取货按钮,取到货后,根据提示将货物送到相应的码头。到达码头后,下车点击工作人员,再点击交接按钮做交接单,做完后存盘审核。

图 2-79

步骤 11:换业务主管角色登录系统,在实训中心打开业务管理,选择目的网点客户提货业务。选择目的网点客户提货后,弹出相关单据,点击确定按钮确定,系统将会传送到相应的网点,提示下车与工作人员交谈,点击工作人员交谈,客户开车过来提货,根据提示完成。

图 2-80

5. 实训思考题

◆ 水路运输应注意哪些问题？

◆ 航空运输、水路运输比较铁路运输的操作流程有哪些相同点和不同点？

2.3.7　航空运输

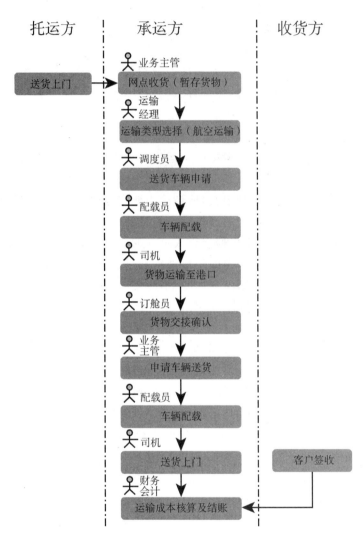

图 2-81　航空运输业务流程图

1. 实训目标

◆ 了解航空运输的优缺点和适用范围；

◆ 知道航空货物运输作业的流程，掌握各个流程中作业的内容；

◆ 能根据航空货物运输业务熟练地计算运费；

◆ 培养学生良好的职业素质及团队协作精神。

2. 实训任务

广州仁得贸易有限公司有批商品出现了质量问题,退货至北京金保利纺织工业有限公司,作为承运公司请配合工作,尽快办理此项业务。

3. 知识链接

航空运输是使用飞机或其他航空器进行运输的一种形式。

航空运输的主要优点是速度快,不受地形的限制。在火车、汽车都达不到的地区也可依靠航空运输,因而有其重要意义。

航空运输的单位成本很高,因此,主要适合运载的货物有两类,一类是价值高、运费承担能力很强的货物,如贵重设备的零部件、高档产品等;另一类是紧急需要的物资,如救灾抢险物资等。

根据不同的分类标准,航空运输可划分为不同的种类。

(1)从航空运输的性质出发,一般把航空运输分为国内航空运输和国际航空运输两大类

根据《民航法》第一百零七条的定义,所谓国内航空运输,是指根据当事人订立的航空运输合同,运输的出发地点、约定的经停地点和目的地点均在中华人民共和国境内的运输。而所谓国际航空运输,是指根据当事人订立的航空运输合同,无论运输有无间断或者有无转运,运输的出发地点、约定的经停地点和目的地点之一不在中华人民共和国境内的运输。这一定义是参照中国已参加的《华沙公约》和《海牙议定书》的规定的主要精神形成的,决定航空运输性质的唯一标准是运输的"出发地点"、"目的地点"和"约定的经停地点"是否均在中国境内,而确定"出发地点"、"目的地点"和"约定的经停地点"的依据则是当事人双方订立的航空运输合同,即双方当事人的事先约定,一般不考虑在实际履行该运输合同过程中是否因故而实际地改变了航路。值得注意的是在没有相反证明时,在客票、行李票等运输凭证上注明的关于"出发地点"、"目的地点"和"约定的经停地点"的内容即为确定该次航空运输的"出发地点"、"目的地点"和"约定的经停地点"的依据。判断航空运输性质时,不考虑运输有无间断或有无转运。

如何正确理解"约定的经停地点"呢?英国上诉法院于1936年7月13日判决的"格里因诉帝国航空公司案"时曾将其定义为:依照合同的约定,履行合同所使用的航空器在进行合同约定的运输过程中将要降停的地点,不论降停的目的是什么,也不论旅客有何种要在该地点中断其航程的权利。其中"约定的经停地点"不一定非要载入运输凭证才能构成"约定的"经停地点,只要在承运人的班期时刻表上公布就足以构成"约定的"经停地点。但是根据《民航法》第一百一十一条、一百一十二条和一百一十六条之规定,在国际航空运输中,如果承运人不在运输凭证里注明在国外的"约定的经停地点",承运人将无权援用运输凭证所声明使用的国际航空运输公约有关赔偿责任限制的规定。

为了进一步确定航空运输的性质,有必要深刻了解连续运输的定义。根据《民航法》第一百零八条条之规定,航空运输合同各方认为几个连续的航空运输承运人办理的运输是一项单一业务活动的,无论其形式是以一个合同订立或者数个合同订立,应当视为一项不可分割的运输。因此,是否是连续运输是以航空运输合同当事人各方的共同意思决

定的,而不取决于合同的形式,只要合同当事人各方把整个航程当做一次营运,并从一开始就约定使用几处连续承运人,即可构成连续运输。连续运输是不可分割的,如果连续运输的若干个航段中有一个航段是在国外履行,那么整个运输(包括国内航段)都是国际航空运输。

(2)从航空运输的对象出发,可分为航空旅客运输、航空旅客行李运输和航空货物运输三类

较为特殊的是航空旅客行李运输既可附属于航空旅客运输中,亦可看做一个独立的运输过程。航空邮件运输是特殊的航空货物运输,一般情况下优先运输,受《邮政法》及相关行政法规、部门规章等调适,不受《民航法》相关条文规范。

(3)包机运输

包机运输是指民用航空运输使用人为一定的目的包用公共航空运输企业的航空器进行载客或载货的一种运输形式,其特点是包机人需要和承运人签订书面的包机运输合同,并在合同有效期内按照包机合同自主使用民用航空器,包机人不一定直接参与航空运输活动。

4.实训指导

步骤1:选择客服文员角色,单击"下一步"按钮登录系统。

步骤2:双击选择"航空运输"任务。

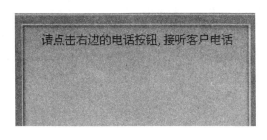

任务号	任务内容
1	干线运输
2	零担运输
3	水路运输
4	铁路运输
5	航空运输
6	兑货
7	同城配送

图 2-82　任务选择

步骤3:单击"回到工作按钮",系统会在左下角提示接听客户电话,点击右边的电话图标按钮接听电话。

请点击右边的电话按钮,接听客户电话

电话图标

图 2-83

步骤4:确定接听电话后,根据任务内容,录入单据信息,保存退出,返回3D界面。

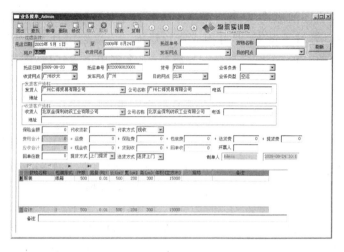

图 2-84 "业务接单"界面

步骤5：换运输经理角色登录系统，点击实训中心打开分单管理模块，点击"刷新"按钮，找到刚才的单据进行审核（注：未审核的单据以红色显示，已审核的单据以黑色显示）。

图 2-85 "分单管理"界面

步骤6：运输经理审核单据后，换调度员角色登录系统，点击"回到工作岗位"按钮，点击实训中心打开车辆申请模块，新增车辆申请单，单号为系统自动生成，运输类型为"短途运输_货物收集"，地点为"机场"。

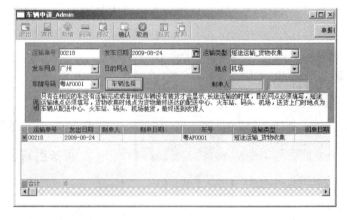

图 2-86 "车辆申请"界面

步骤7:车辆申请成功后,换配载员角色登录系统,点击"回到工作岗位"按钮,在实训中心打开配载管理,双击选择货物收集管理,进行货物配载。

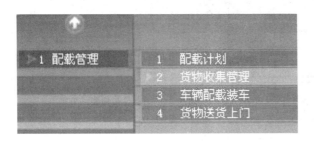

图2-87 配载管理

打开车辆配载模块,单击"修改"按钮,点击"货物配载"按钮,打开货物信息进行配载,单击"存盘退出"按钮,返回车辆配载模块,保存后单击"审核"按钮进行审核。

步骤8:配载后,换司机角色登录系统,在实训中心打开司机运输信息,双击选择货物收集业务,弹出货物收集单据,单击"确定"按钮确定,根据系统提示进行操作。

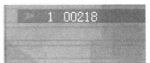

图2-88 司机登录

步骤9:根据系统提示,找到对应的车辆,点击上车按钮或按"F"键上车。

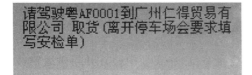

图2-89

上车后,开出配送中心,提示要求填写车辆安检单,点击"确定"按钮填写安检单。

步骤10:安检完后,根据提示,到"广州仁得贸易有限公司"取货,到达取货点后,点击工作人员,再点击左边的取货按钮,取到货后,点击右下角的"放货物"按钮 将货物放到车上,将货物送到机场。货物到达机场后,到办公室点击工作人员,再点击左边的交接按钮,填写交接单。

步骤11:换调度员角色登录系统,申请车辆,运输类型为"短途运输_送货上门"。

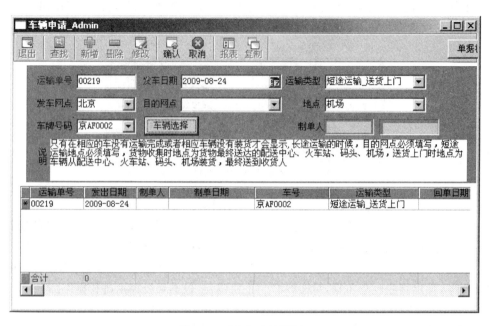

图 2-90 "车辆申请"界面

步骤 12：车辆申请后，换配载员角色进行货物配载，在实训中心打开配载管理，双击选择货物送货上门，装车后单击"审核"按钮审核单据。

图 2-91 配载管理

步骤 13：货物配载后，换司机角色登录系统，在实训中心打开司机运输，双击选择送货上门运输单，根据提示操作。

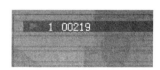

图 2-92 司机登录

步骤14：选择单据确定后，提示相应的车牌与取货地点，到达机场后，点击工作人员再点击左边取货按钮取货，将货物送到北京金保利纺织工业有限公司。

图 2-93

到达目的地后，点击工作人员再点击左边的送货按钮，流程结束。

2.3.8　同城配送

1. 实训目标

◆ 能够根据货物特性分析运输关键作业环节；

◆ 掌握鲜活易腐货物运输要求及注意事项；

◆ 能制定合理的运输业务流程，选择最优运输路线。

2. 实训任务

东兴花园 1 号 105 打来电话通知承运方开车至广州仁得贸易有限公司运一车冷冻货物至该地址，货到付款。

3. 知识链接

同城配送问题是配送问题上发展而来的，它是指为客户提供指定城市范围内的单一或者多种货物定时定量的专车配送服务，可以为上、下游客户提供运输、分拣、包装加工、分销、运输、信息跟踪监控等综合物流服务，以实现将上游供应商的货物配送给下游零售商或消费者的增值过程，目前同城配送多以第三方物流形式出现，或者由第三方物流集成商整合社会其他自营物流统一完成同城配送业务。

（1）目前我国同城配送现状

同城配送在整个物流系统中有着非常重要的地位，它完成了国际物流、国内物流的"最后一公里"的配送业务，是物流社会化、专业化的必然要求。可以打这样一个比方，如果说国际物流、跨域区物流是一个城市的主要供水管道或者社区大型自来水管的话，那么同城物流就是接入每个家庭的小自来水管，同城配送将跨国跨区域的宏观物流与直接面对零售商和消费者的微观物流有机的、系统的对接了起来。因此与普通的物流配送相比，同城配送具有自己的特点。

① 同城配送是一种特殊的微观物流，它与单个企业的微观物流不同，它与国际物流或者跨区域物流等宏观物流、社会物流之间，可以被看做是众多企业的微观物流到城市之间的宏观物流中间的一个节点的关系。但是与我们平常提到的物流相比，同城配送多了一个城市属性的约束，需要在物流涉及的诸多方面上加上地域的限制和城市的属性。

② 同城配送与企业内部的微观物流有着千丝万缕的联系。一方面，由于同城配送与

微观物流客观上存在着密切的集散关系,企业输出的微观物流必须通过同城配送才能汇集成输出城市的宏观物流;而外部的宏观物流也只有通过同城配送这个节点的再分配,才能到达各个企业。可以说,企业是同城配送存在的条件,同城配送是连接企业与外部的纽带,是企业通向外界的通道,是促进企业发展和城市区域经济快速发展的有效手段,它们是相辅相成、紧密联系的。

③由于同城配送受到了城市区域的限制,从而决定了这个系统不可能涉及长距离、大范围的物流配送业务,而只能以城市道路系统和近郊短途运输为主。

(2)我国同城配送存在的问题

近年来,随着物流业的全面发展,同城配送业务取得了很大的成就。但是同城配送由于受经营管理、城市配送条件、小批量、多频次等特点的影响,在系统工程管理、物流资源整合以及标准化、特别是信息化建设等方面仍然存在不少问题。

①信息化程度低下,成为了影响同城配送企业发展的瓶颈。当今市场日益增长的个性化需求对同城配送物流企业提出了新的要求:准时交货、响应敏捷、信息及时、服务满意。很多同城配送企业虽然有自己的计算机网络,但很多方面仍未能做到内部的信息共享,更谈不上为用户提供随时随地全过程的跟踪查询等外部的信息处理共享,对于现代物流调度、库存、订单管理等应用系统更有待于开发和完善,离现代物流信息化要求仍有较大的差距,成为了影响同城配送企业发展的瓶颈。

②城市配送设施建设取得初步发展,相关先进技术得到初步应用,但仍需进一步加强。我国物流基础设施建设这些年取得了长足进展。发展了不少以现代物流为核心的物流园区、物流中心。同时,经过多年发展,我国已经初步形成了以中心城市为依托的城乡一体的同城配送物流网络。但我国现代意义上的同城配送总体发展水平仍然比较低,经营分散,物流布局不合理,技术含量不高,信息化程度低、运作水平与物流效率不尽如人意。虽然我国信息技术、通信技术以及标准化技术在城市配送业务中已经逐步使用,但物流技术尤其是信息技术总体依然落后。

③同城配送经营理念已经开始发生变化,但供应链上下游以及行业内部协同合作竞争的理念要加强。目前已经有些同城配送企业开始在配送业务中越来越注重服务质量的提升,经营理念发生了一些变化,开始接受和利用物流外包等运作形式,它们将自身有限的资源集中在自己擅长的核心业务上、强化自身的核心能力。但总体上还缺乏协同竞争的理念,同城配送企业之间、上下游企业与客户之间缺乏合作。例如出现"牛鞭效应"现象,即 Forrester(1961)发现供应链下游微小的市场波动会造成上游制造商制造计划的极大不确定性。这就是因为上下游物流企业和客户没有充分共享信息资源,由于没有完善的大型的同城物流配送信息化平台也难以共享渠道或者市场信息资源,难以结成相互依赖的伙伴关系,导致了极大的市场风险。

④同城配送企业物流成本居高不下,运力资源严重浪费。目前,我国在同城配送这个领域,物流配送的效率和效益都不高。几十年来,我国企业实行的是第一方、第二方运输。就一个大城市来说成千上万的大小企业,其原材料的运进和产成品的运出,除了有自用专线,使用铁路整车运输的方式外,其他完全是使用各自为政、各个企业使用自备的载重汽车。绝大部分的情况下,载重汽车的运用都是单程重车运行,空载浪费情况非常

严重,久之,使城市的交通情况日益恶劣。

（3）我国解决同城配送问题的改进措施

从现代供应链理论、物流一体化理论、敏捷物流理论中,可以归纳总结出以下几点改进我国同城配送问题的措施:

①加大同城配送企业的信息化程度,推进信息技术的应用,建设企业的信息化系统。现代物流区别于传统物流的最大特点就是网络化、信息化,它的要求就是建立多种高新技术支撑的现代物流信息化系统来支撑整个同城配送企业的运行。物流信息系统是发挥网络作用和实现集约化管理的必要的工具,凭借它可实现有效的运输管理、运输调度管理、客户信息管理、货物跟踪查询等,保证同城配送企业在服务中能全面及时了解物流服务需求,达到对物流过程的合理有效控制。

②创新同城配送企业的赢利模式,加大第三方物流模式的比例,改善企业的业务流程。我国同城配送业目前物流资源浪费的现象可通过整合城市中的物流资源,改组传统的储运企业,改善配送中心的网点布局,形成现代化城市配送网络,完善城市配送中心的功能,将集货、分货、运输、运输、包装、咨询等服务功能结合起来。塑造多层次、多类型的物流配送格局,创新企业的赢利模式,形成新的利润来源。根据企业的实际情况,考虑市场需要和生产流通的发展趋势合理确定配送中心的建设规模和服务水平,为客户提供差异化的配送服务。根据市场需求,不断细分市场,拓展业务范围,发展增值物流服务,提供包括物流策略和流程解决方案、搭建信息平台等服务,用专业化服务满足个性化需求。结合现有资源建立起多功能化、信息化、优质服务的配送中心,既能改善业务流程,又能满足不同层次的客户需求。

③构建新合作模式,在信息化系统的支持下对配送的广度与深度上进行延伸。城市配送活动中要形成强的竞争力,必须在上下游企业之间建立新的合作模式,通过合作来实现双赢,构筑起牢固的供应链关系。通过协同合作,实现配送业务的快速响应,在配送量与配送质量等方面建立起可靠的保障。通过那些既拥有大量物流设施、健全网络,又具有强大全程物流设计能力的混合型公司将信息技术和实施能力融为一体,提供"一站到位"的整体物流解决方案,全面延伸城市配送业务。通过提供全方位服务的方式,与广大客户加强业务联系,增强相互依赖性,发展战略伙伴关系,在配送的广度与深度上进行延伸。

4. 实训指导

步骤1:选择客服文员角色,单击"下一步"按钮登录系统。

步骤2:双击选择"同城配送"任务。

任务号	任务内容
1	干线运输
2	零担运输
3	水路运输
4	铁路运输
5	航空运输
6	兑货
7	同城配送

图 2-94　任务选择

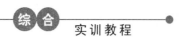

步骤3：单击"回到工作按钮"，系统会在左下角提示接听客户电话，点击右边的电话图标按钮接听电话。

请点击右边的电话按钮，接听客户电话

电话图标

图 2-95

步骤4：确定接听电话后，根据任务内容，录入单据信息，保存退出，返回3D界面。

图 2-96　"业务接单"界面

步骤5：换运输经理角色登录系统，点击实训中心打开分单管理模块，点击"刷新"按钮，找到刚才的单据进行审核（注：未审核的单据以红色显示，已审核的单据以黑色显示）。

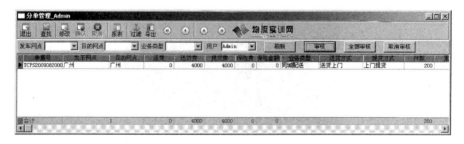

图 2-97　"分单管理"界面

步骤6：运输经理审核单据后，换调度员角色登录系统，点击"回到工作岗位"按钮，点击实训中心打开车辆申请模块，新增车辆申请单，单号为系统自动生成，运输类型为"短途运输_货物收集"，地点为配送中心。

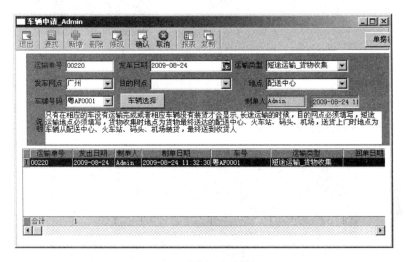

图 2-98 "车辆申请"界面

步骤7：车辆申请成功后，换配载员角色登录系统，点击"回到工作岗位"按钮，在实训中心打开配载管理，双击选择货物收集管理，进行货物配载。

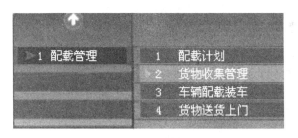

图 2-99 配载管理

打开车辆配载模块，单击"修改"按钮，点击"货物配载"按钮，打开货物信息进行配载，单击"存盘退出"按钮，返回车辆配载模块，保存后单击"审核"按钮进行审核。

步骤8：配载后，换司机角色登录系统，在实训中心打开司机运输信息，双击选择干线运输业务，弹出干线运输单据，单击"确定"按钮确定，根据系统提示进行操作。

图 2-100 司机登录

步骤9：根据系统提示，找到对应的车辆，点击上车按钮或按"F"键上车。

图 2-101

上车后，开出配送中心，提示要求填写车辆安检单，点击"确定"按钮填写安检单。

步骤10：安检完后，根据提示，到"广州仁得贸易有限公司"取货，点击工作人员，再点击左边的取货按钮，再将货物送回配送中心。

图 2-102

步骤11：换调度员角色登录系统，申请送货上门车辆，运输类型为"短途运输_送货上门"，地点为"配送中心"。

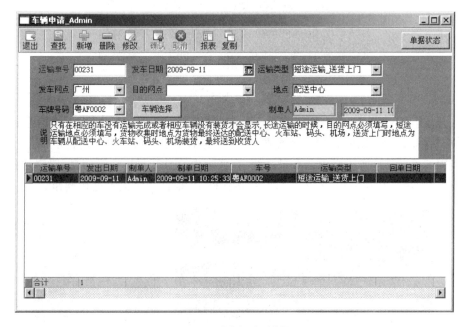

图 2-103 "车辆申请"界面

步骤 12:车辆申请后中,换配载员角色登录系统,在实训中心打开配载管理,双击选择货物送货上门业务,进行装车配载,存盘后,点击审核按钮审核。

图 2-104 配载管理

步骤 13:配载后,换司机角色登录系统,在实训中心打开司机运输,双击选择送货上门运输单,确定后,根据系统提示,找到对应的车辆安检后到配送中心发货区装货。

图 2-105 司机登录

步骤 14:将货物送到东兴花园 1 号 505。

图 2-106 确认信息

实训三　配　送

　　配送中心作为物流流程重要节点,包含了与供应商端较紧密的进货业务、库存管理业务、装卸搬运业务等,也包含了与需求端联系紧密的订单处理业务、拣货业务、流通加工业务、集货发货业务、配送及回收等业务。相关业务流程详见下图。

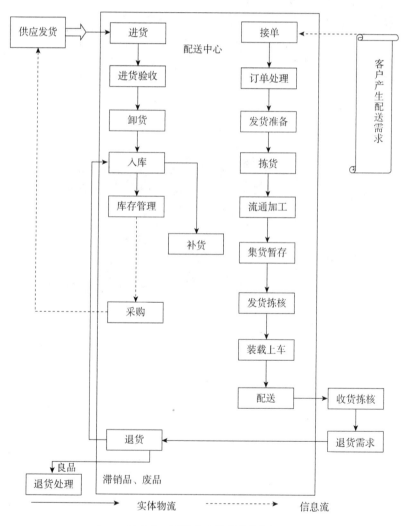

图 3-1　配送中心作业流程图

　　本章将主要就订单处理、拣货、配送、退货等业务环节进行讨论。

3.1 单据处理(以立体仓库为例)

3.1.1 实训目标

◆ 使学生进一步熟悉仓储配送的作业流程;
◆ 掌握配送相关单据的处理技能。

3.1.2 任务描述

JZ物流公司接到"广州家乐福－万国"K1206002号订单,需要业务员按照业务操作流程完成单据处理业务,业务员核对订单信息后,制作"货物发货单"。

3.1.3 知识链接

从接到客户订单开始到着手准备拣货之间的作业阶段,称之为订单处理。通常包括订单确认、存货查询、单据处理等内容。订单处理是与客户直接沟通的作业阶段,对后续的拣选作业、调度和配送产生直接的影响,主要流程如图3-2所示。

关于图3-2的几点说明:

①一般交易订单:接单后按正常的作业程序进行拣货、出货、发送、收款的订单。

②现销式交易订单:与客户当场交易,直接给货的交易订单。

③间接交易订单:客户向配送中心订货,直接由供应商配送给客户的交易订单。

④合约式交易订单:与客户签订配送合约的交易订单;处理合约式交易订单,应在约定的送货期间,将订货资料输入系统处理以便出货配送;或一开始便输入合约内容的订货资料并设定每个批次送货时间,以便在约定日期系统自动产生所需的订单资料。

⑤寄库式交易订单:客户因促销、降价等市场因素先行订购一定数量的商品,往后视需要再要求出货的交易订单。处理寄库式交易订单时,系统应检查客户是否确实有此项寄库商品,若有则出此商品,否则应加以拒绝。

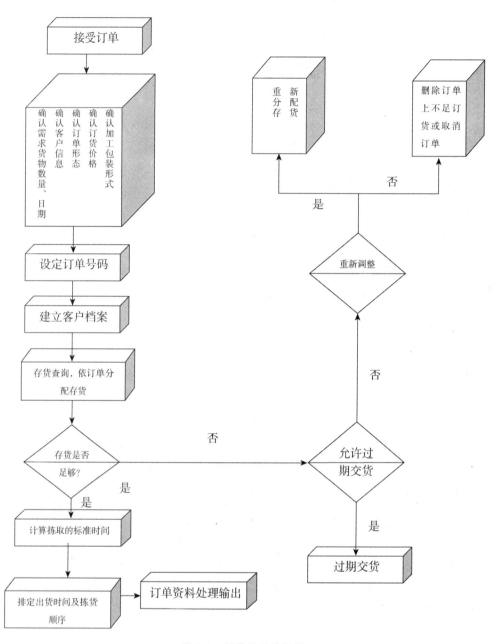

图 3-2　订单处理流程图

3.1.4　实训前准备

◆ 了解物流配送流程；

◆ 准备客户订货订单；

◆ 开放 WMS 系统操作权限。

3.1.5 实训步骤

步骤 1:登录 WMS 仓储配送管理系统。

图 3-3 WMS 登录界面

步骤 2:"配送业务"—"货物发货订单"。

图 3-4 "货物发货订单"选择

步骤 3:填写发货订单。

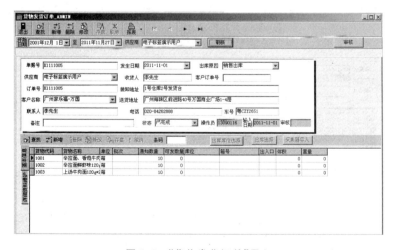

图 3-5 "货物发货订单"录入

步骤 4：打印发货订单。

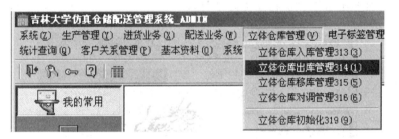

出仓通知单

供应商：电子标签演示用户　　　　　　　　　　　　　订单号 K1111005
客户名称：广州家乐福·万国　　　　　收货地址：广州海珠区前进路40号万国商业广场订单号
联系人：李先生　　　　　　　　　　　电话：020-84262888　　　　打印日期 2011-11-27
送货地址：1号仓库2号发货台

货物代码	货物名称	单位	通知数	破损数	实发数	体积立方	重量Kg	库位	生产日期
1001	辛拉面·香菇牛肉面120g*20	箱	10	0	0	0	0		0
1002	辛拉面鲜虾味120g*20	箱	10	0	0	0	0		0
1003	上汤牛肉面120g*20	箱	10	0	0	0	0		0
	合　计		30	0	0	0	0	—	—

备货仓管员：　　　送货人：　　　　　客户签名：　　　　操作人 13090116　第1页 共1页
发货仓管员：　　　证件编号：　　　　日期/时间：　　　　仓库发货章：
日期/时间：　　　　日期/时间：　　　　盖章：
仓库发货章：　　　车牌号：

白联（存根）红联（财务）绿联（供商）蓝联（仓库）黄联（客户）

图 3-6　出仓通知单

步骤 5：点击"立体仓库出库管理"。

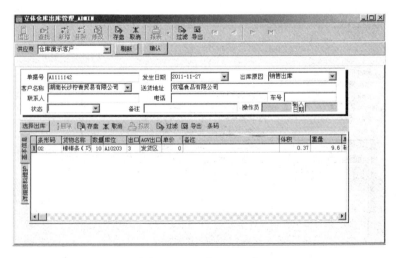

图 3-7　"立体仓库管理"模块选择

步骤 6：填写出库单。

图 3-8　"立体仓库出库管理"界面

步骤 7:生成"发货单"和"货物拣选单"。

业务员 A 依据库存数量,生成并打印发货单、拣货单(如图 3-9 所示)。

图 3-9 "发货单"

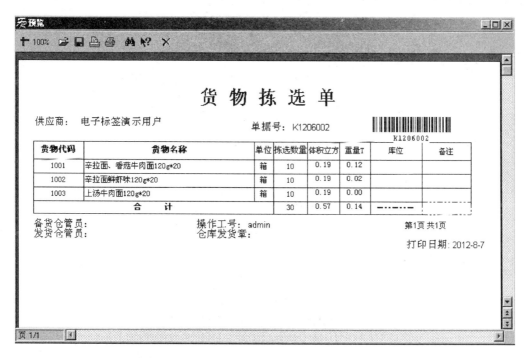

图 3-10 "货物拣选单"

3.2 拣货作业

3.2.1 实训目标

◆ 了解物流仓储中心货物拣选流程；

◆ 掌握基本货物拣选方法；

◆ 掌握仓储配送过程中基本信息技术应用。

3.2.2 任务描述

仓储部门收到来自销售部门的出库通知,货物名称 DVD 视盘机 DVP－138A,出库数量 10 件,现需要安排拣货人员完成货物拣选工作。

3.2.3 知识链接

拣货作业是依据客户的订货要求或配送中心的送货计划,迅速准确地将商品从其储位或其他区域拣选出来,并按一定的方式进行分类集中,等待配装送货的作业过程。在配送作业的各环节中,拣货作业是非常重要的一环,它是整个配送中心作业系统的核心工序。

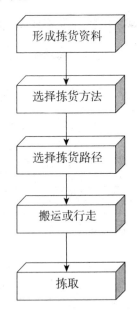

图 3-11 拣货作业流程图

3.2.4 实训前准备

◆ 了解基本拣选方法；

◆ 了解拣选路径选择方法；

◆ 准备 WMS 及"货物出库单"。

3.2.5 实训步骤

步骤1:拣选准备。通过信息系统将拣货信息传递给运输业务组和包装业务组,运输组安排车辆,并指定配送人员 P。

步骤2:拣货分工。拣货人员根据拣货单划分拣货区域,分别由拣货员 J_1 和 J_2 完成拣货任务。

步骤3:确定拣货方法。摘果法是指让拣货搬运员巡回于储存场所,按某客户的订单挑选出每一种商品,巡回完毕也完成了一次配货作业。将配齐的商品放置到发货场所指定的货位,然后再进行下一个要货单位的配货。

播种法是指将每批订单上的同类商品各自累加起来,从储存仓位上取出,集中搬运到理货场所,然后将每一客户所需的商品数量取出,分放到不同客户的暂存货位处,直到配货完毕。

根据本次拣货任务的特点,可采用摘果法拣货方式。

步骤4:确定拣货路径。根据电子标签拣货系统的提示选择有顺序的拣货路径。

步骤5:拣取。拣货员拣取货物,并确认货物名称、规格、数量等信息是否与拣货单相符。

步骤6:集货。拣货员件货物集中到集货区内等待配送员 P 复核订单。

相关电子标签辅助拣货系统的操作,详见实训一 1.3"拣选作业"部分。

3.3 补货作业

3.3.1 实训目标

◆ 了解补货作业的类型与流程；

◆ 掌握补货点及补货数量的确定方法；

◆ 掌握补货工作的操作步骤。

3.3.2 任务描述

据历史数据显示,吉珠商场销售的"高科电话"产品需求量基本平稳,现已设定安全库存量为5箱,因货架区的储存空间比较有限,库存数量不能超过10箱。该商品存放于商场自有的仓库中。请完成补货作业。相关信息如下：

11522097	高科电话
当前库存：	6 箱
提前期：	4 天
安全库存：	5 箱
平均日销量：	0.3 箱
补货批量：	10 箱

3.3.3 知识链接

补货作业的目的是保证拣货区有货可拣或者保证卖场商品能够满足市场的需求，是保证充足货源的基础。

1. 补货方式

方式主要有以下几种：

(1)整箱补货

由货架保管区补货到流动货架的拣货区。这种补货方式的保管区为料架储放区，动管拣货区为两面开放式的流动棚拣货区。拣货员拣货之后把货物放入输送机并运到发货区，当动管区的存货低于设定标准时，则进行补货作业。这种补货方式由作业员到货架保管区取货箱，用手推车载箱至拣货区。较适合于体积小且少量多样出货的货品。

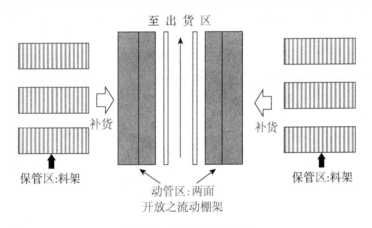

图 3-12 整箱补货示意图

(2)托盘补货

这种补货方式是以托盘为单位进行补货。托盘由地板堆放保管区运到地板堆放动管区，拣货时把托盘上的货箱置于中央输送机送到发货区。当存货量低于设定标准时，立即补货，使用堆垛机把托盘由保管区运到拣货动管区，也可把托盘运到货架动管区进行补货。这种补货方式适合于体积大或出货量多的货品。

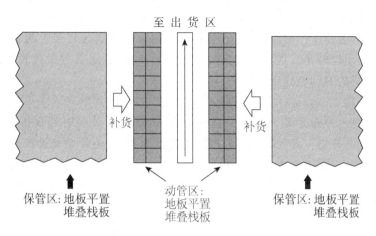

至 出 货 区

补货   补货

保管区:地板平置   动管区: 保管区:地板平置
堆叠栈板   地板平置   堆叠栈板
堆叠栈板

图 3-13　托盘补货示意图

(3)货架上层—货架下层的补货方式

此种补货方式保管区与动管区属于同一货架,也就是将同一货架上的中下层作为动管区,上层作为保管区,而进货时则将动管区放不下的多余货箱放到上层保管区。当动管区的存货低于设定标准时,利用堆垛机将上层保管区的货物搬至下层动管区。这种补货方式适合于体积不大、存货量不高,且多为中小量出货的货物。

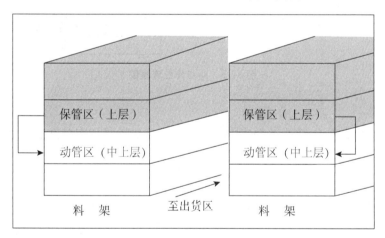

保管区（上层）   保管区（上层）

动管区（中上层）   动管区（中上层）

料 架   至出货区   料 架

图 3-14　货架上层—货架下层的补货示意图

2. 补货时机

补货作业的发生与否主要看拣货区的货物存量是否符合需求,因此究竟何时补货要看拣货区的存量,以避免出现在拣货中途才发现拣货区货量不足需要补货,而造成影响整个拣货作业。通常,可采用批次补货、定时补货或随机补货三种方式。

(1)批次补货

在每天或每一批次拣取之前,经电脑计算所需货品的总拣取量和拣货区的货品量,计算出差额并在拣货作业开始前补足货品。这种补货原则比较适合于一天内作业量变化不大、紧急追加订货不多,或是每一批次拣取量需事先掌握的情况。

（2）定时补货

将每天划分为若干个时段，补货人员在时段内检查拣货区货架上的货品存量，如果发现不足，马上予以补足。这种"定时补足"的补货原则，较适合分批拣货时间固定且处理紧急迫加订货的时间也固定的情况。

（3）随机补货

随机补货是一种指定专人从事补货作业方式，这些人员随时巡视拣货区的分批存量，发现不足随时补货。此种"不定时补足"的补货原则，较适合于每批次拣取量不大、紧急迫加订货较多、以至于一天内作业量不易事前掌握的场合。

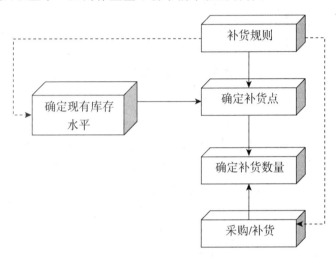

图 3-15　补货作业流程图

3. 补货流程

在整个补货业务中，难点主要集中在确定订购点数量和订购数量这两个环节，因此，本节也将重点关注。下面，我们将就基本的补货方法进行简单介绍。

4. 补货点法

补货点法指的是：对于某种物料或产品，由于生产或销售的原因而逐渐减少，当库存量降低到某一预先设定的点时，即开始发出订货单（采购单或加工单）来补充库存，直至库存量降低到安全库存时，发出的订单所定购的物料（产品）刚好到达仓库，补充前一时期的消耗，此一订货的数值点，即称为订货点。

这种方法的特点是：假定订货提前期 tp（即市场供应、装运条件）是不变的（即 tp 是个常量），每次订货的批量是相等的，订货时间是随着物资库存量降到订货点时间的不同而变化的。因此，在生产对物资的消耗速度不均衡的情况下，可以利用在订货点派人订货来适应物资消费速度的变化，保持物资储备的合理性。

（1）补货点的确定方法

设物资的订货提前期为 tp，平均日耗量为 cm，安全库存为 st，则订货点（即订货点库存量）pq 的计算公式为：

$$qp = tp \cdot cm + st \tag{3-1}$$

式中的 tp 在一般情况下是个常量。tp 可用两种方法确定：

①查定法。即精确地查定订货提前期各个构成环节所需的时间,并加总求和。即 tp ＝派员外出办理订货手续时间＋供方备货办理托运时间＋运方装运时间＋转运检验入库时间。

②统计法。即使用 tp 的历史资料,并消除订货提前期中由于偶然因素造成的波动(剔除历史数据中少数偏离平均值较大的数据),进行算术平均,得出 tp：

$$tp = \sum tp_i / n(i = 1, 2, \cdots, n) \tag{3-2}$$

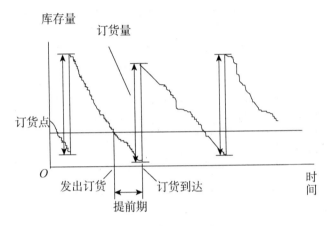

图 3-16　库存量变化示意图

(2)补货数量的确定方法

补货数量的确定受众多因素影响,包括销售/分拣场地的大小、企业资金运作情况、货物的需求水平、货物销售/分拣的批量等等。

一般地,可考虑用经济订货批量法近似处理：

$$Q = (2SD/C_i)^{1/2}$$

Q 为经济批量；S 为每次订货费用；D 为年需用量；C_i 为单位储存成本。

以上方法只是一种近似处理方式,在作出补货决策时还需要根据具体情况,结合各种实际环境作出决策。

3.3.4　实训前准备

◆ 了解补货点的确认方法；

◆ 了解补货量确认的一般方法；

◆ 掌握补货作业的流程。

3.3.5　实训步骤

步骤 1:确认补货规则。因销售稳定,故可采用补货点法进行补货。

步骤 2:确定补货点。由公式(3-1)可知,补货点数量 $qp = tp \cdot cm + st = 0.3 \times 4 + 5 = 6.2$(箱)。

将现有库存量与补货点数量对比,发现现有库存量 6 箱 $< qp$,故应该立即补货。

步骤3:确定补货数量。因该商品在商场自有仓库,可采用共同配送模式,所以补货量的确定主要考虑商品的平均销售量和商场货架区的储存能力。

该商品平均销量0.3箱/天,提前期$L=4$天;商场的最大容纳量为10箱,所以本次补货数量$=10-6+tp \cdot cm=5$(箱)。

步骤4:填写补货单,申请补货。

表3-1 "补货单"模板

JZ公司补货单				
部门:			日期: 年 月 日	
商品编码	商品名称	单位	规格	数量
补货人:			采购部:	

3.4　配货与送货作业

3.4.1　实训目标

◆ 能根据需求信息、车辆信息等合理安排车辆配载；

◆ 掌握仓储配送作业流程各个环节的操作；

◆ 了解不同影响因素下(配载车辆信息、配送对象、配送物品种类、性质等)车辆装载方式。

3.4.2　任务描述

吉珠配送中心地处金湾三灶镇,需要在 2014 年 2 月 15 日为金湾区 3 个客户配送商品,配送商品的名称、规格数量及时间要求如表 3-1 所示。3 个客户距吉珠配送中心的距离如图 3-10 所示。请为该配送中心制订一份配送作业计划,要求既要满足客户的时间要求,又要使配送成本最低。

表 3-2　配送商品情况一览表

客户名称	需求商品情况					需求时间
	品名	规格	数量	毛重	体积(厘米×厘米×厘米)	
A	龙井茶叶 光明牛奶 大米 可乐 雪碧	500 克/袋 250 克/袋 50 千克/袋 1.25 千克/瓶 1.25 千克/瓶	50 箱 100 箱 40 袋 65 箱 65 箱	11 千克/箱 8.5 千克/箱 50 千克/袋 8.5 千克/箱 8.5 千克/箱	85×60×45 70×50×35 100×45×20 60×35×50 60×35×50	2 月 15 日上午 11 点前
B	雕牌洗衣粉 力士香皂 天元饼干 可乐	1 千克/袋 125 克/块 1 千克/盒 1.25 千克/瓶	50 箱 40 箱 100 箱 80 箱	11 千克/箱 4.25 千克/箱 6.5 千克/袋 8.5 千克/箱	75×55×40 60×30×25 90×80×70 60×35×50	2 月 15 日上午 10 点前
C	喜多毛巾 可乐 牛奶 雪碧 大米	70 厘米×40 厘米 1.25 千克/瓶 250 克/袋 1.25 千克/瓶 50 千克/袋	20 箱 100 箱 100 箱 100 箱 20 袋	10.5 千克/箱 8.5 千克/箱 8.5 千克/袋 8.5 千克/箱 50 千克/袋	75×45×50 60×35×50 70×50×35 60×35×50 100×45×20	2 月 15 日上午 12 点前

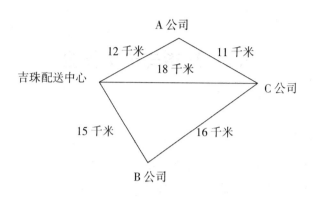

图 3-17 吉珠配送中心与 3 家公司的位置示意图

3.4.3 知识链接

配货作业是指把拣取分类完成的货品经过配货检查过程后,装入容器并做好标识,再运到配货准备区,待装车发送,这部分的具体实训操作与其他章节(如拣选)部分较接近。

送货作业是利用配送车辆把客户订购的物品从制造厂、生产基地、批发商、经销商或配送中心,送到客户手中的过程。

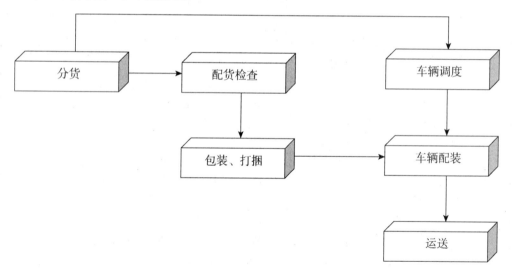

图 3-18 配送货物流程图

根据不同配送要求,在选择合适的车辆的基础上对车辆进行配装以达到提高利用率。

①对特性差异大的货物进行分类,并分别确定不同的运送方式和运输工具。特别要注意散发臭味的货物不能与具有吸臭性的食品混装,散发粉尘的货物不能与清洁货物混装,渗水货物不能与易受潮货物一同存放,另外为了减少或避免差错,也应尽量把外观相

近、容易混淆的货物分开装载。

②初步确定哪些货物可配于同一辆车,哪些货物不能配于同一辆车,以做好车辆的初步配装工作。因此,配送部门既要按订单要求在配送计划中明确运送顺序,又要安排理货人员将各种所需的不能混装的商品进行分类,同时还应按订单标明到达地点、用户名称、运送时间、商品明细等,最后按流向、流量、距离将各类商品进行车辆配载。

③在具体装车时,装车顺序或运送批次先后按用户的要求时间先后进行,但对同一车辆共送的货物装车则要将货物依"后送先装"的顺序。但有时在考虑有效利用车辆的空间的同时,可能还要根据货物的性质(怕震、怕压、怕撞、怕湿)、形状、体积及重量等,做出弹性调整,如轻货应放在重货上面,包装强度差的应放在包装强度好的上面,易滚动的卷状、桶状货物要垂直摆放等等。另外,应按照货物的性质、形状、重量体积等来具体决定货物的装卸方法。

3.4.4　实训前准备

◆ 客户订单;
◆ WMS 系统;
◆ 包装等设备。

3.4.5　实训步骤

步骤 1:分货。配送员 P 根据客户分货,本次配送货物分属于不同地方。

步骤 2:配货检查。配送员 P 按照发货单核实客户信息、车次,并坚持商品状态和品质,以进一步确认拣货作业是否有误。

步骤 3:装箱。配送员 P 指挥装卸人员将分拣完的货物装入指定容器,本订单采用托盘。

步骤 4:置唛。配送员 P 在外包装上置唛。

步骤 5:包装、打捆。为了保护商品,便于搬运或者储存,对货物进行重新包装打捆(详见实训 4.1 包装)。

步骤 6:车辆调度。货物配好以后,要根据配送计划所确定的配送货物数量、特性、服务客户地址、送货路线、行驶趟次等计划内容,指派车辆与装卸、运送人员,下达运送作业指示和车辆配载方案,安排具体的装车与送货任务,并将发货明细单交给送货人员或司机。

送货人员则必须完全根据调度人员的送货指示(出车调派单)来执行送货作业。当送货人员接到出车指示后,将车辆开到指定的装货地点,然后与保管、出货人员清点分拣配组好的货物,由装卸人员将已理货完毕的商品配载上车。

步骤 7:车辆配装。根据配送计划装配车辆。

步骤 8:运送。根据配送计划所确定的最优路线,在规定的时间及时准确地将货物运送到客户手中,在运送过程中要注意加强运输车辆的考核与管理。

表 3-3　选货单

JZ 物流公司送货单					
Tel: Fax:					
客户名称:				送货单号:	
客户地址:				送货日期:	
货物名称	型号及规格	单位	数量	单价	金额
合计金额(大写):					(小写):
收货人 (签字/盖章):			送货人(签字/盖章):		

3.5　配送路线设定

3.5.1　实训目标

◆ 学会配送中心简单的规划设计;

◆ 理解配送基本管理方法的运用;

◆ 掌握基本配送流程。

3.5.2　任务描述

利用扫描法完成配送线路规划。

3.5.3　知识链接

扫描法的一般操作步骤如下:

①在地图中或者坐标轴上确定所有客户以及配送中心的位置。

②自配送中心沿任一方向向外画一直线,沿顺时针或者逆时针方向旋转该直线与某一站点相交。

③考虑:如果在某路线上增加该站点,是否会超过车辆的载货能力?

如果没有,继续旋转直线,直到与下一个站点相交。再次计算累计货运量是否会超过车辆的运载能力。

④排定各路线上每个客户站点的顺序使得行车路线最短。

3.5.4 实训前准备

图 3-19 是处于原点的配送中心(DC)以及在坐标轴上它的目标客户,并且在坐标轴上标注着每个客户的货物需求量。已知货车有若干个,每一辆车载货量是 200 个单位,由此设定该配送中心的行车路线。

3.5.5 实训步骤

步骤 1:确定配送中心以及客户的位置,如图 3-19 所示。

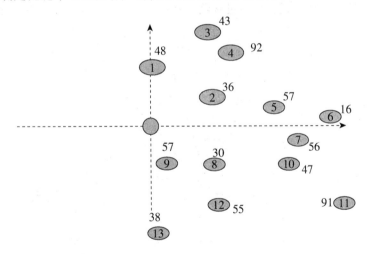

图 3-19 配送中心以及客户的位置

步骤 2:自配送中心沿任一方向向外画一直线,沿顺时针方向旋转该直线与某一客户节点相交。

步骤 3:考虑:在路线上增加该客户点,是否会超过车辆的载货能力?很明显 48<200。所以继续旋转直线,直到与下一个节点相交,如图 3-20 所示。

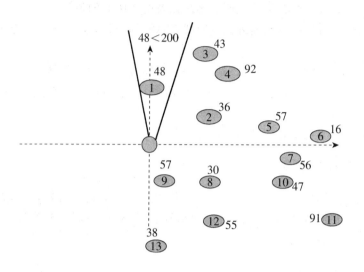

图 3-20　第一次旋转结果

再次计算累计货运量是否会超过车辆的运载能力,48+43=91<200,所以还要继续顺时针旋转,如图 3-21 所示。

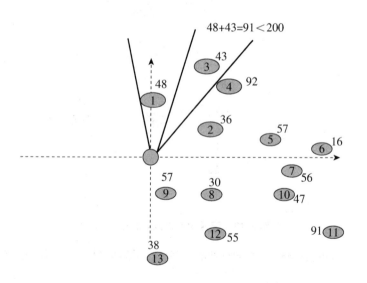

图 3-21　第二次旋转结果

图 3-22 是经过再次旋转得到的图形,可以得知 48+43+92=183<200。

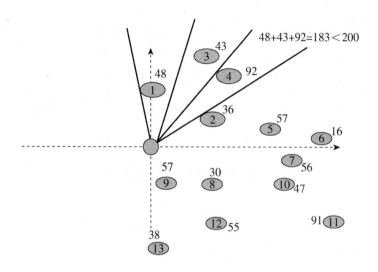

图 3-22　第三次旋转结果

183 接近 200,此时需查看下一个客户节点也就是 2 号客户的需求量,可知是 36。又因为 183 加 36 大于 200,所以此次运输路线是 DC,1,3,4,DC,运量是 183 个单位。

由上述方法可以推出其余路线,如图 3-23 所示。

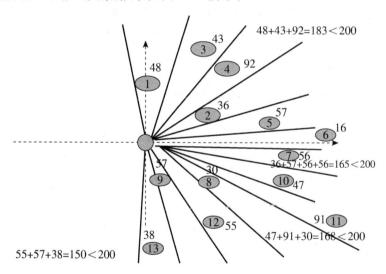

图 3-23　最终旋转结果

表 3-4 就是该配送中心最终的路线以及每条路线上的载货量。

表 3-4　最终结果一览表

货车	路线	载货量
1	DC,2,9,DC	93
2	DC,1,3,4,DC	183

(续表)

货车	路线	载货量
3	DC,8,11,6,7,DC	193
4	DC,5,10,12,13,DC	197

3.6 退货业务

3.6.1 实训目标

◆ 了解退货管理的相关手续;
◆ 掌握客户退货及处理的作业程序。

3.6.2 任务描述

由于吉珠商场货架调整,现有一批电话机 20 箱需要退回吉大物流中心的仓库保管,请完成相关业务。

3.6.3 知识链接

退货物流是指:企业采购后对入库验收不合格的产品向供应商退货或者企业生产的产品在销售后因为各种原因而被退货。

退货物流是逆向物流(还包括废弃物的回收处理、物品循环利用、维修与再制造等过程)的重要组成部分,加强退货管理有着不可忽视的重要作用。

退货处理的一般方法如下:

1. 无条件重新发货

对于因为发货人按订单发货发生的错误,由发货人重新调整发货方案,将错发货物调回,重新按原正确订单发货,中间发生的所有费用应由发货人承担。

2. 运输单位赔偿

对于因为运输途中产品受到损坏而发生退货的,根据退货情况,由发货人确定所需的修理费用或赔偿金额,然后由运输单位负责赔偿。

3. 收取费用,重新发货

对于因为客户订货有误而发生退货的,退货所有费用由客户承担,退货后,再根据客户新的订货单重新发货。

4. 重新发货或替换

对于因为产品有缺陷,客户要求退货,配送中心接到退货指示后,营业人员安排车辆收回退货商品,将商品集中到仓库退货处理区进行处理。一旦产品回收运动结束,生产厂家及其销售部门就应立即采取步骤,用没有缺陷的同一种产品或替代品重新填补零售商店的货架。

表 3-5 退货处理一般流程

流程	责任人	说明和要求	相关手续	备注
客户提出退货申请	客户	因质量或非质量问题产生的退货,须由客户提供退货申请单及当批进货单据,经所辖区域经理和部门主管同意,报公司批准方可退货。非质量问题的退货运费由客户自行承担,并扣除15%的包装损失费	退货申请单正本	
退货验收	物流部仓管员	仓管员凭退货申请单正本及退货清单办理货物验收核对,发现与申请单不符的货物应及时通知各事业部查明原因	退货处理报告	
填写退货处理报告	物流部仓管员	填制退货处理报告时,应在备注栏填写各批次号,便于财务人员核算退货价值		
退货产品核查确认	技术部生产部品管部	相关部门根据退货报告及申请单确认退货责任并在单据上签名,超出保质期、半瓶或空瓶的不予计算价值		
开具退货单	物流部仓管员	应在收到退货的次日内依据手续齐全的处理报告开具退货单。特殊情况需要进行品质检验,应在3天内办理完成,由仓管员负责跟催	退货单	
送交财务审核	财务部	物流部将退货申请单正本、处理报告、退货单三种单据一并送交财务审核,并转交分管副总以上审批	退货申请单正本、处理报告、退货单	

3.6.4 实训前准备

◆ 了解退货管理的基本方法;
◆ 制定退货管理制度;
◆ 准备相应单据。

3.6.5 实训步骤

步骤1:接到退货申请。

表3-6　退换货申请单

申请部门：　　　　　　　　责任部门：　　　　　　　　　　年　　月　　日

客户名称		客户要求	退货√□　　　换货□
地址		联系方式	
品名		提货时间	
规格型号		发票号	
色别		单位	
数量		单价	
退(换)货原因		检验意见	售后服务部：
批准人 权限意见	总经理：	仓库：	财务经理：

经办人：刘二

说明：1. 本单一式四联，第一联库房留存，第二联财务部门留存，第三联售后部门留存，第四联申请部门留存。

2. 开票员凭批准后的申请单开红出库单冲减。

步骤2：仓储部门查验退回货物，并形成"退货检验报告"。

表3-7　退货检验报告

退货检验报告 产品名称：　　　　　　　日　期　　年　　月　　日								
序号	订单号	订单数量	产品规格	退货数量	退货日期	挑选良 品数	挑不良数	不良率
1								
2								
3	不良状况							
4	不良分析							

5	临时对策						
6	改善措施						
7	效果确认						
8	签章	总经理批复		生产部		Qc确认	
注意事项		请随货附退货验收单，否则本公司有权拒收。					

步骤3:待主管部门及领导批复后,完成入库流程(同实训1.1货物入库作业)。

步骤4:传递一应单据至财务部门处理。

3.7 3D仓储系统配送实训

3.7.1 实训背景

华联超市10周年庆期间搞商品促销,新华贸易公司通知益达物流公司配送下列商品。

需配送货物列表:详见3D系统显示。

华联超市地址:华联超市人民路店。

3.7.2 实训任务

请根据相关背景资料,模拟完成:

◆ 出库单缮制;

◆ 货物的出库操作;

◆ 分配车辆;

◆ 货物配送;

◆ 出发路线的线路优化;

◆ 成本核算。

3.7.3 参与角色

表3-8 角色分配

序号	角色名称	对应任务
1	客服文员	缮制出库单
2	发货员	发货审核

（续表）

序号	角色名称	对应任务
3	出库员	出库
4	配载员	车辆申请
5	调度员	派车
6	配载员	装车
7	配送员	配送

3.7.4 角色业务流程图

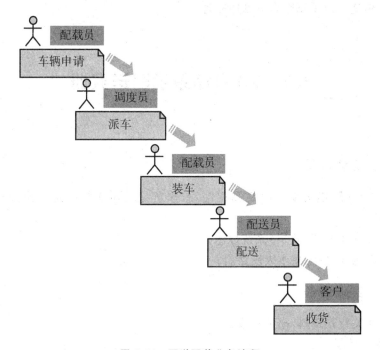

图 3-24　配送配载业务流程

3.7.5 出库、配载成本明细

表 3-9　费用表

序号	费用名称	单价/立方
1	出库费	150
2	配送费	10
3	3 米车起运价	100
4	5 米车起运价	150
5	吨每公里	20

3.7.6　实训步骤

1. 做发货订单

作为发货的一份单据,包含了交货收货双方的相关信息以及货物的具体资料。

操作流程:

• 客服文员登录—"任务中心"—"华联超市配送"—"实训中心"—"发货订单"—"货物做发货订单"。

• 划定一个时期段,选定货主,刷新后点击"新增",填写单据号及其他表体相关内容,根据"任务"要求进行填写;下框货物的具体相关信息点击"╋",货物名称可在下拉菜单中进行选择,选择了货物后,相应的货物代码和单位会自动生成,填好此单货物发生数量;整个表体内容填写完整后,点击"存盘",保存所填写的信息。

2. 发货

操作流程:

发货员登录—"实训中心"—"发货单",选择需要发货的单据后,打开后选择货主后刷新,单击"拣选"—"修改"—查看"　库存数量　",根据出库货量选择出库位、出库库门、分拣后"存盘"—单击"出库审核"。

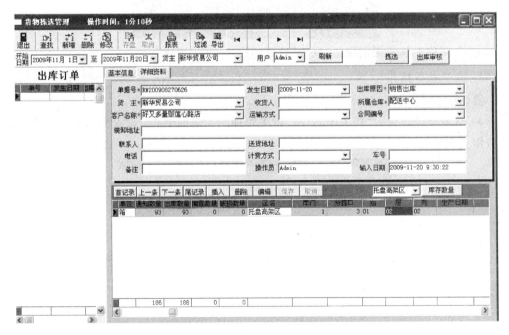

图 3-25　拣选系统界面示意图

3. 出库

该模块包括了对各类仓库的出库作业进行管理,如配送仓出库管理、立体仓出库管理、冷冻仓出库管理等,下面就以对配送仓出库相关管理进行介绍。

 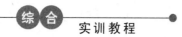
操作流程：

• 出库员登录"实训中心"—"出库单"，打开出库的单据，弹出货物的出库单及取货点。

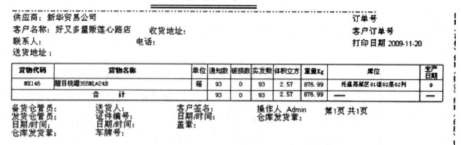

图 3-26 "出仓通知单"界面

• 拿卸货工具去指定货架"取货"后再到指定库门"卸货"。

4. 出库成本核算

操作流程：

• 财务会计登录—"任务中心"—"财务管理"—"实训中心"—"公司数据维护"—"收入费用支出统计"。

图 3-27 "收入费用支出统计"界面

5. 车辆申请

该模块主要是对准备出库的货物进行配送车辆的申请。

操作流程：

• 配载员登录,回到工作岗位后—"实训中心"—"配送管理"。

• 打开此页面,选择车号后"刷新"—点新增,选择车辆的"车长",填写派车人、运输时间后"存盘"。

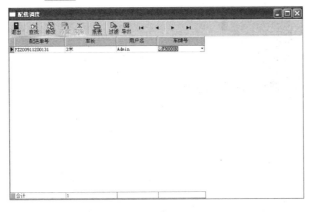

图 3-28 "配载管理"界面

6.派车

该模块主要是通过查询车辆的调度情况,根据前面已完成的车辆配载进行车辆的实际调度,即查询车辆当前的实际情况后,对安排好的车辆做出发车指示,并作相应的记录。

操作流程:

↓ "配送部——调度员"登录弹出业务主管主界面。

↓ 选择"仓储企业业务分段实训"回到工作岗位后—" "—车辆调度。

↓ 在弹出的界面中选择"修改";

↓ 分配车牌号后按" 确认 "则申请车辆成功。

图 3-29 "配载调度"界面

7.装车

操作流程:

在配载好货物后,即可对所配货物进行装车。

↓"配送部——配载员"登录。

↓ 选择任务"仓储企业业务分段实训"回到工作岗位—""—"配送管理",弹出

界面如图 3-30 所示。

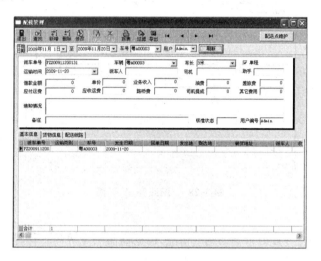

图 3-30 "配送管理"界面

↓ 选择"修改"—"货物信息"—"选货物",在需要装车的货物单据号前打

钩,后"确认"退出,单击"自动装车"。

若货物需手动装车则进入手动装车:

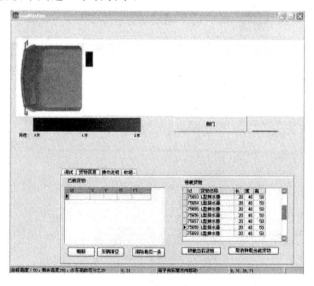

图 3-31 "手动装车"界面

选择右边的货物,点击"转载当前货物",则相应货物变成红色,并出现一个当前货物的平面模型,颜色代表货物的高度,用鼠标点中货物并拖动到相应的车厢相应的位置,按方向键可以进行位置的微调,确定无误后双击货物完成此货物装车。相关详细操作介绍,可参考对话框中"操作说明"里的具体内容。

↓ 选择"配送线路"选项卡,单击" 配送线路安排 ",弹出配送线路安排地图。

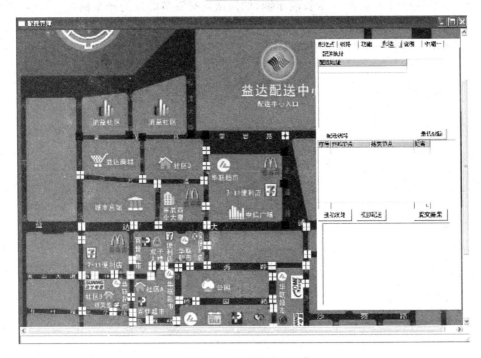

图 3-32 "配送线路安排"

↓ 车辆首先从配送中心出发,然后双击附近黑色可以到达的节点,依此类推,直到经过需要配送点,并且车辆返回配送中心算完成;做完配送路径后,可查看模拟配送结果,确定无误后请点击"提交结果",关闭此框,按" 存盘 "。

8. 配送

操作流程:

↓ 配送员登录—"实训中心"—" 1 功能管理 ▶ 1 配送单 "。

↓ 选择单据号后按"确定"。

↓ 到车场找到这辆车(红色车为 5 米长,灰色车为 3 米长)后按"　　　"上车,开到出口。

↓ 把车开到系统提示的目的地。(具体地点看地图"　　　")

 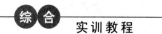
实训思考题

1. 出库的库位如何合理选择？

2. 出库单填写错误造成出库错误如何解决？

3. 大型超市配送应注意什么？

4. 本系统中有 3 米长、5 米长的车辆，如何做到有效节能地选择车辆？

5. 如何做到线路最优？

6. 当配送货物较少时怎样拼箱配送？

实训四　包装和流通加工

4.1　包装

4.1.1　实训目标

◆ 理解包装合理化的途径；

◆ 熟练掌握手动打包机操作技巧；

◆ 熟练掌握半自动打包机操作技巧。

4.1.2　任务描述

客户要求 JZ 物流公司将散装货物装入指定货箱并按要求打包。

4.1.3　知识链接

1. 包装

（1）包装的作用

①对产品的保护：防止产品破损变形；防止产品发生化学变化；防止有害生物对产品的影响；防止异物混入、污物污染、丢失、散失和盗失等作用。

②提高物流作业效率。

③提供包装物信息。

④提高客户服务水平。

（2）包装的种类

①包装形态分为个装、内包装和外包装。

②包装功能分为工业包装和商业包装。

③包装技术分为防碎包装、防洒漏包装、防湿包装、防锈包装、缓冲包装、收缩包装、真空包装等。

④材料分为纸箱包装、木箱包装、金属包装、纸袋包装、玻璃瓶包装、塑料袋包装（软包装）等。

⑤流通阶段分为生产者包装、集货地包装、物流中心包装、店铺包装等。

⑥商业包装。商业包装的主要功能是定量功能、标识功能、商业功能、便利功能和促销功能。主要目的在于促销展示或便于商品在柜台上零售。

⑦工业包装。也称之为运输包装。工业包装的主要作用：保护功能、定量（单元化）功能、便利功能、效率功能。

（3）贴标与标志

包装标志（mark）又称为标记，是用文字、图形和阿拉伯数字等在包装上的明显位置注明规定或者自定的记号、代号以及其他指示和说明事项。分为商品标识和货物标志两大类。

①商品标志。

a. 品名标志。说明商品的品名、品号、货号。

b. 制造标志。商标牌号、制造厂、监制标志。

c. 商品说明标志。关于商品的品质、规格、性能、效用、数量、使用方法、保管方法、出厂日期和保质期。

d. 检查标志。有检查许可证或注册许可证号码，检查标识或合格证号码。

e. 原产地标志（original mark）。符合国际原产地规则规定的生产国（地区）标志。

f. 其他标准标志。

②运输包装标志

运输包装的标志，其主要作用是在储运过程中识别货物、合理操作，按其用途可分成运输标志（shipping mark）、指示性标志（indicative mark）、警告性标志（warning mark）、重量体积标志和产地标志。

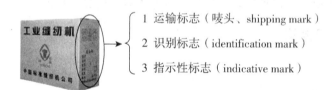

1 运输标志（唛头、shipping mark）

2 识别标志（identification mark）

3 指示性标志（indicative mark）

图 4-1　运输包装标志示意图

运输标志，又称唛头，是一种识别标志。按国际标准化组织（ISO）的建议，包括以下四项内容：a. 收货人名称的英文缩写或简称；b. 参考号，如订单、发票或运单号码；c. 目的地；d. 件号。

例如：

ABCCO	收货人名称
sc9750	合同号码
LONDON	目的港
No.4—20	件号（顺序号和总件数）

图 4-2　运输标志示意图

运输标志在国际贸易中还有其特殊的作用。按规定,在商品特定化以前,风险不转移到买方承担。而商品特定化最常见的有效方式,是在商品外包装上,标明运输标志。此外,国际贸易主要采用的是凭单付款的方式,而主要的出口单据如发票、提单、保险单上,都必须显示出运输标志。商品以集装箱方式运输时,运输标志可被集装箱号码和封口号码取代。

指示性标志:是一种操作注意标志,以图形和文字表达。如小心轻放、由此起吊、禁止翻滚等。

警告性标志:又称危险品标志,用以说明商品系易燃、易爆、有毒、腐蚀性或放射性等危险性货物。以图形及文字表达。对危险性货物的包装储运,各国政府制定有专门的法规,应严格遵照执行。

重量体积标志:运输包装外通常都标明包装的体积和毛重,以方便储运过程中安排装卸作业和舱位。

产地标志:商品产地是海关统计和征税的重要依据,由产地证说明,但一般在内外包装上均注明产地,作为商品说明的一个重要内容。

94CL—H08	合同号
ART. NO. :904A	货号
COLOUR:NAVY/GREY	色泽
SIZE:	尺寸搭配
N. W. :11.3KG	净重
G. W. :16.4KG	毛重
MEAS. :45.5×52×55.5cm	尺码
MADEINCHINA	生产国别

图 4-3　识别标志示意图

指示性标志提示人们在装卸、运输和保管过程中需要注意的事项,一般都是以简单、醒目的图形和文字在包装上标出,故有人称其为注意标志。

图 4-4 指示性标志示意图

危险货物包装标志,必须在运输包装上标明,以示警告,便于装卸、运输和保管人员按货物特性采取相应的防护措施,以保护物资和人身的安全,包括爆炸品、易燃物品、有毒物品、腐蚀物品、氧化剂和放射性物资等危险货物。

爆炸品标志	有毒气体标志	易燃气体标志
一级放射性物品标志	有害品标志	感染性物品标志

图 4-5 警告性标志示意图

(4)包装合理化的主要表现形式

①包装应妥善保护内装的商品,使其质量不受损伤。这就是要制定相应的适宜的标准,使包装物的强度恰到好处地保护商品质量,免受损伤。除了要在运输装卸时经受住冲击、震动外,还要具有防潮、防水、防霉、防震、防锈等功能。

②包装材料和包装容器应当安全无害。包装材料要避免有聚氯联苯之类的有害物质,包装容器的造型要避免对人引起伤害。

③包装尺寸标准化,包装的容量要适当,要便于装卸和搬运。一要根据托盘或集装箱的尺寸确定包装模数;二要根据包装模数,用容器长度×容器宽度的组合尺寸(有的还加上容器的高度)确定包装模数尺寸(标准包装尺寸)。

④包装的标志要清楚、明了。

⑤包装形态大型化。采用集合运输包装,如集装袋、托盘和集装箱等。

⑥包装费用最小化,包装费用要与内装商品相适应。购买材料时,充分调查价格和市场行情,合理组织采购;在保证包装功能的前提下,尽量降低材料档次,节约费用开支。

⑦包装材料经济化。包装内商品外围空闲容积不应过大,提倡节省资源的包装。加大包装物的再利用程度,加强废弃物包装的回收,减少过剩包装,开发和推广新型包装材料和方式,减少包装材料使用等。

⑧包装要便于废弃物的处理。

表 4-1   包装标准化的主要表现形式

包装材料标准化	少用或不用非标准材料。 根据包装材料的种类、强度、伸长每平方米重量、耐破程度等进行合理选择。 了解新材料的发展情况,结合生产需要有选择的采用
包装容器标准化	严格规定包装外形尺寸、运输包装的内尺寸以及产品包装的外尺寸
包装工艺标准化	严格规定包装箱、桶等内装产品数量、排列顺序、衬垫材料。 木制包装箱必须规定箱板的木质、箱板厚度、装箱钉规格、钉距离等。 纸箱必须规定如何封口、腰箍材料、腰箍松紧及牢固度等
装卸作业标准化	制定装卸作业标准,选择合适的机具
集装包装标准化	制定集合包装标准,实行标准化包装

(5)物流包装技法

表 4-2   基本包装技术

放置、固定和加固	放置:将商品放入包装容器,通常要根据商品的特性、形状进行放置。 对于薄弱的产品要进行加固或固定,商品之间要有合理的间隔
压缩	主要对松泡产品进行处理的包装技术
捆扎	主要是指针对外包装使用的包装技术,将单个或数个经过包装的商品捆紧或扎紧,以便进行装卸、运输和储存

(6)各类危险品的包装

我国标准 GB190—1990《危险货物包装标志》把危险品分为:爆炸品;易燃气体、不燃气体、有毒气体;易燃液体;易燃固体、自燃产品;氧化剂、有机过氧化物;剧毒品、有害品(远离食品)、感染性产品;一级放射性产品、二级放射性产品、三级放射性产品;腐蚀品;杂类等9类危险货物,共21种标志。与此对应的国际统一标准,包括分类与代码,如表4-3所示:

表 4-3　危险货物分类的国际统一标准

	危险物分类	分类代号	实用危险物
1	火药类	A.B	黑色火药、焰火、导火线
2	高压气体	C	压缩氢、液态氨、乙烷
3	腐蚀性物质	F	盐酸、苛性钠(液体或固体)
4	毒物	G	溴化丙酮、对硫磷杀虫剂、苯胺油
5	放射性物质	L	镭、钴60
6	易燃液体	D.E	汽油、原油、松节油
7	与水或空气接触后有危险的物质	I.J	电石、鱼粉、磷化钙
8	氧化性物质	H	高锰酸钾、硝石
9	可燃固体	K	黄磷、火柴、木炭
10	棉花	O	棉花、木棉
11	有机过氧化物	M	过氧乙酸、异丙基氧化碳酸氢钠
12	易感染病毒的物质	N	病原体

①易爆危险品的包装。

对于易爆危险品,如军工或民用产品中的弹药、火药、炸药、引信或电子引信、火工品一类易爆品的包装设计,必须对环境标准认真研究:根据运输条件中已制定或确定的冲击跌落高度、振动速度频谱曲线、堆码高度,气候条件中最高、最低温度、湿度范围,陆地地面环境、海面和海洋大气环境以及全球地面80 km高空的大气环境、气压变化范围等,来适当地选择相应的内、外包装材料。在此过程中可根据易爆危险品特性,做好如下方面选择:

☆ 选择阻燃隔热材料以防日光照射或热辐射作用。

☆ 采用真空或充气内包装以防氧化作用。

☆ 采用气密性好的材料或内加干燥剂,以防水、防潮。

☆ 涂布防锈油等,以防锈蚀、腐蚀或霉变。

☆ 在内外包装之间,要合理选用缓冲材料,以防运输、装卸中震动引起爆燃。

☆ 外包装箱应坚固,以适应不同环境下运输与储存的需要。

☆ 还应注意防止动物性损坏,特别是啮齿类动物的啃食。

☆ 如果是电子引信或其他电子产品,还应采取场强屏蔽措施。

☆ 防止产品内包装的相对湿度下降到某种程度,可能使产品与包装材料之间在物流中发生摩擦而引起爆炸,故应保持一定的湿度范围等。

②放射性危险品的包装。

选择能屏蔽掉或使放射线衰减到对人体或环境无害的包装材料或防范措施。通常在内包装或内包装的外面增加一层一定厚度的金属铅或铝制的防辐射隔离层。

③有毒危险品的包装。

对于有毒商品的包装主要应保持包装的坚固性,在流通过程中不破损、不渗漏、不渗透。为达到这一要求,内、外包装必须具有气密性,包装材料抗腐蚀性良好,不与毒害品发生化学反应。在外包装上必须按国标 GB190—1900、GB191—1900 规定加印危险货物包装标志和包装储运图示标志,并保证在货物储运期内标志不会脱落。

(7)绿色包装

绿色包装发源于 1987 年联合国环境与发展委员会发表的《我们共同的未来》,到 1992 年 6 月联合国环境与发展大会通过了《里约环境与发展宣言》、《21 世纪议程》,随即在全世界范围内掀起了一个以保护生态环境为核心的绿色浪潮。

绿色包装(green package)有人称其为环境友好型包装(environmental friendly package)或生态包装(ecological package)。绿色包装应是:对生态环境和人体健康无害,能循环复用和再生利用,可促进国民经济持续发展的包装。也就是说包装产品从原材料选择、产品制造、使用、回收和废弃的整个过程均应符合生态环境保护的要求。它包括了节省资源、能源、减量、避免废弃物产生,易回收复用,再循环利用,可焚烧或降解等生态环境保护要求的内容。绿色包装的内容随着科技的进步、包装的发展还将有新的内涵。

①绿色包装一般应具有五个方面的内涵:

a. 实行包装减量化(reduce)。包装在满足保护、方便、销售等功能的条件下,应是用量最少。

b. 包装应易于重复利用(reuse),或易于回收再生(recycle)。通过生产再生制品、焚烧利用热能、堆肥化改善土壤等措施,达到再利用的目的。

c. 包装废弃物可以降解腐化(degradable)。其最终不形成永久垃圾,进而达到改良土壤的目的。reduce、reuse、recycle 和 degradable 即当今世界公认的发展绿色包装的 3R1D 原则。

d. 包装材料对人体和生物应无毒无害。包装材料中不应含有有毒性的元素、病菌、重金属,或这些含有量应控制在有关标准以下。

e. 包装制品从原材料采集、材料加工、制造产品、产品使用、废弃物回收再生,直到其最终处理的生命全过程均不应对人体及环境造成公害。

②绿色包装的分级:

绿色包装分为 A 级和 AA 级。

a. A 级绿色包装是指废弃物能够循环复用、再生利用或降解腐化,含有毒物质在规定限量范围内的适度包装。

b. AA 级绿色包装是指废弃物能够循环复用、再生利用或降解腐化,且在产品整个生命周期中对人体及环境不造成公害,含有毒物质在规定限量范围内的适度包装。

上述分级主要是考虑首先要解决包装使用后的废弃物问题,这是当前世界各国保护环境关注过程中的污染,这是一个过去、现在、将来需继续解决的问题。生命周期分析法(LCA)固然是全面评价包装环境性能的方法,也是比较包装材料环境性能优劣的方法,

但在解决问题时应有轻重先后之分。

③绿色包装的作用。

绿色包装有利于保护自然环境,避免废弃物对环境造成损害。包装材料中有些本身包含的化学成分有可能会对周围环境造成一定影响,如以前使用的泡沫快餐盒蒸发的乙烯等成分严重超标,长期置于环境中将对周围的生态环境造成严重的破坏,形成一道白色污染带。采用绿色包装,对包装材料进行严格的把关,可以避免废弃物对环境的不良影响。另外,采用绿色包装可对包装材料进行重复利用,有利于增加相对资源,缓解资源紧张的现状。因此,绿色包装既有经济效益,又有社会效益,是二者的有机统一。它是一个动态的概念,随着科学技术的进步,绿色包装总趋势是在保护环境的基础上使使用周期总成本逐步最小化。

④绿色包装的途径。

绿色包装的途径主要有:促进生产部门采用尽量简化的以及由可降解材料制成的包装;在流通过程中,应采取措施实现包装的合理化与现代化。

a. 包装模数化。确定包装基础尺寸的标准,即包装模数化。包装模数标准确定以后,各种进入流通领域的产品便需要按模数规定的尺寸包装。模数化包装利于小包装的集合,利用集装箱及托盘装箱、装盘。包装模数如能和仓库设施、运输设施尺寸模数统一化,也利于运输和保管,从而实现物流系统的合理化。

b. 包装的大型化和集装化。有利于物流系统在装卸、搬迁、保管、运输等过程的机械化,加快这些环节的作业速度,有利于减少单位包装,节约包装材料和包装费用,有利于保护货体。如采用集装箱、集装袋、托盘等集装方式。

c. 包装多次、反复使用和废弃包装的处理。采用通用包装,不用专门安排回返使用;采用周转包装,可多次反复使用,如饮料、啤酒瓶等;梯级利用,一次使用后的包装物,用毕转作他用或简单处理后转作他用;对废弃包装物经再生处理,转化为其他用途或制作新材料。

d. 开发新的包装材料和包装器具。发展趋势是,包装物的高功能化,用较少的材料实现多种包装功能。

⑤绿色包装标识。

1975 年,世界第一个绿色包装的"绿色"标识在德国问世。世界第一个绿色包装的"绿点"标识是由绿色箭头和白色箭头组成的圆形图案,上方文字由德文 DERGRNE-PONKT 组成,意为"绿点"。

绿点的双色箭头表示产品或包装是绿色的,可以回收使用,符合生态平衡、环境保护的要求。1977 年,德国政府又推出"蓝天使"绿色环保标识,授予具有绿色环保特性的产品,包括包装。"蓝天使"标识由内环和外环构成,内环是由联合国的桂冠组成的蓝色花环,中间是蓝色小天使双臂拥抱地球状图案,表示人们拥抱地球之意。外环上方为德文循环标识,外环下方则为德国产品类别的名字。

德国使用"环境标志"后,许多国家也先后开始实行产品包装的环境标志。如加拿大的"枫叶标志",日本的"爱护地球",美国的"自然友好"和证书制度,中国的"环境标志"、欧共体的"欧洲之花",丹麦、芬兰、瑞典、挪威等北欧诸国的"白天鹅",新加坡的"绿色标识",新西兰的"环境选择",葡萄牙的"生态产品"等。

1993年6月国际标准化组织成立了"环境管理技术委员会"(TC207),制定了像质量管理那样的一套环境管理标准。迄今为止,TC207委员会已制定了一些标准(例ISO14000)并颁发实施。美国的企业界、包装界纷纷实施ISO14000标准,并制定了相关的"环境报告卡片",对包装进行寿命周期评定,完善包装企业的环境管理制度。日本1994年10月成立了环境审核认证组织。欧共体1993年3月提出了《欧洲环境管理与环境审核》,并于1995年4月开始实施。我国一些企业也开始了实施ISO14000系列标准,但与国外相比,还有一定差距。

⑥绿色包装法规。

1981年,丹麦政府鉴于饮料容器空瓶的增多带来不良影响,首先推出了《包装容器回收利用法》。由于这一法律的实施影响了欧共体内部各国货物自由流动协议,影响了成员国的利益。于是一场"丹麦瓶"的官司打到了欧洲法庭。1988年,欧洲法庭判丹麦获胜。欧共体为缓解争端,1990年6月召开都柏林会议,提出"充分保护环境"的思想,制定了《废弃物运输法》,规定包装废弃物不得运往他国,各国应对废弃物承担责任。

1994年12月,欧共体发布《包装及包装废弃物指令》。《都柏林宣言》之后,西欧各国先后制定了相关法律法规。与欧洲相呼应,美国、加拿大、日本、新加坡、韩国、中国香港、菲律宾、巴西等国家和地区也制定了包装法律法规。

我国自1979年以来,先后颁布了《中华人民共和国环境保护法》、《固体废弃物防治法》、《水污染防治法》、《大气污染防治法》等4部专项法和8部资源法,30多项环保法规明文规定了包装废弃物的管理条款。1998年,各省绿色包装协会成立。

⑦绿色包装的主要手段。

a. 从用材方面入手,可采用主要手段有使用可降解塑料、纸制品包装、玻璃和竹包装等。

b. 从可重复使用、再生、可食、可降解方面入手。

⑧发展绿色包装的策略。

a. 积极开发绿色包装材料。避免使用含有毒性的材料;尽可能使用循环再生材料;积极开发植物包装材料。

选用单一包装材料。这样不必使用特殊工具即可将材料解体,还可以节省回收与分离时间,避免使用黏合方法而导致回收、分离的困难。

b. 在环境标志方面向国际靠拢。ISO14000环境管理体系国际标准规定对不符合该标准的产品,任何国家都可以拒绝进口,从而使不符合标准的产品被排除在国际贸易之外。我国的环境标志制度产品种类较少,远不能满足对外贸易发展的需要,只有顺应这一国际潮流,采用积极有效的手段迎头赶上,才能从根本上保护我国的外贸利益。在典型引路的同时,普及这项标准体系。此外还应及早研究国际环境标准,可以通过行政立法程序将该国际标准转化为国家标准,在全国范围内推广使用,与该国际标准有关的国内配套法规亦应尽早制定。

c. 包装设计方面要突出环保内涵。设计者必须调查国际市场对环保包装的具体要求,例如出口国有关环保包装的法规,消费者环保消费观念的深度、绿色组织活动、环保包装发展趋势等,以便在包装设计时充分考虑这些因素。另外在包装设计中还应考虑突出环保营销的标志,这种标志不同于环境标志,可由制造商、供应商或批发商自行设计,用以表示某种商品上有特定的环境品质以取得消费者的好感,达到扩大营销的目的。

d. 加大对包装物回收利用技术研究的鼓励与支持。在英国,某化学公司发明了一种新型的生物降解件塑料。这种塑料不仅具有以往一些塑料的耐久、稳定及防水等性质,而且像自然界里许多有机物一样能迅速有效地分解为二氧化碳和水。在美国,某化学公司制成了一种新型塑料——乳酸聚合物,它们是由可再生资源如干酪乳清和玉米制成的,在水分、空气和菌类共存的条件下,这种塑料半年左右就可降解为二氧化碳和水,因而,它最适用于快餐业、食品工业和餐具的包装材料。

(8)半自动打包机特点

①半自动打包机是采用新型集成线路,接入式 PC 板控制打包机。

②半自动打包机和手自动相比,半自动打包机速度快、效率高。

③速度快,每条捆包仅需 2 秒;瞬时加热,5 秒钟内可使加热片工作,进入最佳打包状态,省电实用。

④半自动打包机达到一定程度它有一种待机状态。

⑤使用范围广,不管大小包装,不用调整机器就可以打包。

⑥该机属机械式结构,部分采用进口零件,后刀刃稳定可靠,调整方便。

⑦该打包机台面较高,操作起来方便顺手,适于打包较轻的物品。

⑧打包带范围为 6～15 mm,黏合效果最佳。

表 4-4　半自动打包机基本参数(参考)

电源电压(V/Hz)	AC220/50110/60
功率(W)	320
捆扎包件尺寸(最大)(W×H)(mm)	不作规定
捆扎包件尺寸(最小)(W×H)(mm)	60×30
捆扎速度(秒/道)	2.5
捆扎力(N)	10～450(可调)
适用塑料带的宽度(mm)	6～15(可调)
工作台面高度(mm)	750
外形尺寸(L×W×H)(mm)	900×580×750
净重(kg)	100

4.1.4 实训准备

◆ 打包所需器械及包装材料；
◆ 实训安全教育。

4.1.5 实训步骤

1. 手动打包机实训步骤

步骤1：准备手动打包机(包括打包钳、打包器、铁皮扣、打包带)。

步骤2：将打包件放在操作台上，并将打包器放在打包件上，下掀手柄将后机身移到后顶端。

图4-6 手动打包机打包所需材料

步骤3：把纸带或塑带(以下简称打包带)箍在包件上，打包带一头压在前压脚下面，另一头压在后压脚下面，然后左右摆动手柄将包件捆紧。

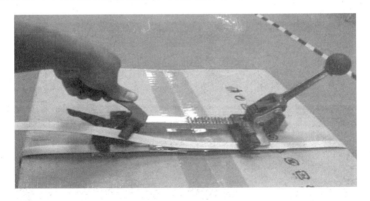

图4-7 捆紧包件

步骤4：将多余的打包带用刀切器断开。

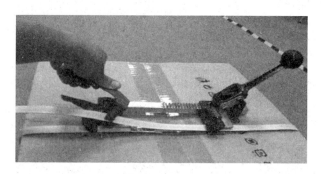

图4-8　切断多余打包带

步骤5：在打包带接头处套上铁皮扣子，然后用打包钳钳在扣子上，双手合拢，扎紧，使铁皮库成凹凸形即成。

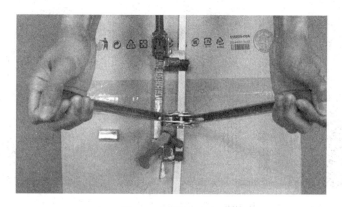

图4-9　钳紧打包扣

步骤6：将手柄后向掀，使抬脚板抬起后压脚，同时前后棘爪受手柄压力齿轮脱开，再将前压脚手柄下掀，此时打包带已全部松开，机身移出。

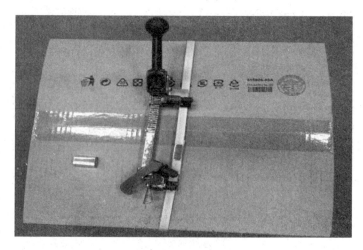

图4-10　移出打包器

2. 半自动打包机实训

图 4-11 半自动打包机示意图

实训步骤：

步骤 1：接通电源，按下红色方形"电源"按钮，设备启动。

步骤 2：机器预热，按下绿色方形"电机"按钮，电机开始加热，整个预热过程大约需要 1 分钟。如果需要立即开始工作，则按下红色圆点"速热"按钮，预热过程大约需要 30 秒，如无必要，尽量不使用此功能，按正常程序预热。在电机预热时，检查已出塑料包装带长度是否足够，其长度应比计划包装货品捆扎处的周长长度再加 10 厘米左右。如不够，按住红色圆形"手动出带"按钮，则机器往外送带，当长度足够时放开"手动出带"按钮，则机器停止送带。

步骤 3：设定自动出带长度，如出带长短合适，则估算此长度，旋转"送带长度"调节器，确定送带时间，刻度盘上每一大格表示送带持续一秒，可以按 1 秒出 1 米的比率估算需要的送带时间，当完成第一次捆扎后，根据实际情况将自动出带的长度进行微调。

步骤 4：捆扎，当预热结束，机器预热时发出的噪音终止，此时可以进行捆扎。将计划包装货品放于工作台上，保持与出带槽方向垂直，计划捆扎位置正好压在出带槽上，计划包装货品的右端压到出带槽上标记有红色"HOT DO NOT TOUCH（烫手勿摸）"字样的铁片处，将塑胶包装带从计划包装货品的上方绕过，一手扶住货品，另一手将端头插入铁片标记处右端的黑色夹口处，完成后务必立即放手，此时严禁用身体任何部分接触包装带或伸入包装带与货品之间的空隙，机器将自动收带，将货品扎紧，加热端头，粘紧包装带并切断。

步骤 5：手动退带与切带，操作时如发现需要临时退带，则按下绿色圆形"手动退带、切带"按钮，将多出包装带退回，待包装带退到合适位置后松开按钮，则机器停止退带。

注意事项：

①确认机器所使用的电源，勿插错电源。

②作业时请勿将头手穿过带子的跑道。

③勿用手直接触摸加热片。

④机器不使用时请将储带仓内的带子卷回带盘，以免下次使用时变形。

⑤输带滚轮表面请勿沾油。

⑥机器不用时切记拔掉电源。

⑦勿随意更换机器上的零件。

⑧关闭电源。

4.2 流通加工实训

4.2.1 实训目标

◆ 掌握倍速链生产流水线的物料流通加工流程（生产加工电话）；

◆ 掌握生产管理系统应用与管理。

4.2.2 任务描述

X超市可供销售的有绳电话机成品数量已到补货点，此电话机是由JZ物流公司以零部件的形式储存，X超市的销售数据通过EDI方式即时传递到JZ物流公司，JZ物流公司监测到X的补货需求后，要求流通加工部完成批量为100台的加工任务，完成后向X超市发货。

4.2.3 知识链接

1. 流通加工的定义

提高物流速度和物品的利用率、降低生产、物流成本，在物品进入流通领域后，按物流的需要和客户的要求进行的加工活动。

配送中的流通加工是配送企业在配送系统中，按用户要求，设立加工场所进行加工活动，目的是最大限度地满足用户需要，提高客户满意度和配送效益。

2. 流通加工的类型

①为弥补生产领域加工不足的深加工。

②为适应多样化需要的流通加工。

③为保护产品所进行的加工。

④为提高物流效率，方便物流的加工。

⑤为促进销售的流通加工。

⑥提高加工效率的流通加工。

⑦为提高原材料利用率的流通加工。

⑧衔接不同运输方式，使物流合理化的流通加工。

⑨以提高经济效益,追求企业利润为目的的流通加工。

⑩生产—流通一体化的流通加工形式。

3. 流通加工的目的

(1)为适应多样化需要的流通加工

生产部门为了实现高效率、大批量的生产,其产品往往不能完全满足用户的要求。这样,为了满足用户对产品多样化的需要,同时又要保证高效率的大生产,可将生产出来的单一化、标准化的产品进行多样化的改制加工。

例如,对钢材卷板的舒展、剪切加工;平板玻璃按需要规格的开片加工;木材改制成枕木、板材、方材等加工。

(2)为方便消费、省力的流通加工

根据下游生产的需要将商品加工成生产直接可用的状态。

例如,根据需要将钢材定尺、定型,按要求下料;将木材制成可直接投入使用的各种型材;将水泥制成混凝土拌和料,使用时只需稍加搅拌即可使用等。

(3)为保护产品所进行的流通加工

在物流过程中,为了保护商品的使用价值,延长商品在生产和使用期间的寿命,防止商品在运输、储存、装卸搬运、包装等过程中遭受损失,可以采取稳固、改装、保鲜、冷冻、涂油等方式。

例如,水产品、肉类、蛋类的保鲜、保质的冷冻加工、防腐加工等;丝、麻、棉织品的防虫、防霉加工等。还有,如为防止金属材料的锈蚀而进行的喷漆、涂防锈油等措施,运用手工、机械或化学方法除锈;木材的防腐朽、防干裂加工;煤炭的防高温自燃加工;水泥的防潮、防湿加工等。

(4)为弥补生产领域加工不足的流通加工

由于受到各种因素的限制,许多产品在生产领域的加工只能到一定程度,而不能完全实现终极的加工。

例如,木材如果在产地完成成材加工或制成木制品的话,就会给运输带来极大的困难,所以,在生产领域只能加工到圆木、板、方材这个程度,进一步的下料、切裁、处理等加工则由流通加工完成;钢铁厂大规模的生产只能按规格生产,以使产品有较强的通用性,从而使生产能有较高的效率,取得较好的效益。

(5)为促进销售的流通加工

流通加工也可以起到促进销售的作用。比如,将过大包装或散装物分装成适合依次销售的小包装的分装加工;将以保护商品为主的运输包装改换成以促进销售为主的销售包装,以起到吸引消费者、促进销售的作用;将蔬菜、肉类洗净切块以满足消费者要求等。

(6)为提高加工效率的流通加工

许多生产企业的初级加工由于数量有限,加工效率不高。而流通加工以集中加工的形式,解决了单个企业加工效率不高的弊病。它以一家流通加工企业的集中加工代替了若干家生产企业的初级加工,促使生产水平有一定的提高。

(7)为提高物流效率、降低物流损失的流通加工

有些商品本身的形态使之难以进行物流操作,而且商品在运输、装卸搬运过程中极

易受损,因此需要进行适当的流通加工加以弥补,从而使物流各环节易于操作,提高物流效率,降低物流损失。

例如,造纸用的木材磨成木屑的流通加工,可以极大提高运输工具的装载效率;自行车在消费地区的装配加工可以提高运输效率,降低损失;石油气的液化加工,使很难输送的气态物转变为容易输送的液态物,也可以提高物流效率。

(8)为衔接不同运输方式使物流更加合理的流通加工

在干线运输和支线运输的结点设置流通加工环节,可以有效解决大批量、低成本、长距离的干线运输与多品种、少批量、多批次的末端运输和集货运输之间的衔接问题。在流通加工点与大生产企业间形成大批量、定点运输的渠道,以流通加工中心为核心,组织对多个用户的配送,也可以在流通加工点将运输包装转换为销售包装,从而有效衔接不同目的的运输方式。

比如,散装水泥中转仓库把散装水泥装袋、将大规模散装水泥转化为小规模散装水泥的流通加工,就衔接了水泥厂大批量运输和工地小批量装运的需要。

(9)生产—流通一体化的流通加工

依靠生产企业和流通企业的联合,或者生产企业涉足流通,或者流通企业涉足生产,形成的对生产与流通加工进行合理分工、合理规划、合理组织,统筹进行生产与流通加工的安排,这就是生产—流通一体化的流通加工形式。

这种形式可以促成产品结构及产业结构的调整,充分发挥企业集团的经济技术优势,是目前流通加工领域的新形式。

(10)为实施配送进行的流通加工

这种流通加工形式是配送中心为了实现配送活动,满足客户的需要而对物资进行的加工。

例如,混凝土搅拌车可以根据客户的要求,把沙子、水泥、石子、水等各种不同材料按比例要求装入可旋转的罐中。在配送路途中,汽车边行驶边搅拌,到达施工现场后,混凝土已经均匀搅拌好,可以直接投入使用。

4. 生产资料流通加工的主要形式及作用

(1)钢卷剪切流通加工

汽车、冰箱、冰柜、洗衣机等生产制造企业每天需要大量的钢板,除了大型汽车制造企业外,一般规模的生产企业如若自己单独剪切,难以解决因用料高峰和低谷的差异引起的设备忙闲不均和人员浪费问题,如果委托专业钢板剪切加工企业,可以解决这个矛盾。专业钢板剪切加工企业能够利用专业剪切设备,按照用户设计的规格尺寸和形状进行套裁加工,精度高、速度快、废料少、成本低;专业钢板剪切加工企业在国外数量很多,大部分由流通企业经营。这种流通加工企业不仅提供剪切加工服务,还出售加工原材料和加工后的成品以及配送服务。采用委托加工方式,用户省心、省力、省钱。

(2)木材流通加工

木材的流通加工一般有两种情况,一种是树木在生长地被伐倒后,消费不在当地,不可能连枝带杈地运输到外地,先在原处去掉树杈和树枝,将原木运走,剩下来的树杈、树枝、碎木、碎屑等掺入其他材料,在当地木材加工厂进行流通加工,做成复合木板。也有的将树木在产地磨成木屑,采取压缩方法加大容重后运往外地造纸厂造纸。另一种情况是在消费地建木材加工厂,将原木加工成板材,或按用户需要加工成各种形状的材料,供给家具厂、木器厂。木材进行集中流通加工、综合利用,出材率可提高到72%,原木利用率达到95%,经济效益相当可观。

(3)水泥流通加工

国外大量建设水泥流通服务中心,在这里将水泥、沙石、水以及添加剂按比例进行初步搅拌,然后装进水泥搅拌车,事先计算好时间,卡车一边行走,一边搅拌,到达工地后,搅拌均匀的混凝土直接进行浇注。

(4)水产品、肉类流通加工

深海打鱼船出海,有时一个月回来一次,这期间从海中打捞上来的鱼、虾等海产品,在船上开膛、去尾、剔骨,然后冷冻保存,不仅节省轮船舱容,增加保管能力,又能保鲜存放;牛肉、猪肉、鸡肉等肉类食品,在屠宰厂进行分割、去骨,冷冻运输和保管。随着人们生活水平的提高,水产品、肉蛋类,乃至蔬菜都趋向从产地到消费地的一贯制冷冻、冷藏状态的包装、运输和保管。因此,流通加工必不可少,流通加工的作用也越来越大。

(5)自行车、助力车流通加工

自行车和助力车整车运输、保管和包装,费用多、难度大、装载率低,但这类产品装配简单,不必进行精密调试和检测,所以,可以将同类部件装箱,批量运输和存放,在商店出售前再组装。这样做可大大提高运载率,有效衔接批量生产和分散消费。这是一种只改变商品状态,不改变商品功能和性质的流通加工形式。

(6)服装、书籍流通加工

这里的服装流通加工,主要指的不是材料的套裁和批量缝制,而是在批发商的仓库或配送中心进行缝商标、挂价签、改换包装等简单的加工作业。近年来,因消费者要求的苛刻化,退货大量增加,从商场退回来的衣服,一般在仓库或配送中心重新分类、整理、改换价签和包装。国外书籍的流通加工作业主要有简单的装帧、套书壳、挂书签以及退书的重新整理、复原等。

(7)酒类流通加工

葡萄酒都是液体,从产地批量地将原液运至消费地配制、装瓶、贴商标,包装后出售,既可以节约运费,又安全保险,以较低的成本,卖出较高的价格,附加值大幅度增加。

(8)玻璃流通加工

平板玻璃的运输货损率较高,玻璃运输的难度比较大。在消费比较集中的地区建玻璃流通加工中心,按照用户的需要对平板玻璃进行套裁和开片,可使玻璃的利用率从62%~65%提高到90%以上,大大降低了玻璃破损率,增加了玻璃的附加价值。

(9)煤炭流通加工

煤炭的流通加工例子很多。将煤炭在产地磨成煤粉,再用水调成浆状,便可采用管道运输;把采掘出来的杂煤,除去矸石,能增强煤炭的纯度,把混在煤炭里的垃圾、木片等杂物彻底拣除,可避免商业索赔的发生;将煤粉加工成取暖用的蜂窝煤供应居民也是一种流通加工。

(10)牛奶、蔬菜、水果等食品流通加工

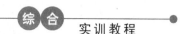

牛奶的消费者是千家万户,牛奶的运输和配送十分复杂。为了提高效率,一般做法是把各个养牛牧场的牛奶集中到牛奶厂,牛奶厂用大型奶罐批量地将牛奶分送到各地牛奶分厂,在那里进行检疫、减菌和均质化,装袋后配送给各商店或家庭。冬季和夏季对牛奶的需求有一定差别,可是牛奶的产量一年四季基本不变,所以,可将鲜奶做成奶粉和奶酪、奶油保存。此外,为了减少运费,牛奶也可进行浓缩加工(可将牛奶体积浓缩1/3),这也是一种很有成效的加工方法。

5. 实现流通加工合理化的方式

(1)加工和配送相结合

这是将流通加工设置在配送点中,一方面按配送的需要进行加工,另一方面加工又是配送业务流程中分货、拣货、配货之一环,加工后的产品直接投入配货作业,这就无须单独设置一个加工的中间环节,使流通加工有别于独立的生产,而使流通加工与中转流通巧妙结合在一起。

同时,由于配送之前有加工,可使配送服务水平大大提高。这是当前对流通加工做合理选择的重要形式,在煤炭、水泥等产品的流通中已表现出较大的优势。

(2)加工和配套相结合

在对配套要求较高的流通中,配套的主体来自各个生产单位,但是,完全配套有时无法全部依靠现有的生产单位,进行适当流通加工,可以有效促成配套,大大提高流通的桥梁与纽带的能力。

(3)加工和合理运输相结合

利用流通加工,在支线运输转干线运输或干线运输转支线运输这本来就必须停顿的环节,不进行一般的支转干或干转支,而是按干线或支线运输合理的要求进行适当加工,从而大大提高运输及运输转载水平。

(4)加工和合理商流相结合

加工和配送的结合,通过加工,提高了配送水平,强化了销售,是加工与合理商流相结合的一个成功的例证。

此外,通过简单地改变包装加工,形成方便的购买量,通过组装加工解除用户使用前进行组装、调试的难处,都是有效促进商流的例子。

(5)加工和节约相结合

节约能源、节约设备、节约人力、节约耗费是流通加工合理化重要的考虑因素,也是目前我国设置流通加工,考虑其合理化的较普遍形式。

表 4-5 流通加工作业的管理内容

分割加工	根据销售要求和不同的用途对产品进行切割
分选加工	按质量、规格进行分选,并分别包装
促销包装	为进行促销,对产品进行加工包装,如促销赠品搭配
分装加工	按销售要求进行重新包装,如将散装或大包装的产品按零售要求进行重新包装
贴标加工	对即将进入可配送状态的产品粘贴价格、型号、日期等标签,并打制条形码等

4.2.4 实训准备

◆ 库存管理信息系统;

◆ 终端销售系统;

◆ 流通加工生产线;

◆ 生产管理系统;

◆ 实训用电话机;

◆ 其他实训设备及工具。

4.2.5 实训步骤

步骤1:对成品"高科电话"进行拆解,以形成各个零部件建立物料清单(如表4-6所示)。

表4-6 加工产品BOM清单

序号	零部件	类别	材料	数量	备注	条码
1	螺丝 A1	易耗品	—	8	电路板与电话机身下壳装配用	42201
	螺丝 B1		—	2	机身喇叭与电话机身下壳装配用	
	螺丝 C1		—	4	电话机身上壳与下壳装配用	
	螺丝 H1		—	3	铁块与电话筒下壳装配用	
	铁块 A	原材料	—	1	—	
2	功能按键(塑胶)	半成品	—	12	—	42202
	按键软胶		—	1		
3	电话机身上壳	原材料	PC 塑料	1	—	42203
4	电路板	半成品	—	1	—	42204
5	电话机身下壳	半成品	PC 塑料	1	含电话板	42205
6	机身喇叭	半成品	—	1	—	42206
7	电话筒上壳	原材料	PC 塑料	1	—	42207
8	电话筒下壳	半成品	PC 塑料	1	含语音收发模块	42208
9	通信线	原材料	—	1		2209
	电话线		—	1		
10	PVC 气泡袋 A1	包装材料	PVC	1		42210
	PVC 气泡袋 B1					

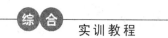
（续表）

序号	零部件	类别	材料	数量	备注	条码
11	产品合格证书	鉴证	—	1	产品质量合格证书	42211
	产品说明书				产品使用说明书	
12	高科电话包装盒	包装材料	—	1	—	42212
13	高科电话	成品		1	加工成品	422

步骤 2：建立信息系统 BOM 资料。

图 4-12

步骤 3：学生通过教师引导自行合理分配加工工序，完成生产加工计划任务。

表 4-7　任务分解表

生产加工计划			
工序	原材料	半成品	岗位工作内容
1	功能按键（塑胶）按键软胶	电话机身上壳	①到达加工工位 1，进行操作人员登录，用条形码扫描仪扫描放于工位上的功能演示板上的"用户登录" ②扫描自己的用户编号（工号条码） ③进行加工：将原材料"功能按键（塑胶）、按键软胶"与"电话机身上壳"组装，得到加工品"P1" ④检查加工品"P1"的组装质量，用条形码扫描仪扫描放于工位上的功能演示板上的"产品合格" ⑤扫描工位 1 加工品的条形码：GOODS01 ⑥将加工品"P1"放于生产线上的工装板上，脚踩气门，"P1"在工装板上经倍速链运输通过阻挡器到达下一个加工工位

（续表）

生产加工计划			
2	A1 型号螺丝若干	电路板	①到达加工工位 2,进行操作人员登录,用条形码扫描仪扫描放于工位上的功能演示板上的"用户登录" ②扫描自己的用户编号(工号条码) ③进行加工:将半成品"电路板"与加工品"P1"通过"A1 型号螺丝"进行组装,得到加工品"P2" ④检查加工品"P2"的组装质量,用条形码扫描仪扫描放于工位上的功能演示板上的"产品合格" ⑤扫描工位 2 加工品的条形码:GOODS01 ⑥将加工品"P2"放于生产线上的工装板上,脚踩气门,"P2"在工装板上经倍速链运输通过阻挡器到达下一个加工工位
3	喇叭 B1 型号螺丝若干	电话机身下壳	①到达加工工位 3,进行操作人员登录,用条形码扫描仪扫描放于工位上的功能演示板上的"用户登录" ②扫描自己的用户编号(工号条码) ③进行加工:将原材料"喇叭"与加工品"P2"通过"B1 型号螺丝"进行组装,得到加工品"P3" ④检查加工品"P3"的组装质量,用条形码扫描仪扫描放于工位上的功能演示板上的"产品合格" ⑤扫描工位 3 加工品的条形码:GOODS01 ⑥将加工品"P3"放于生产线上的工装板上,脚踩气门,"P3"在工装板上经倍速链运输通过阻挡器到达下一个加工工位
4	C1 型号螺丝若干		①到达加工工位 4,进行操作人员登录,用条形码扫描仪扫描放于工位上的功能演示板上的"用户登录" ②扫描自己的用户编号(工号条码) ③进行加工:检测"P3"安装质量(线路),通过"C1 型号螺丝"将"电话机身下壳"与"P3"安装完毕,得到加工品"P4" ④检查加工品"P4"的组装质量,用条形码扫描仪扫描放于工位上的功能演示板上的"产品合格" ⑤扫描工位 4 加工品的条形码:GOODS01 ⑥将加工品"P4"放于生产线上的工装板上,脚踩气门,"P4"在工装板上经倍速链运输通过阻挡器到达下一个加工工位

（续表）

生产加工计划			
5	电话筒上壳，铁块 H1 型号螺丝若干	电话筒下壳	①到达加工工位 5，进行操作人员登录，用条形码扫描仪扫描放于工位上的功能演示板上的"用户登录" ②扫描自己的用户编号（工号条码） ③进行加工：将原材料"铁块"与半成品"电话筒下壳"通过"H1 型号螺丝"组装之 ④再通过"H1 型号螺丝"与原材料"电话筒上壳"组装上，得到加工品"P5" ⑤检查加工品"P5"的组装质量，用条形码扫描仪扫描放于工位上的功能演示板上的"产品合格" ⑥扫描工位 5 加工品的条形码：GOODS01 ⑦将加工品"P5"放于生产线上的工装板上，脚踩气门，"P5"在工装板上经倍速链运输通过阻挡器到达下一个加工工位
6	电话线 产品说明书 质量合格证书 PVC 气泡袋 产品包装盒		①到达加工工位 6，进行操作人员登录，用条形码扫描仪扫描放于工位上的功能演示板上的"用户登录" ②扫描自己的用户编号（工号条码） ③第 6 工位的工作内容是对以上几个工位加工品"P4"，"P5"组装情况的质量做一次测试检查，包括（按键组装质量、喇叭安装质量、电路通信线路等） ④加工合格，附上"质量合格证书"，用"PVC 气泡袋"将合格品"P4""P5"包装起来，将"产品说明书""电话线""P4""P5"放进产品包装箱中。得到加工完成品"高科电话"，并用条形码扫描仪扫描放于工位上的功能演示板上的"产品合格" ⑤扫描工位 6 加工品的条形码：GOODS01 ⑥收集完成品"高科电话"并将成品放在托盘的料箱中，等待立体仓库入库。 ⑦回收工装板

步骤 4：开始流通加工任务，登录 WMS 系统—"生产管理"—"派工管理"。

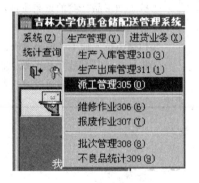

图 4-13 "派工管理"界面

步骤 5：填写派工单，并激活派工单。

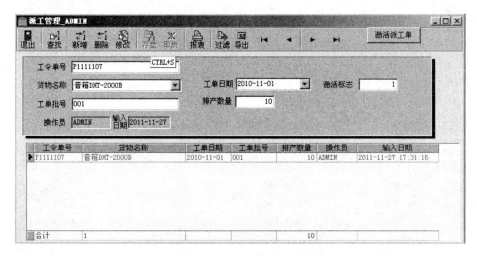

图 4-14 "派工管理"界面

步骤 6：根据制定好的生产计划书，开始流通加工任务；直至完成生产任务。

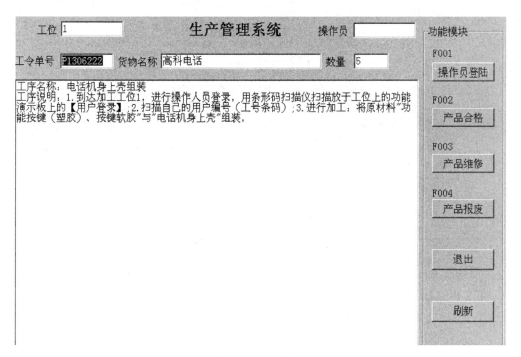

图 4-15 "生产管理系统"界面

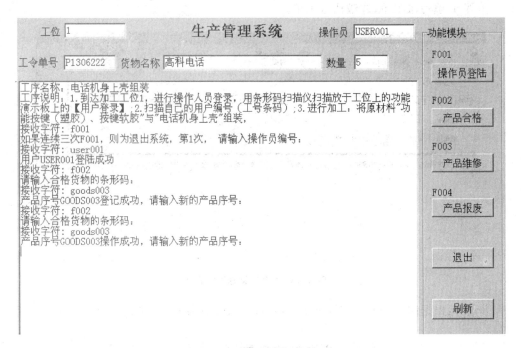

图 4-16 工位终端机信息反馈

步骤 7：加工完成后，通知仓储部门直接出库。

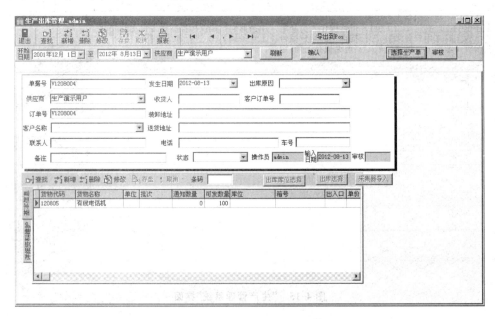

图 4-17 "生产出库管理"界面

图 4-18 "货物出库管理"界面

步骤 8:将加工完成的产品信息导入销售系统。

图 4-19 导入数据至"销售系统"

实训五　国际货代单证处理

5.1　班轮货运出口业务

5.1.1　实训目标

◆ 掌握海运货物货代的基本作业流程；
◆ 熟悉货代各环节的主要内容及注意事项；
◆ 能完成出口班轮租船订舱业务。

5.1.2　任务描述

美心汽车零部件公司为出口商,吉珠货代公司为货运代理。2012年3月4日美心汽车零部件公司通过吉珠货代公司代表其向船代租船订舱,吉珠货代公司业务员李达联系船代,开展租船订舱业务。

5.1.3　知识链接

履行合同的表现形式:在信用证和合同规定的时间租船、订舱,通过海运将货物运送到进口方手中。

5.1.4　实训前准备

◆ 班轮出口货代的流程及注意事项；
◆ 准备模拟班轮出口货代业务相关单证表格；
◆ 将学生分成若干小组,分小组讨论本次实训任务涉及的专业知识和任务步骤,然后自行分工,按实训要求操作。

5.1.5　实训步骤

步骤1:货代订舱。
①吉珠货代公司业务员李达向船代递交订舱委托书,又称托运单,如图5-1所示。

海运出口托运单

SHIPPING LETTER OF INSTRUCTION

托运人：
SHIPPER

编号：　　　　　　　　　　　　　　船名：
NO. :　　　　　　　　　　　　　　S/S:

目的港：
TO：

标记及号码 MARKS & NOS.	件数 QUANTITY	货名 DESCRIPTION OF GOODS	重量千克 WEIGHT KILOS.	
共计件数（大写）TOTAL NUMBER OF PACKAGES IN WRITING			净重 NET	毛重 GROSS
			运费付款方式 METHOD OF FREIGHT PAYMENT	
运费 FREIGHT		尺码 MEASUREMENT		
备注 REMARKS				
通知 NOTIFY		可否转船 PARTIAL SHIPMENT	可否分批 TRANSSHIPMENT	
收货人 CONSIGNEE	装期 DATE OF SHIPMENT		有效期 DATE OF EXPIRY	
	金额 SUM		提单份数 COPIES OF B/L	
配货要求 APPEAL			信用证号 L/C NO.	

托运人或代理人签字
SIGNEDTOTHE

日期
DATE

图 5-1　海运出口托运单样本

②船代收到李达的订舱委托书后,修改运费,将委托书传给 MSK 船公司,双方进行网上订舱。

③MSK 船公司收到订舱委托书后,同意订舱委托申请,给堆场和船代发送放箱指令。

④船代给李达签发订舱确认书,至此美心汽车零部件公司订舱完成。

步骤 2:货代做装船前的准备工作。

①吉珠货代公司李达收到订舱确认书后,派车队到堆场提取空箱,对货物进行合理配载并装箱。

②吉珠货代公司李达根据船代提供的提单号、船名、航次,制作装货联单,包括托运单、托运单留底、装货单、收货单四联。装货单和收货单样本如图 5-2、5-3 所示。

装货单
Shippin gorder

托运人:
SHIPPER

编号: 船名:
NO. :   S/S:

目的港:
TO:

For

兹将下列完好状况之货物装船后希签署收货单

Received on board the under mentioned goods apparent in good order and condition and sign the accompanying receipt for the same

标记及号码 MARKS&NOS.	件数 QUANTITY	货名 DESCRIPTION OF GOODS	重量千克 WEIGHTKILOS.	
共计件数(大写)TOTAL NUMBER OF PACKAGESIN-WRITING			净重 NET	毛重 GROSS

日期   时间
DATE   TIME

装入何舱
STOWED

实收
RECEIVED

理货员签字   经办员
TALLIEDBY   APPROVEDBY

图 5-2 装货单样本

收货单
MATESRECEIPT

托运人：
SHIPPER

编号：　　　　　　　　　　船名：
NO.：　　　　　　　　　　 S/S：

目的港：
TO：

For

兹将下列完好状况之货物装船后希签署收货单

Received on board the under mentioned goods apparent in good order and condition and sign the accompanying receipt for the same

标记及号码 MARKS&NOS.	件数 QUANTITY	货名 DESCRIPTION OF GOODS	重量千克 WEIGHTKILOS.	
共计件数（大写）TOTAL NUMBER OF PACKAGES IN WRITING			净重 NET	毛重 GROSS

日期　　　　　　　　　　　　时间
DATE　　　　　　　　　　　　TIME
装入何舱
STOWED
实收
RECEIVED
理货员签字　　　　　　　　　大副签字
TALLIED BY　　　　　　　　　CHIEF OFFICER

图 5-3　收货单样本

步骤 3：集港、装船。

①吉珠货代公司业务员李达制作提单，并将订舱托运单和提单一起交给船代签单，以便船代缮制出口载货清单。

1. SHIPPER		B/L NO.
2. CONSIGNEE		COSCO
3. NOTIFY PARTY		中国远洋运输(集团)总公司
4. PR-CARRIAGE BY	5. PLACE OF RECEIPT	CHINA OCEAN SHIPPING (GROUP) CO.
6. OCEAN VESSEL VOY. NO.	7. PORT OF LOADING	*ORIGINAL* Combined Transport Bill of Lading
8. PORT OF DIS-CHARGE	9. PLACE OF DELIVERY	10. FINAL DESTINATION FOR THE MERCHANT'S
11. MARKS	12. NOS. & KINDS OF PKGS	13. DESCRIPTION OF GOODS	14. G. W. (KG)	15. MEAS(M3)
16. TOTAL NUMBER OF CONTAINERS OR PACKAGES(IN WORDS)				
17. FREIGHT & CHARGES	REVENUE TONS	RATE	PER	PREPAID	COLLECT
PREPAIDAT	PAYABLEAT	18. PLACEANDDATEOFISSUE		
TOTAL PRE-PAID	19. NUMBER OF ORIGI-NAL B(S)/L	22. SIGNED FOR THE CARRIER		
20. DATE	21. LOADING ON BOARD THE VESSEL BY	中国远洋运输(集团)总公司 CHINA OCEAN SHIPPING (GROUP) CO. ×××		

图 5-4　海运提单样本

②吉珠货代公司业务员李达协同美心汽车零部件公司将货物集港,以便船舶到港后及时装船发运。

③货物集港后,吉珠货代公司业务员李达向海关申报。海关检验合格后,在第四联加印"放行章"。

④船舶到港后,吉珠货代公司业务员李达到装船现场监督装船发运。

步骤 4:船舶离港后的善后工作。

①吉珠货代公司业务员李达换取提单并送交美心汽车零部件公司。

②李达向国外买方发出装船通知,如图 5-5 所示。

```
                        SHIPPING ADVICE
     Contract No. :
  L/C No. :
  Date:
  To:
  From:
  Commodity:
  Packing conditions:
  Quantity:
  Gross weight:
  Net weight:
  Total value:
  Shipping Marks:

  Please be informed that these goods have been shipped from XXX to XXX with XXX
     Shipment date:
  B/L No. :

     Beneficiary's Signature
```

图 5-5　装船通知样本

步骤 5：打印报关证明联。

①船代在开船后 72 小时内,给海关发送清洁舱单。

②海关给报关行一份清洁舱单,海关再进行结关和签发证明联,报关员到海关打印报关单证明联。

③海关退回报关单退税联、出口收汇核销单和报关单核销联用于出口退税。

至此完成了这批货物出口的全部操作流程。

5.2　班轮货运进口业务

5.2.1　实训目标

◆ 掌握海运班轮进口业务的流程;

◆ 掌握海运班轮进口业务的注意事项;

◆ 能完成班轮进口货代业务。

5.2.2　任务描述

美心汽车零部件公司为进口商,美国通用公司为出口商,吉珠货代公司为货运代理。

2012年5月7日美心汽车零部件公司从美国通用公司进口一批货物,双方采用电放提单换取提货单模式,美心汽车零部件公司委托吉珠货代公司作为其货运代理。请吉珠货代公司业务员王海负责办理相关进口货代业务。

5.2.3 知识链接

进口放提操作流程:接受提单→换取提单→报检→提货→检验。

5.2.4 实训前准备

◆ 班轮进口货代的流程及注意事项;

◆ 准备模拟班轮进口货代业务相关单证表格;

◆ 将学生分成若干小组,分小组讨论本次实训任务涉及的专业知识和任务步骤,然后自行分工,按实训要求操作。

5.2.5 实训步骤

步骤1:接收提单。

美心汽车零部件公司收到美国通用公司发来的电放提单后,将电放提单传真给吉珠货代公司业务员王海。

步骤2:换取提货单。

①船到港后,王海根据提单正本上标注的运费是到付还是议付完成运费的确认,然后准备提货的车队到箱管科交押箱费。

②王海拿着收货人电放保函和提单副本换取提货单。

步骤3:报检。

①王海持提货单向口岸的商检机构办理登记,领取通关单。

②商检机构进行商检,商检合格后,在进口报关单上加盖"已接受登记"的印章。

③商检机构签发检验检疫局的单位编号后,海关实施放行检验。

步骤4:报关。

王海委托天晨报关行报关,货物进口要经过"一关三检",即海关、商品检验、卫生检疫、动植物检疫;主要单据有进口货物报关单、随附提单、发票、装箱单和重量单。

步骤5:提货。

海关放行后,王海到堆场提货。

步骤6:检验。

①王海提货后,进行货物检验。

②王海与美心汽车零部件公司进行费用结算。

步骤7:进口商收取货物。

美心汽车零部件公司收取此次贸易订单货物。

至此完成这批货物的进口操作流程。

实训六 物流信息技术实训

6.1 条形码技术

6.1.1 实训目标

◆ 了解一维条形码、二维条形码的意义与作用；
◆ 会使用条码打印机制作 WMS 系统能够识别的有意义的条形码。

6.1.2 任务描述

JZ 仓库即将入库一批新的存货，货物名称"华为 P6 手机"，库存预设条码号 85510，供应商"生产演示用户"。现需要仓储部相关人员制作条形码，以方便货物的库存管理。

6.1.3 知识链接

1. 概述

商品条形码是指由一组规则排列的条、空及其对应字符组成的标识，用以表示一定的商品信息的符号。其中条为深色、空为白色，用于条形码识读设备的扫描识读。其对应字符由一组阿拉伯数字组成，供人们直接识读或通过键盘向计算机输入数据使用。这一组条空和相应的字符所表示的信息是相同的。

条形码技术是随着计算机与信息技术的发展和应用而诞生的，它是集编码、印刷、识别、数据采集和处理于一身的新型技术。为了使商品能够在全世界自由、广泛地流通，企业无论是设计制作、申请注册还是使用商品条形码，都必须遵循商品条形码管理的有关规定。

(1)一维条码

目前世界上常用的码制有 ENA 条形码、UPC 条形码、二五条形码、交叉二五条形码、库德巴条形码、三九条形码和 128 条形码等，而商品上最常使用的就是 EAN 商品条形码。

EAN 商品条形码亦称通用商品条形码，由国际物品编码协会制定，通用于世界各

地,是目前国际上使用最广泛的一种商品条形码。我国目前在国内推行使用的也是这种商品条形码。EAN 商品条形码分为 EAN－13(标准版)和 EAN－8(缩短版)两种。

EAN－13 通用商品条形码一般由前缀部分、制造厂商代码、商品代码和校验码组成。商品条形码中的前缀码是用来标识国家或地区的代码,赋码权在国际物品编码协会,如 00～09 代表美国、加拿大。45～49 代表日本。690～692 代表中国大陆,471 代表我国台湾地区,489 代表香港特区。制造厂商代码的赋权在各个国家或地区的物品编码组织,我国由国家物品编码中心赋予制造厂商代码。商品代码是用来标识商品的代码,赋码权由产品生产企业自己行使,生产企业按照规定条件自己决定在自己的何种商品上使用哪些阿拉伯数字为商品条形码。商品条形码最后用 1 位校验码来校验商品条形码中左起第 1－12 数字代码的正确性。

EAN－8 商品条形码是指用于标识的数字代码为 8 位的商品条形码,由 7 位数字表示的商品项目代码和 1 位数字表示的校验符组成。

商品条形码的编码遵循唯一性原则,以保证商品条形码在全世界范围内不重复,即一个商品项目只能有一个代码,或者说一个代码只能标识一种商品项目。不同规格、不同包装、不同品种、不同价格、不同颜色的商品只能使用不同的商品代码。

商品条形码的标准尺寸是 37.29 mm×26.26 mm,放大倍率是 0.8～2.0。当印刷面积允许时,应选择 1.0 倍率以上的条形码,以满足识读要求。放大倍数越小的条形码,印刷精度要求越高,当印刷精度不能满足要求时,易造成条形码识读困难。

商品条形码的诞生极大地方便了商品流通,现代社会已离不开商品条形码。据统计,目前我国已有 50 万种产品使用了国际通用的商品条形码。我国加入世贸组织后,企业在国际舞台上必将赢得更多的活动空间。要与国际惯例接轨,适应国际经贸的需要,企业更不能慢待商品条形。

(2)二维条码技术

二维条码技术是在一维条码无法满足实际应用需求的前提下产生的,国外对二维条码技术的研究始于 20 世纪 80 年代末。在二维条码符号表示技术研究方面已研制出多种码制,常见的有 PDF417,QRCode,Code49,Code16K,CodeOne 等。

二维条形码(2-dimensional barcode)是用某种特定的几何图形按一定规律在平面(二维方向上)分布的黑白相间的图形记录数据符号信息的;在代码编制上巧妙地利用构成计算机内部逻辑基础的"0"、"1"比特流的概念,使用若干个与二进制相对应的几何形体来表示文字数值信息,通过图像输入设备或光电扫描设备自动识读以实现信息自动处理。它具有条码技术的一些共性:每种码制有其特定的字符集;每个字符占有一定的宽度;具有一定的校验功能等。同时还具有对不同行的信息自动识别功能及处理图形旋转变化等特点。二维条形码能够在横向和纵向两个方位同时表达信息,因此能在很小的面积内表达大量的信息。二维条码可以分为堆叠式/行排式二维条码和矩阵式二维条码。

二维码技术最早在美国诞生。但在移动领域应用最多的是日韩等国。目前在日韩不但许多产品已经开始使用二维码,电子门票、电子名片等也大量使用二维码技术。二维码应用于防伪后,知名产品纷纷效仿,商品不但有了身份唯一、信息丰富的标签,而且大大促进了智能手机终端的普及。

近几年日本和韩国开始使用二维码的电子票,占据了电子门票85%的份额,由于使用非常方便,有力地推动了移动电子商务的应用。西班牙、意大利等欧洲国家也开始在销售足球赛门票时广泛使用电子票。在此之前,球赛前经常有假票出现,不容易识别,购买球票时总是要排很长的队,门票信息也难实时统计,现在这些问题都解决了。走在东京街头,地铁车站墙上的海报、餐厅的菜单、便利商店架上的食品包装上,都可以看到上面印着一个黑色的神秘图案;翻开日文杂志或是报纸,拇指指甲大小般的神秘图案,也随着广告不断映入眼帘。看到有兴趣的商品或资讯,只要用手机对准条形码,就能直接连接至相关网站进行资讯浏览、档案下载,甚至是直接购买商品。

(3)物流条码识别技术

条码阅读器是用于读取条码所包含的信息的设备,条码阅读器的结构通常包括以下几个部分:光源、接收装置、光电转换部件、译码电路、计算机接口。

条码打印和读取技术是现代物流系统的重要组成部分,广泛用于仓库管理、流水线货物在线检测等方面。在条码打印系统中,提供了这样的条码打印和读取应用。此功能已经集成到了 WMS 仓储配送管理系统当中,当有新的货物入库时,系统可以为货物分配条码并打印出来,再由专门的管理人员粘贴到货物上,也可以自动化设备一体完成。

2. 条形码分类

从技术层面讲,条码是由一组黑白相间、粗细不同的条状符号组成。隐含着数字信息、字母信息、标示信息、符号信息等。

尽管条形码的标准很多,但是国际上公认的用于物流领域的条形码主要有三种,即通用商品条码(EAN-13 码),交叉二五码、贸易单元 128 码(EAN/UCC-128 码)。这三种条码标准基本上可以满足物流领域的条码要求。

(1)通用商品条形码

EAN 码是国际物品编码协会制定的一种商品用条码,通用于全世界。它有 13 位标准条码(EAN-13 码)和 8 位缩短条码(EAN-8 码)两种,见图 6-1:

图 6-1　EAN-13 码和 EAN-8 码

EAN13 码的组成:

包含前缀码(第 1~3 位):国际 EAN 组织标识各会员组织的代码,我国为 690、691 和 692。

厂商识别码(第 4~7 位):EAN 编码组织在 EAN 分配的前缀码基础上分配给厂商的代码。

商品项目代码(第 8～12 位)由厂商自行编码。

校验码(末位):前面的 12 位或 7 位数字计算得出,如图 6-2 所示。

图 6-2　EAN－13 码的各个代码意义

EAN8 码的组成比 EAN13 码少了商品项目代码这一个区域,如图 6-3 所示。

图 6-3　EAN－8 码的各个代码意义

(2)储运单元条形码

储运单元条码是专门表示储运单元编码的条码,储运单元是指顾客便于搬运、仓储、运输等,由消费单元组成的商品包装单元。

在储运单元条码中,又分为定量储运单元和变量储运单元。定量储运单元是指由定量消费单元组成的储运单元,如成箱的牙膏、瓶装酒、罐装可乐等。变量储运单元是指由变量消费单元组成的储运单元,如布匹、农产品、鲜肉类。

储运单元条码是物流过程中以商品为对象、以集合包装商品为单位使用的条形码。它由 14 位数字组成。第 1 位数字表示物流识别代码,余者与商品条形码意思相同,如图 6-4 所示。

图 6-4　储运条形码的各个代码意义

例:商品条形码:6902952880041,69 代表中国,02952 代表贵州茅台酒厂,88004 代表53％(VM)、106PRCXDF、500ml 的白酒。

储运单元条码:26902952880041,第 1 位数字表示物流识别代码,其中 1 代表集合包装容器装 6 瓶酒,2 代表装 24 瓶酒。因此,26902952880041 代表该包装容器装有中国贵州茅台酒厂的白酒 24 瓶。

(3)贸易单元 128 码

商品条码与储运条码都属于不携带信息的表示码,在物流配送过程中,如果需要将生产日期、有效日期、运输包装序号、重量、尺寸、体积、地址等信息条码化,以便扫描输入,这时就可以应用贸易单元 128 码(EAN-128)。

贸易单元 128 码由 EAN、UCC 和自动识别制造协会共同设计,多用于贸易单元标识,如图 6-5 所示。

图 6-5　贸易单元 128 码

贸易单元 128 码常用的表示符如下表所示:

表6-1　贸易单元128码常用符号一览表

AI	内容	格式
00	系列货运包装箱代码	n2＋n18
01	全球贸易项目代码(GTIN)	n2＋n14
02	物流单元中的全球贸易项目代码	n2＋n14
10	批号或组号	n2＋an…20
11	生产日期	n2＋n6
15	保质期	n2＋n6
17	有效期	n2＋n6
21	系列号	n2＋an…20
310X	净重(千克)	n2＋n6
37	在一个物流单元中所含贸易单元的数量	n2＋n…8
401	托运代码	n3＋an…30
420	收货方邮政编码	n3＋an…20

3. 条形码信息识别以及数据采集

(1)条形码识别原理

条形码系统是由条形码符号设计、制作及扫描阅读组成的自动识别系统。

光电扫描设备识读完成对条形码数据的自动采集和光电信号的转换它是利用光学系统读取条形码符号,由光电转换器将光信号转换为电信号,通过电路系统对电信号进行放大和整形,最后以二进制脉冲信号输出给译码器进行译码,如图6-6所示。

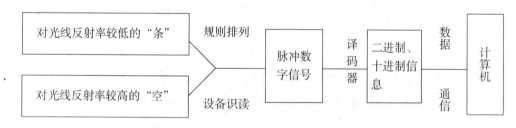

图6-6　条形码识别原理图

(2)常用条形码设备

扫描器一般分为固定式和移动式。固定式光电及激光快速扫描器如6-7所示。固定式是由光学扫描器和光电转换器组成,是现在物流领域应用较多的固定式扫描设备,安装在物品运动的通道边,对物品进行逐个扫描。手持式移动扫描器用于静态物品扫描如6-8所示。

图 6-7 固定式光电及激光快速扫描器 图 6-8 手持式扫描器

条码打印机是一种专用的打印机,如图 6-9 所示。它所打印的内容一般为企业的品牌标识、序列号标识、包装标识、条形码标识、信封标签、服装吊牌等。条码打印机通过打印头把碳带(相当于针打的色带)上的墨印在条码打印纸上(有一定标准大小的不干胶式的打印纸)。

图 6-9 条码打印机

6.1.4 实训前准备

◆ 工业级条码打印机(斑马公司 ZEBRAZ4);

◆ 工业级条码 ID 一体打印机(Zebra 工业级);

◆ 工业级手持终端(SybolMC1000);

◆ 工业级条码检测仪(HHPQC)。

6.1.5 实训步骤

步骤 1:登录 WMS 仓储配送管理系统。

图 6-10 系统登录界面

步骤2：系统菜单栏—"仓库管理"—"货物资料维护"，完成物料信息维护。

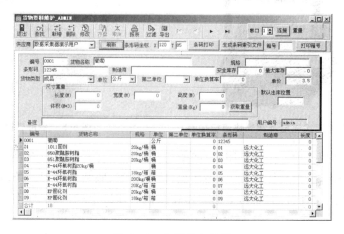

图 6-11　物料信息维护

步骤3：点击"条码打印"，完成条码打印。

85510

步骤4：检测条码。

步骤5：条码实训操作结束。

实训案例

建立如下商品信息，并打印商品条码，同时检测条码。

步骤1：在货物资料维护中建立好货物信息资料，参考下图。

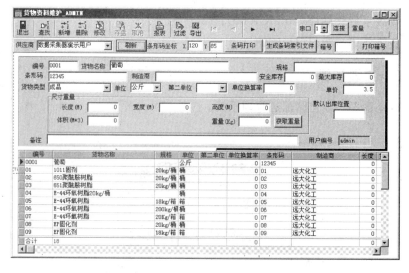

图 6-12　"货物维护"界面

步骤2:建立如下条码信息。

表6-2 条码信息

商品编号	条码
01	7824664856783
02	2546648445624
03	2985556655473
04	3253323213327
05	2406464826578
06	4905564823308
07	6330997893306
08	3326004825587
09	9006774826623
10	6906664823327

步骤3:打印条码。

6906664823327

图6-13

步骤4:打印好条码,检测是否完好并记录。

表6-3 条码检测记录表

商品编号	条码	条码检测情况
01	7824664856783	
02	2546648445624	
03	2985556655473	
04	3253323213327	
05	2406464826578	
06	4905564823308	
07	6330997893306	
08	3326004825587	
09	9006774826623	
10	6906664823327	

6.2 手持终端 RF 数据采集实训

6.2.1 实训目标

◆ 了解物流核心设备手持终端机与 RF 数据采集机;

◆ 掌握如何通过 WMS 系统定义 IC 卡;

◆ 掌握如何将数据采集机里的数据,导入 WMS 系统。

6.2.2 任务描述

2012 年 4 月 2 日,吉珠物流公司收到客户统一公司采购部刘明发来的入库通知单(如图 6-14 所示),请仓储部门相关人员利用 FR 手持终端完成货物的入库、出库和盘点等任务。

吉珠物流公司:

我公司现有一批产品,委托德邦货运公司运送至贵公司储存,请安排接收,具体产品如下:

编号	货物代码	货物名称	单位	数量	包装	备注
1	L034	统一老坛酸菜面	箱	27	纸箱	
2	L221	统一葱爆牛肉面	箱	54	纸箱	

请在 2012 年 4 月 3 日前完成入库。联系人:张晓。电话:020-88686122

图 6-14　入库通知单

6.2.3 知识链接

射频技术(RF)是提高物流效率的主要信息化技术之一。研究显示,利用 RF 手持无线终端技术能够比人工分拣操作提高 34 倍的效率。RF 手持射频无线终端技术的特点是可移动性、信息量大、交互式,是现代物流信息化的外在表现。可移动性使物流中心的工作人员减少了寻找货物位置的时间。手持射频无线终端系统适用于全球范围,可以十分便利地了解所有货物的具体方位。

贴附于存货单元的充电标签按规定的时间间隔发送射频。操作者利用手持无线终端接收有用信号,辨认几米范围内存货的位置,无线终端将该标签所在的商品的信息实时传输到物流中心的网络计算机上,自动输入中心数据库。物流中心管理者可识别特定时间内所有存货的位置。

RF 射频技术具有 5 大优点:①提高物流的时效性;②提高物流中心的作业效率;③交互式信息交换使指示、确认与纠错一体化;④减少文件处理工作,实现无纸化办公;⑤提高在库货品资料的正确性。

6.2.4　实训前准备

◆　了解 RF 手持终端的工作原理;

◆　准备装有 WMS 系统的计算机,工业级 RF 手持终端(SybolMC3090)、IC 卡等。

6.2.5　实训步骤

步骤 1:在 WMS 系统中定义 IC 卡的信息。

a. 以 Admin 角色登录 WMS 系统—"仓库管理"—"货物资料维护";

b. 选择"供应商"—点击"刷新",再点击"新增";

c. 填写指定货物的详细信息,并在"条形码"处填写 RFID 卡的内码;

d. 点击"存盘"。

步骤 2:使用数据采集机完成入库、出库、盘点等任务。

步骤 3:将采集到的数据导入到 WMS 系统的数据库中。

①用 USB 数据线将数据采集机与电脑相连接。

②在计算机上打开"Jbt2007.exe"A188 通信程序。

③在数据采集机选择"通讯"。

④此时就可以上传与下载数据采集机里的数据了。

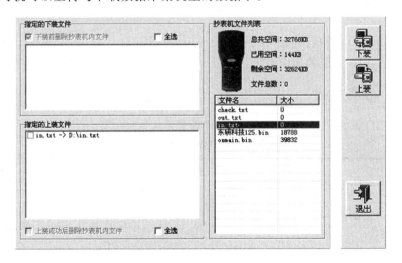

图 6-15　手持终端参数设置

⑤总共有三个文本分别是"in""out"和"check"。

⑥下载到计算机后,打开 WMS 系统,进入"进货业务"—"货物入库确认"。

⑦选择一个"供应商"—"刷新"—"新增"。

⑧填写相关的单据,货物入库原因等信息。

⑨点击"采集器导入",读取刚才已经转换过格式的 in. txt 文本就可以将采购人员采购的货物信息以货物入库单的形式录入系统中了。

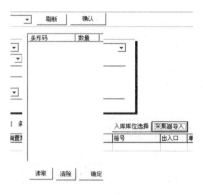

图 6-16　信息录入

单据填写完毕后,单击"存盘",最后将其报表打印出来,作为一次课堂作业。

6.3　无线射频识别技术(RFID)

6.3.1　实训目标

◆ 了解 RFID 的构成、RFID 的发展史与应用现状;

◆ 掌握 RFID 系统的操作方法。

6.3.2　任务描述

利用 RFID 系统完成下列货物的出入库业务:

表 6-4　出库货物信息

编号	货物名称	规格	单位	ID 卡号	长度 m	宽度 m	高度 m	体积 m³	重量 t	制造商
B009	ARKE 系列方型面盆	1000×1000	箱	9787111177222	1	1	0.02	0.01	0.01	新兄弟柏森公司
B008	B-1F405 洗脸台主体件	1000×850	箱	9787111177442	1	0.85	0.04	0.04	0.01	新兄弟柏森公司
B007	Synua 面盆环(红色)	650×650	箱	9787111177443	0.65	0.65	0.01	0.01	0.005	新兄弟柏森公司

（续表）

编号	货物名称	规格	单位	ID卡号	长度 m	宽度 m	高度 m	体积 m³	重量 t	制造商
B006	P形排水	800×600	箱	9787111 177112	0.8	0.8	0.02	0.05	0.07	新兄弟柏森公司
B005	瑞特支撑/排水组件	1000×1000	箱	9787111 177321	1	1	0.01	0.16	0.003	新兄弟柏森公司
B004	瑞特镜子组件	1000×1000	箱	787111 177231	1	1	0.03	0.03	0.003	新兄弟柏森公司
B003	SIEGER椭圆镜子	800×450	箱	9787111 177342	0.8	0.45	0.02	0.03	0.003	新兄弟柏森公司
B002	混色水晶马赛克	500×500	联	9787111 177576	0.5	0.5	0.02	0.0011	0.003	新兄弟柏森公司
B010	喜娜12mm磨砂绿盆	1000×1000	箱	9787111 177332	1	1	0.03	0.03	0.01	新兄弟柏森公司
B001	B-1F401洗脸台主体	300×250	箱	9787111 177678	1	1	0.07	0.07	0.02	新兄弟柏森公司

6.3.3 知识链接

1. RFID知识要点

无线射频识别技术（RFID）：RFID是radio frequency identification的缩写，即无线射频识别，俗称电子标签。图6-17是该标签构造图。

射频识别是一种非接触式的自动识别技术，它通过射频信号自动识别目标对象并获取相关数据，识别工作无需人工干预，可工作于各种恶劣环境。

RFID技术可识别高速运动物体并可同时识别多个标签，操作快捷方便。射频识别技术是一种基于电磁理论的通信技术，用于信息的自动采集。射频识别技术适用于物料跟踪、运载工具和货架识别等要求非接触数据采集和交换的场合。它由标签、阅读器和天线组成。

标签（tag）：由耦合元件及芯片组成，每个标签具有唯一的电子编码，附着在物体上标识目标对象。

阅读器（reader）：读取（有时还可以写入）标签信息的设备，可设计为手持式或固定式。

天线（antenna）：在标签和读取器间传递射频信号。

RFID标签

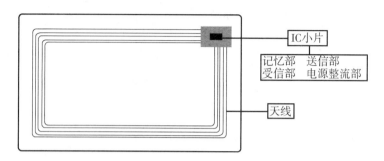

图 6-17　RFID 标签构造图

常用 RFID 读取设备有手持式和固定式,如图 6-18 与 6-19 所示。

图 6-18　手持式 RFID 读取设备　　　　图 6-19　固定式 RFID 读取设备

2.RFID 信息识别原理

当 RFID 标签接收到读取器发来的电波后,IC 片里发生共振,产生电源启动 IC 片系统,将自己所储存的信息变成信号,通过天线发出,反馈到读取器,再通过处理系统把信号变成信息的过程,如图 6-20 所示。

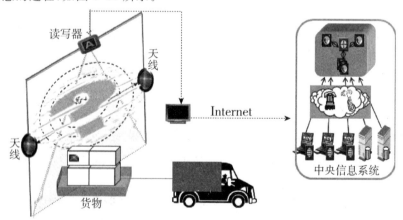

图 6-20　RFID 信息识别原理图示

3.RFID 标签类型

RFID 标签分为被动标签(passive tags)和主动标签(active tags)两种。主动标签自身带有电池供电,读/写距离较远,体积较大,与被动标签相比成本更高,也称为有源标签,一般具有较远的阅读距离,不足之处是电池不能长久使用,能量耗尽后需更换电池。

无源电子标签在接收到阅读器(读出装置)发出的微波信号后,将部分微波能量转化为直流电供自己工作,一般可做到免维护,成本很低并具有很长的使用寿命,比主动标签更小也更轻,读写距离则较近,也称为无源标签。相比有源系统,无源系统在阅读距离及适应物体运动速度方面略有限制。

按照存储的信息是否被改写,标签也被分为只读式标签(read only)和可读写标签(read and write)。只读式标签内的信息在集成电路生产时即将信息写入,以后不能修改,只能被专门设备读取;可读写标签将保存的信息写入其内部的存贮区,需要改写时也可以采用专门的编程或写入设备擦写。一般将信息写入电子标签所花费的时间远大于读取电子标签信息所花费的时间,写入所花费的时间为秒级,阅读花费的时间为毫秒级。

6.3.4 实训前准备

◆ 了解 RFID 工作原理;

◆ 准备实训相关器材。

6.3.5 实训步骤

1. RFID 标签制作

步骤 1:打开软件"EPC_Demo"（此软件可以对 RFID 进行标签读写功能）。

步骤 2:在"串口"处选择"COM6",波特率不改变值,单击"连接"。

步骤 3:在讯号接收范围内,单击"读卡"可以读取当前 RFID 卡的标签(如图 6-21 所示)。

步骤 4:进入"标签操作"对 RFID 卡进行"标签操作"。

步骤 5:在标签处区号:"EPC";地址:"2～7(可选)";数据:"四位数(16 制)"。

步骤 6:重新写入新的标签后,回到"标签识别"下的"读卡"功能,看看 RFID 卡的标签是否改变了。

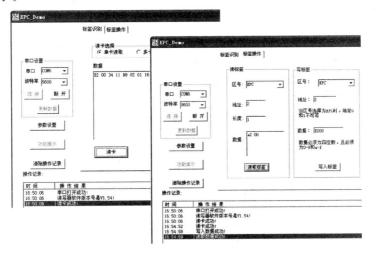

图 6-21　RFID 标签制作

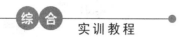

2. 高频 RFID 标签维护

步骤 1：以 Admin 的角色登录 WMS 系统，进入"RFID 管理"—"RFID 标签维护"，

图 6-22 RFID 标签维护

串口值选择"6"，单击连接。

选择一个新的卡号。

步骤 2：将高频 RFID 卡放在接收器可以感应的范围内后，单击"读卡"。这样系统就会自动建立新卡的信息了（卡号即高频 RFID 货物出入库时的箱号）。

3. 高频 RFID 货物出入库管理

步骤 1：以 Admin 的角色登录 WMS 系统，进入"RFID 管理"—"高频 RFID 出库"。

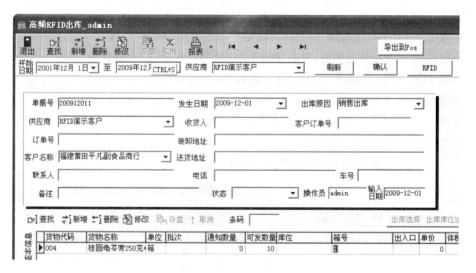

图 6-23 RFID 出库管理

步骤 2：选择一个"供应商"后点击"刷新"，再点击"新增"。

步骤 3：填写货物出库明细。

步骤 4：通过条码选择货物或者手动筛选找到等出库的货物名称。

步骤 5：填写"可发数量"，即货物出库数量。

步骤 6：填写"箱号"，即高频 RFID 卡的卡号，单击"存盘"。

步骤 7：将高频 RFID 货物出库单报表打印出来。

步骤 8:单击"RFID",在弹出窗口中串口选择"6",再单击"连接 RFID",点击"OK"。

图 6-24 连接 RFID

当弹出窗口的状态显示为"完成"的时候,就表示货物高频 RFID 出库成功了。

6.4 终端销售(POS)系统实训

6.4.1 实训目标

◆ 认识 POS 机与了解 POS 机的工作原理;
◆ 了解 POS 机系统软件,掌握初步的销售系统管理。

6.4.2 任务描述

利用 POS 系统完成货物销售及库存数据更新业务。

6.4.3 知识链接

POS 系统即销售时点信息系统,是指通过自动读取设备(如收银机)在销售商品时直接读取商品销售信息(如商品名、单价、销售数量、销售时间、销售店铺、购买顾客等),并通过通信网络和计算机系统传送至有关部门进行分析加工以提高经营效率的系统。POS 系统最早应用于零售业,以后逐渐扩展至其他如金融、旅馆等服务行业,利用 POS 系统的范围也从企业内部扩展到整个供应链。

POS 是一种多功能终端,把它安装在信用卡的特约商户和受理网点中与计算机联成网络,就能实现电子资金自动转账,它具有支持消费、预授权、余额查询和转账等功能,使用起来安全、快捷、可靠。

1. POS(point of sale)的类型

主要有以下两种:

 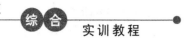
（1）消费 POS

消费 POS 具有消费、预授权、查询支付名单等功能,主要用于特约商户受理银行卡消费。

国内消费 POS 的手续费如下:

①航空售票、加油、大型超市一般扣率为消费金额的 0.5％。

②药店、小超市、批发部、专卖店、诊所等 POS 刷卡消费额不高的商户,一般扣率为消费金额的 1％。

③宾馆、餐饮、娱乐、珠宝首饰、工艺美术类店铺一般扣率为消费金额的 2％。

④房地产、汽车销售类客户一般扣率为固定手续费,按照 POS 消费刷卡笔数扣收,每笔按规定不超过 40 元。

（2）转账 POS

转账 POS 具有财务转账和卡卡转账等功能,主要用于单位财务部门。

2. POS 系统的特色

①完善的各种前台销售功能;

②便捷的各部门间货物的调拨;

③强大的自动订货系统;

④先进的出租柜台管理理念;

⑤严格的系统权限管理;

⑥脱销、畅销、滞销商品的分析;

⑦超出安全库存商品的报警、订货提示;

⑧各种类型的销售报表(供货商、部门、单个商品);

⑨销售信息反馈,商场内贵重、维护型、保修型(如手机、手提电脑、金银首饰等);商品的销售记录,完善售后服务、跟踪服务;

⑩系统各用户之间的电子邮件传递;

⑪每晚结算方式:自动按整个商场、部门、类别对销售、进货、调拨进行结算,使您在数据查询、分析时简捷、高效、准确;

⑫完善的库存管理:盘点、部门库存、商品类库存、供货商现存等的查询分析审查;

⑬人事、工资管理系统。

3. POS 系统的功能

（1）收银员识别功能

收银员识别功能是指,收银员必须在工作前登陆才能进行终端操作,即门店中每个系统的收银员都实行统一编号,每一个收银员都有一个 ID 和密码,只有收银员输入了正确的 ID 和密码后,才能进入"销售屏幕"进行操作。在交接班结束时,收银员必须退出系统以便让其他收银员使用该终端。如果收银员在操作时需要暂时离开终端,可以使终端处于"登出或关闭"状态,在返回时重新登陆。

（2）多种销售功能

POS 系统有多种销售方式,收银员在操作时可根据需要选择商品各种销售方式的如下特殊功能：

①优惠、打折功能：优惠折扣商品或交易本身特价许可等，应进行权限检查。

②销售交易更正功能：包括清除功能、交易取消功能。

③退货功能：通常收银员无该种商品交易的权限，需管理人员来完成。

④挂账功能：是指在当前交易未结束的状态下保留交易数据，再进行下一笔交易的收银操作。

（3）多种方式的付款功能

付款方式主要有现金、支票、信用卡等，POS 系统具备多种付款方式的设置功能。

（4）其他功能

①票据查询功能：查询范围可以是某时间段内的全部交易，也可以是某时间点的交易情况。

②报表查询：根据收银机本身的销售数据制作出一些简单的报表，并在收银机的打印机上打印出来。报表包括结款表、柜组对账表等。

③前台盘点：盘点的过程主要是清查库存商品数量。前台盘点的实质是将要盘点商品的信息像销售商品一样手工输入或用条码扫描仪录入收银机中，作为后台的数据来源。

④工作状态检查功能：是指对有关收银机、收银员的各种状态进行检查，包括一般状态、交易状态、网络状态、外设状态等。

（5）POS 系统的网络功能

ECR(efficient consumer response)即快速客户反应，它是在商业、物流管理系统中，经销商和供应商为降低甚至消除系统中不必要的成本和费用，给客户带来更大效益，而利用信息传输系统或互联网进行密切合作的一种战略。

实施"快速客户反应"这一战略思想，需要我们将条码自动识别技术、POS 系统和 EDI 集成起来，在供应链（由生产线直至付款柜台）之间建立一个无纸的信息传输系统，以确保产品能不间断地由供应商流向最终客户，同时，信息流能够在开放的供应链中循环流动。它既把满足客户对产品和信息的需求，给客户提供最优质的产品和适时准确的信息，又能满足生产者和经销者对消费者消费倾向等市场信息的需求，从而更有效地将生产者、经销者和消费者紧密地联系起来，降低成本，提高效益，造福社会。

要实施 ECR 战略，目前只有中高档次的机型（即二类收款机）具备联网功能，由于 ECR 的硬件环境不具备开放性，而且软件数据量比较小，因此 ECR 一般采用专用网络形式，即通过收款机本身的 RS232/RS422/RS485 接口、多用户卡实现与收款机之间或与一台上位机（微机）的连接，完成收款机与收款机之间、收款机与上位机之间的数据传输。

4.POS 系统实现后的价值

①节约了原来用于手写、保管各种单据的人工成本和时间成本；

②简化了操作流程，提高基层员工的工作效率和积极性；

③提高工作人员的正确性，省略了手工核对的工作量；

④各级主管从繁重的传统式经营管理中解脱出来，并且有更多的时间从事于管理工作，工作重心逐渐转到管理上来，进一步提高了工作效率；

⑤采购人员利用查询和报表,更直接、有效地获得商品情况,了解到商品是否畅销和滞销;

⑥销售人员根据商品的销售情况进行分析,以进行下一次的销售计划;

⑦财务人员能更加清楚地了解库存情况、账款余额、毛利贡献等财务数据,从而更好地控制成本和费用,提高资金周转率;

⑧管理者把握住商品的进销存动态,对企业各种资源的流转进行更好的控制和发展。

6.4.4 实训前准备

◆ 了解 POS 系统的基本工作原理;

◆ 准备相关货物的条码及确定价格;

◆ POS 系统。

6.4.5 实训步骤

步骤 1:认识 POS 机系统软件。

 泰格商霸管理软件 快捷方式 1 KB　　 泰格商霸前台 快捷方式 1 KB

tiger 前台软件负责 POS 的前台销售图 6-25。

tiger 管理软件是 POS 机的核心管理软件(建立货物信息,库存量查询,财务管理等功能)。

步骤 2:POS 机前台软件操作。

①打开"泰格商霸前台"软件,"收银员编码"与"收银员口令"缺省值均为"8001"。

图 6-26　POS 机登录界面

②进入收银系统后,可以进行相关的 POS 收银操作。

③扫描仪可以对待售货物的条码进行扫描,此时系统会自动显示该商品明细表。

④在收银系统界面下按下"D",输入当前向客户收取到的货币值,按下"F"系统显示

应找客户金额,同时小票自动打印出来。

⑤完成商品交易。

步骤 3:POS 机管理软件操作。

(1)如何建立商品基本信息

①打开泰格商霸管理软件,"操作员编码"与"登录口令"缺省值均为"1001"。

图 6-27 POS 管理系统

②单击"基本信息"—"商品基本信息"进入信息录入界面。

③填写完相应的货物明细(名称、条码、零售价、进货价等)后,单击"保存"。

④完成商品基本信息的录入。

(2)如何建立以重量为计数单位的商品基本信息

①查看电子秤的型号(大华)。

②设定电子秤的 IP 地址为"192.168.10.54"。

③更改此路径下的配置文件:C:\ProgramFiles\Tiger\dahua.ini(IP 地址更改为:"192.168.10.54")。

④前期准备完毕,此后不需要再更改。

⑤打开泰格商霸管理软件,"操作员编码"与"登录口令"缺省值均为"1001"。

⑥在"基本信息"—"商品基本信息"建立新的商品名称,如"苹果"(注意条形码长度只能是 5 位数字)。

⑦点击"卖场管理"—"电子条码称管理"。

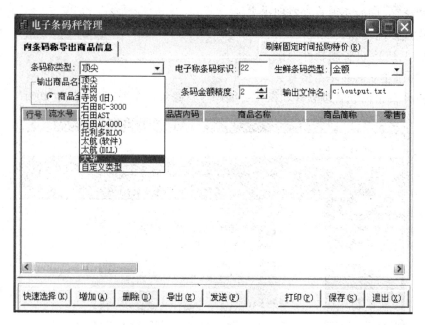

图 6-28 "电子条码秤管理"界面

⑧在弹出的窗口,条码秤类型选择"大华"。

⑨点击"增加",选择刚才添加的新的商品名称,选中后点击"确定",再单击"发送"。

⑩此时系统就会自动将商品"苹果"的信息发送到大华条码电子秤商品 PLU 为 1 的信息储存处去了。

回到实际交易过程中,假如有客户来购买"苹果"若干个,销售人员通过电子秤对苹果进行重量称重,按下电子秤的"PLU1"键,再按"打印"键,此时电子秤就会将商品"苹果"的重量、单价以及应付价格全打印在印的特殊条形码的小票上。客户只需要拿着这个小票到收银台处,收银员通过条码扫描系统就可以知道客户购买的苹果重量、客户实际应付多少金额了。

实训七　物流设备基本操作知识

7.1　集装箱

7.1.1　实训目标

◆ 掌握集装箱分类；

◆ 熟练掌握各类集装箱尺寸；

◆ 熟悉集装箱装卸相关作业。

7.1.2　知识链接

1. 定义

国际标准化组织在 ISO830—1981《集装箱术语》中对集装箱的定义:集装箱是这样的一种运输设备:

①具有足够的强度,能够反复长期使用；

②适合一种或多种方式运输,途中转运时,箱内货物不必换装；

③可进行快速搬运和装卸,特别便于从一种运输方式转移到另一种运输方式；

④便于货物装满或卸空；

⑤具有 1m³ 及以上的容积。

2. 集装箱优点

①促使装卸合理化；

②促使包装合理化；

③整体进行运输和保管；

④将原来分离的物流各环节有效地联合为整体；

⑤堆存集中。

3. 集装箱分类

(1)干货集装箱(dry container DC general purposed container GP)

主要用来装运无特殊要求的货物,是最为常见的一种集装箱。

图 7-1　干货集装箱

(2)冷藏集装箱(reefer container RF)

主要用来装运带有温度要求的货物。

图 7-2　冷藏集装箱

(3)罐式集装箱(tank container TK)

主要用来装运液体货物。

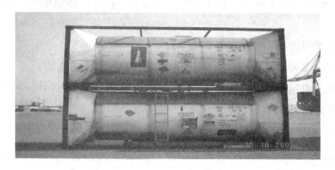

图 7-3　罐式集装箱

(4)敞顶集装箱(open top container OT)

主要用来装运需从顶部装入的货物。

图 7-4 敞顶集装箱

（5）框架集装箱（flat rack container FR）

主要用来装运超限的大件设备类货物。

图 7-5 框架集装箱

4. 集装箱标准

表 7-1 GB1413—1985 中规定的各种型号的集装箱外部尺寸、公差及其总重

箱型	高度（H）		宽度（W）		长度（L）		总重（千克）
	尺寸（毫米）	公差（毫米）	尺寸（毫米）	公差（毫米）	尺寸（毫米）	公差（毫米）	
1AAA	2591	0	2438	0	12192	0	
1A	2438	−5	2438	−5	12192	−10	30480
1AX	<2438		2438		12192		
1CC	2591		2438		6058	0	24000

（续表）

箱型	高度（H）		宽度（W）		长度（L）		总重（千克）
	尺寸（毫米）	公差（毫米）	尺寸（毫米）	公差（毫米）	尺寸（毫米）	公差（毫米）	
1C	2438		2438		6058	−6	
1CX	＜2438		2438		6058		
10D	2438		2438		4012	0	10000
5D	2438		2438		1968	−5	5000

我国国家标准总局在国家标准（GB1413—1985）中，规定了我国集装箱重量系列为5吨、10吨、20吨和32吨四种，其相应的型号为5D、10D、1CC和1AA。1985年该标准又作了修改，增加了1A、1AX和1C、1CX四种箱型。在国家标准（GB1413—1985）中，1AA、1A、1AX、1CC、1C和1CX用于国际运输；10D和5D用于国内运输。在我国集装箱的外部尺寸标准中，未列入30英寸和10英寸的集装箱。

5.集装箱标记

第一组标记：箱主代码、顺序号和核对数。

第二组标记：国籍代号、尺寸代号和类型代号。

第三组标记：最大总重和自重。

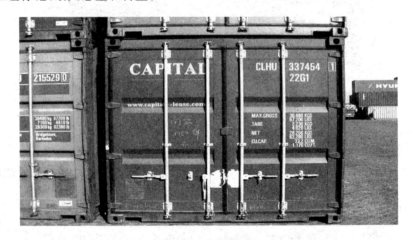

图7-6　集装箱标记

集装箱的方位性术语主要有：

前端（front）：没有箱门的一端为前端；

后端（rear）：有箱门的一端为后端；

左侧（left）：从集装箱后端向前看左边的一侧；

右侧（right）：从集装箱后端向前看右边的一侧。

集装箱主要部件名称包括：①角件（corner fitting）；②角柱（corner post）；③门楣（door header）；④门槛（door sill）；⑤上侧梁（top side rail）；⑥下侧梁（bottom side rail）；⑦顶板（roof panel）；⑧侧板（side panel）；⑨叉槽（fork lift pockets）；⑩门锁杆（door locking bar）；⑪鹅颈槽（gooseneck tunnel）。

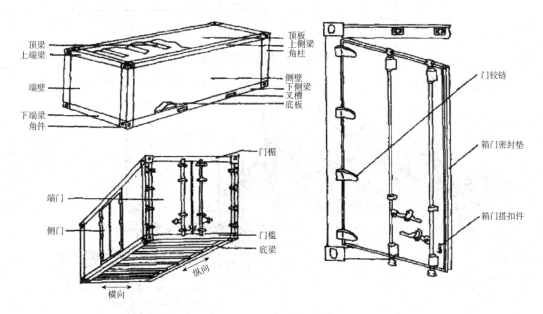

图 7-7　集装箱主要部件

6. 集装箱吊具

（1）集装箱简易起吊方法

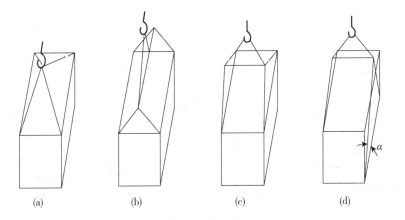

图 7-8　集装箱简易起吊方法

（2）固定式吊具

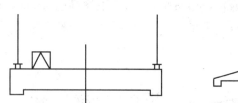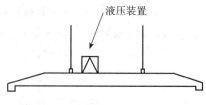

图 7-9　集装箱固定式吊具示意图

（3）自动式吊具

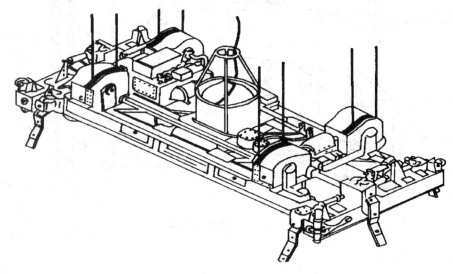

图 7-10　集装箱自动吊具示意图

（4）组合式吊具

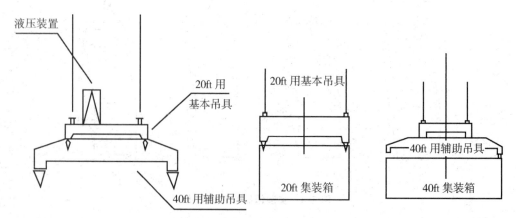

图 7-11　集装箱组合式吊具

（5）双箱吊具

图 7-12　双箱吊具现场工作图

（6）集装箱装卸、搬运机械化

图 7-13　岸壁式集装箱装卸桥示意图

目前从事码头前沿集装箱起落舱作业的设备普遍采用的是岸壁式集装箱装卸桥。

集装箱装卸桥主要由带行走机构的门架，承担臂架重量的拉杆和臂架等几个部分组成。臂架可分为海侧臂架、陆侧臂架和门中臂架 3 个部分。

装卸桥作业时，由于集装箱专用船舶的船舱内设有箱格，舱内的集装箱作业对位非常方便，无需人工协助，因此，在作业中没有了像拣杂货那样的舱内作业工序。

在集装箱装卸桥的选择决策中，需要考虑一下因素：

①起重量。它是表示集装箱能力的指标，根据额定起重量和吊具重量确定。

所谓额定起重量是指所起吊的集装箱的最大总重量，40 ft 集装箱最大总重量为 30.5 t。集装箱装卸桥的起重量是指额定起重量加集装箱吊具的重量。

②尺寸参数。

a. 起升高度。集装箱装卸桥的起升高度由轨顶面以上的高度（H）和轨顶面以下的高度两部分组成。

运行轨道面以上的高度 H，是指装卸桥吊具上升到最高时，吊具抓取的集装箱面与运行轨道面之间的垂直距离。

运行轨道面以下的高度是指从装卸桥运行轨道面往下，至吊具能抓取舱底最下一层集装箱之间的垂直距离。

b. 外伸距。所谓外伸距，是指集装箱装卸桥海侧轨道中心线向外至集装箱吊具铅垂中心线之间的最大水平距离。

c. 内伸距。内伸距是指集装箱装卸桥内侧轨道中心线向内至吊具铅垂中心线之间的最大水平距离。

d. 轨距（又名跨距）。轨距是指起重机两条行走轨道中心线之间的水平距离。轨距的大小影响到装卸桥的整机稳定性。

e. 横梁下的净空高度。该净空高度是指横梁下面到轨顶面之间的垂直距离。该高度应保证能堆装 3 层的跨运车通行。

f. 基距。基距是指同一轨道上两个主支承中心线之间的距离。基距的尺寸应保证装卸桥框架内的有效宽度能通过 40ft 的集装箱和舱盖板。

③工作速度的选择。

a. 应满足整个集装箱码头工艺效率的要求。系统中搬运机械的能力应根据与集装箱装卸桥的能力相应的原则选定。

b. 对各机构的工作速度进行合理的分配。根据设计要求的生产率，求出装卸工作周期，然后再对各个机构的工作速度进行合理的分配。

c. 工作速度的提高应与相应的技术措施结合。集装箱装卸桥的小车行走速度的提高，会增加吊具的摆动，引起对中集装箱困难，增加对中时间。因此，只有在采取减摇装置等技术措施条件下，提高工作速度才会取得良好的效果。

d. 与工作速度有关的动力设备选型应考虑便于维修。选用的机电设备及其配件应尽可能与港口其他起重搬运机械通用，以便于维修。

起升速度通常设计两种速度：起吊额定负荷量时的起升速度（下降速度）和空载起升速度。空载起升速度通常应高于满载起升速度 1 倍以上。

小车行走速度。现代大型集装箱装卸桥上的小车行走的距离一般在 50～60 m，小车行走的时间约占整个工作循环时间的 25%，因此，提高小车行走速度对缩短工作周期，提高装卸桥的生产率也有重要意义。

大车行走速度。在装卸集装箱船时，当装卸完一个格舱后，装卸桥（即所谓大车）需转移到另一格舱。装卸作业结束后，同样需要移动装卸桥到指定地点。装卸桥行走机构并不是频繁工作的机构，工作速度一般为 25～45 m/min。45 m/min 是按人的步行速度确定的，检修时修理工可以跟着装卸桥走进行检查。

臂架俯仰时间。臂架的俯仰属非工作性操作。船舶靠码头前，臂架仰起。进行装卸作业时，臂架俯下。装卸完毕船舶离码头前，再把臂架仰起。臂架仰起是为了使船舶能安全靠离码头，防止船舶与装卸桥臂架碰撞。

7. 集装箱堆场作业机械

集装箱堆场作业的机械主要有底盘车、跨运车、叉车、轮胎式龙门起重机、轨道式龙门起重机以及正面吊等，其中一些机械类型可同时用于车辆的装卸作业。

（1）底盘车

集装箱堆场上采用的底盘车堆存方式是指将集装箱连同起运输集装箱作用的底盘车一起存放在堆场上。

这种堆存方式的集装箱所处机动性最大,随时可以有拖车将集装箱拖离堆场,而无需借助于其他机械设备。

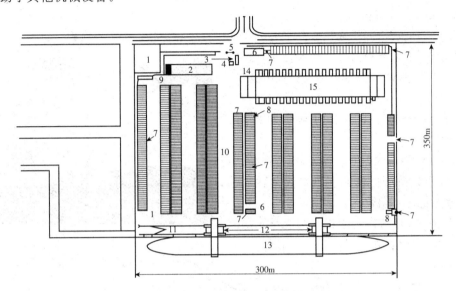

图 7-14 底盘车堆存方式示意图

因此,底盘车方式比较适合于门—门的运输方式,特别是海运部门承担的是短途运输(如海峡运输等),也是一种集疏运效率较高的码头堆场作业方式。

但是,采用这种堆存方式,集装箱堆存高度只有一层,而且需要留有较宽的车辆通道,因此需要占用较大的堆场面积,使堆场面积利用率较低。

(2)装卸工艺

从船上卸下来的进口集装箱,用岸壁集装箱装卸桥或船用集装箱装卸桥,从集装箱船上直接卸到码头前沿等待的底盘车上,集装箱一装上底盘车后,就用牵引车拖到堆场,在堆场上把底盘车连同集装箱一起横向排列起来。当需要进行内陆运输时,牵引车与底盘车连接后。就可立即拖走。反之,出口集装箱拖到码头后,牵引车与底盘车脱离,装载了集装箱的底盘车暂时放置在堆场上,待集装箱船进港后,利用场地牵引车把底盘车拖到船侧,利用装卸桥装船。对丁进出口集装箱需要作铁路换装时,一般用轮胎式龙门起重机进行。

优点:

①除铁路换装作业外,码头上所有作业只使用结构简单的底盘车,不需要其他辅助机械,因此装卸过程中发生机械故障而影响装卸作业的可能性很小。

②由于底盘车不能重叠堆装,集装箱处于能随时提取的状态中,实现"门到门"运输十分方便。

③便于装卸桥实现往复装载式的作业方法。

④在装卸船舶时,码头上只需要使用场地牵引车就可以了,不需要其他搬运设备,故对场地结构的要求低,对各种地面的适应性较强。

⑤即使集装箱场的位置离码头前沿很远,也不会影响集装箱船的装卸效率。

⑥装卸船作业时,码头上不需要有作业人员协助。

⑦吊箱次数少,集装箱损坏率低。

⑧便于与货主交接,减少交接时的差错。

缺点:

①全部集装箱都放置在底盘车上,不能堆装,故需要巨大的场地面积。

②每一个集装箱需要一台底盘车,故需要备有大量的底盘车,因此初始投资费用极高。

③作业时一般运输人员直接把车辆拖进场地内,如场上发生事故时难于明确事故责任。

④如果一个码头上有两个以上的船公司使用时,各公司所提供的底盘车混杂在一起,在业务上将产生困难。

⑤每个集装箱用装卸桥卸到底盘车上时,都需要对位,故装卸桥的作业效率不高。

(3)跨运车

跨运车方式是一种具有搬运、堆垛、换装等多功能的集装箱专用机械。跨运车采用旋

图 7-15 跨运车

锁机构与集装箱接合或脱开;吊具能够升降,以适应装卸和堆码集装箱的需要。吊具也能侧移、倾斜和微动以满足对位的需要。

在集装箱码头上,跨运车可以完成以下的作业:

①集装箱装卸桥与前方堆场之间的装卸和搬运。

②前方堆场与后方堆场之间的装卸和搬运。

③后方堆场与货运站之间的装卸和搬运。

④对底盘车进行换装。

由此可见,采用跨运车工艺比其他工艺有以下两大优点:

①跨运车自码头前沿载运集装箱后直接运到堆场进行堆垛,中间不需要其他机械的协助;

②由于不需要换装,可节省换装所占用的场地。

但跨运车的使用需要满足一些要求:

①专用性和通用性。跨运车有专用和通用两种。所谓专用型就是指 20 ft 型的跨运车只能装卸 20 ft 型的箱子,40 ft 型的跨运车只能装卸 40 ft 型的箱子;所谓通用型是指这种跨运车既能适应 20 ft 型的箱子,也能适应 40 ft 型箱子的装卸。

②堆垛能力。跨运车种类很多,有的能堆 2 层,有的能堆 3 层,国外甚至有堆 4 层的。选用时要与整个集装箱码头的堆存面积大小结合起来考虑。堆箱层数多,能提高单位面积堆存量,缩短搬运距离。但层数增多,会增加倒箱率,增加提箱时找箱子的困难。目前采用跨运车方式的集装箱码头堆场,通常只堆 2 层,即要求跨运车能吊着箱子跨越 2 层集装箱。

③视野要求。跨运车的视野问题是关系到跨运车今后发展前途的关键因素之一,它与跨运车的安全性、迅速性和机动灵活性有密切关系。跨运车视野要求包括3个方面:在搬运途中;通过箱位区时;场地作业时。

采用跨运车主要具有以下优点:

①由于集装箱从船上卸下来时,采用"落地"方式接运,故不用像底盘车接运方式那样要对准底盘车上的蘑菇头才能放箱,由此提高了集装箱装卸桥的工作效率。

②集装箱在场地上可重叠堆放,堆放层数根据机种而不同,最高可堆放三层,但从实际作业情况来看,一般出口集装箱堆2层,而进口集装箱因箱内货物不明通常只能堆一层,但与底盘车方式相比,还是节省了一定的场地面积。

③跨运车是一种多用途机械,它以时速为24 km以上的高速在场地上进行各种作业,由于码头上机种单一,故向薄弱环节调配机械的灵活性较大。

④在码头每天作业量不平衡时,可根据作业量的大小随时自由地增减机数,而不会使装卸作业混乱。

采用跨运车的主要缺点:

①跨运车本身的价格较贵,采用跨运车进行换装和搬运时可能会提高装卸成本。

②跨运车采用液压驱动,链条传运,容易损坏,故修理费用高,完好率低,这是跨运车方式中最突出的问题。

③跨运车的轮压比底盘车大,故要求较厚的场地垫层。

④在进行"门到门"的内陆运输时,需要用跨运车再一次把集装箱装上底盘车,比底盘车方式增加了一次操作。

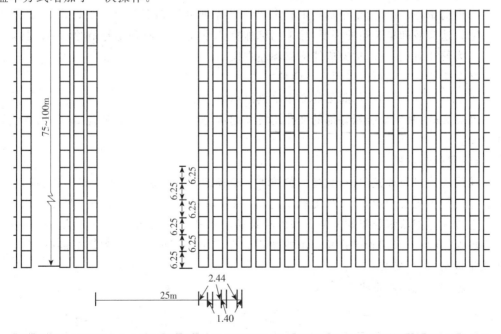

图 7-16　采用跨运车方式堆场平面示意图

（4）集装箱叉车

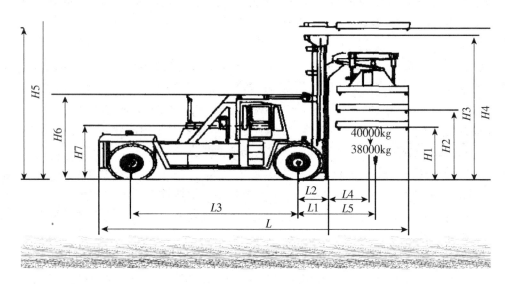

图 7-17 集装箱叉车示意图

性能要求：

①起重量应保证能装卸作业所需的各种箱型。

②起升高度应符合堆垛层数的需要。

③负荷中心（货叉前壁至货物重心之间的距离）取集装箱宽度的 1/2，即 1220 mm。

④为适应装卸集装箱的需要，除采用标准货叉外，还应备有顶部起吊的专用吊具。

⑤为便于对准箱位，货架应能侧移和左右摆动。

叉车搬运集装箱可以采用以下两种方式：

吊运方式：即采用顶部起吊的专用吊具吊运集装箱。

叉运方式：利用集装箱底部的叉孔用货叉起运，这种方式主要是搬运 20 ft 的集装箱或空箱。

（5）龙门起重机

龙门起重机简称龙门吊，它是一种在集装箱场地上进行集装箱堆垛和车辆装卸的机械。龙门起重机有轮胎式（又称无轨龙门吊）和轨道式（又称有轨龙门吊）两种形式。这种工艺方式是把从集装箱船上卸下来的集装箱一般用场地底盘车（或其他机械）从船边运到场地，在场上采用轮胎式龙门吊或轨道式龙门吊进行堆装或对内陆车辆（公路集产或铁路货车）进行换装。

①轮胎式龙门起重机。

图 7-18　轮胎式龙门起重机

②轨道式龙门起重机。

图 7-19　轨道式龙门起重机

优点:主要有运行时稳定性好,维修费用低,即使初始投资稍大,但装卸成本会降低;堆场箱列间可不留通道紧密堆装,因此在有限的场地面积内可堆存大量的集装箱,场地面积利用率很高。

轨道式龙门起重机的运行方向一致、动作单一,故容易采用电子计算机控制,实现操作自动化。因此在现代化集装箱码头上是一种比较理想的机种。

它的缺点是由于堆装层数较高,如需取出下层的进口集装箱时就要经过多次倒载才能取出,在操作上带来许多麻烦;场上配机数量一般是固定的,故不能用机数来调整场地作业量的不平衡,因此,当货主交接的车辆集中时,可能会发生较长的待机时间,如搬运起重机发生故障,就会迫使装卸桥停止作业;搬运起重机自重较大,轮胎式搬运起重机的轮压一般为 20 t,轨道式搬运起重机比轮胎式的轮压更大,而且堆装层数多,故场地需要重型铺装;由于码头不均匀下沉,大跨距的搬运起重机可能会产生轨道变形,有时会影响使用,故跨距太大不一定有利。

③正面吊。

正面吊是一种目前在集装箱码头堆场上得到越来越频繁使用的专用机械(其外形结构见图7-20)。虽然这种集装箱堆存设备由于运行方向与作业方向垂直而需要占据较宽的通道,但是它的堆箱层数较高,并且可以为多排集装箱作业。设备的灵活性又较强,因此普遍较受欢迎。采用正面吊可以堆存3～4层重箱,或7～9层的空箱。因此,堆箱场地的利用率较高。目前,正面吊主要还是作为集装箱堆场的辅助作业机械,但确实是一种很有前景的集装箱装卸的专用设备。

表7-2 几种作业方式的堆场面积利用情况

工艺方案		堆存量(TEU)	利用系数
一层	底盘车	396	0.79
	跨运年	500	1.00
	叉车	420	0.84
	龙门起重机	704	1.40
二层	跨运车	1000	2.00
	叉车	840	1.68
	龙门起重机	1408	2.80
三层	跨运车	1500	3.00
	叉车	1260	2.52
	龙门起重机	2112	4.22

图7-20 正面起重机现场作业图

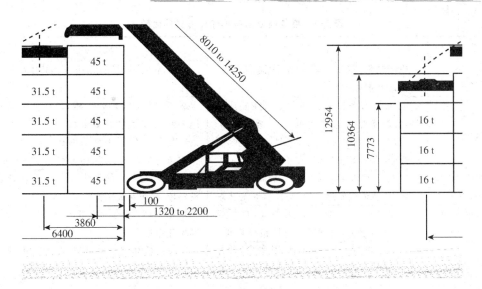

图 7-21　集装箱正面起重机作业示意图

（6）混合系统

从经济性和装卸性能来看,上述工艺系统各有利弊,目前世界上有些港口采用了前述工艺方案的混合系统。例如:

①轮胎龙门起重机—轨道龙门起重机混合系统;

②跨运车—轮胎龙门起重机混合系统;

③跨运车—轨道龙门起重机混合系统。

跨运车—轮胎（或轨道）龙门起重机混合系统的主要特点是:码头前沿装卸船作业由岸边集装箱起重机承担;进口集装箱的水平运输、堆码和交货装车由跨运车完成;出口集装箱的堆场与码头之间的水平运输由牵引车平板车完成;堆场的装卸和堆码由轮胎（或轨道）龙门起重机完成。

（7）各种堆场作业方式的比较

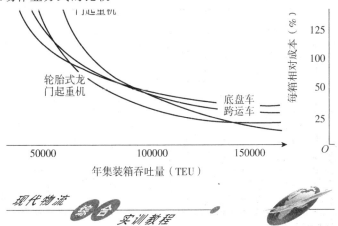

图 7-22　不同堆场作业方式的相对成本(%)

表 7-3　集装箱堆场各种作业方式的比较

设　备	优　点	缺　点
底盘车	机动性强,进出场效率高,无需装卸,适用于滚装船作业	单层堆放,堆场利用率低,占用大量底盘车
跨运车	适用于水平搬运和堆存作业,灵活性强,翻箱率低,单机造价低,工艺系统简单	故障率高,维修最大,堆层少,使堆场利用率低,对司机操作要求高
叉车	适用于短距离水平搬运和堆存作业,灵活性强,翻箱率低,单机造价低	一般只适用于小型箱的搬运,堆层少,并需留有较宽的通道,使堆场利用率降低
轮胎龙门起重机	可堆 3～4 层,堆场利用率较高,可靠性较强,比轨道式使用灵活,是目前主流设备	翻箱率较高,只限于堆场使用,堆场建设投资较大,作业效率比跨运车低
轨道龙门起重机	可堆 4～5 层,堆场利用率高,可靠性强,堆存容量大,可同时进行铁路线装卸	翻箱率高,只能沿轨道运行,灵活性差,堆场建设投资大
正面起重机	堆存高度高,堆场箱位利用率高,使用灵活,单机造价低,可进行水平搬运	需留有较高的通道,使堆场用于堆箱的面积减少

表 7-4　各种工艺方案特点比较

工艺方式	场地面积	初始投资	堆场作业效率	装卸桥效率	作业周期时间	箱损率	维修费用	作业灵活性	自动化可能性
底盘车	大	大	高	低	短	小	小	中	小
跨运车	中	小	中	高	中	大	大	好	中
龙门起重机	小	中	低	低	长	大	中	差	大

表 7-5　选择堆场工艺方案的一般原则

条件	工艺方式	底盘车方式	跨运车方式	轮胎龙门起重机方式	轨道龙门起重机	叉车方式
每年集装箱最大装卸量	60000TEU 以内	√				√
	60000～100000TEU		√			
	100000～130000TEU			√		
	130000TEU 以上				√	
船型特点和靠船频度	每周 4～5 次,每船装卸量少	√				√
	每周 3～4 次,每船装卸量少		√	√		
	每周 2～3 次,每船装卸量少				√	
	有滚装船装卸					√

工艺方式 条件		底盘车方式	跨运车方式	轮胎龙门起重机方式	轨道龙门起重机	叉车方式
集装箱进出口数量的比例	进出口箱量平衡	√	√			
	出口箱＞进口箱			√		
	进口箱＞出口箱		√			
整箱货与拼箱货的比例	FCL很多	√				
	FCL＞LCL		√			
	LCL＞FCL			√	√	
码头的形状	近似正方形	√	√			√
	沿岸线呈长方形	√		√	√	
	三角形等不规则形	√				√
	突堤式码头	√		√	√	
内陆集疏运方式	以公路疏运为主	√	√	√	√	
	以铁路疏运为主			√	√	√
	以内河驳船疏运为主		√	√	√	
码头经营方式	某船公司专用码头	√				
	公用码头		√	√	√	√
空箱数量	空箱多			√	√	√
自动化	自动化方便			√	√	

（8）集装箱码头装卸工艺

在决定采用何种装卸工艺方式时，取决于下列因素：

①预定年装箱量的大小；

②所需土地面积的可能性；

③集装箱船的装载量和到港频率；

④投资的可能性；

⑤场地上作业效率的高低；

⑥集装箱内陆集疏运的方式；

⑦集装箱损坏率的高低；

⑧装卸机械的维修费用；

⑨码头作业的灵活性；

⑩实现自动化作业的要求。

8. 集装箱码头装卸工艺方案

随着大型现代化集装箱码头的不断发展，对装卸工艺的高速化和自动化程度的要求越来越高，码头的装卸量也越来越大，因此，在集装箱码头装卸工艺以及码头布置方面正处于不断的创新和发展之中,其目的主要是为了提高集装箱码头船舶装卸作业的效率。

(1)底盘车列与轮胎式龙门起重机的配合

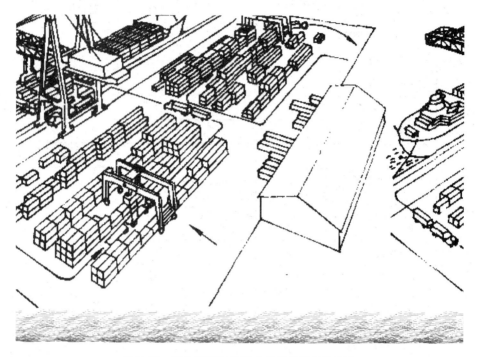

图 7-23　底盘车列与轮胎式龙门起重机的配合

(2)自动导向车系统

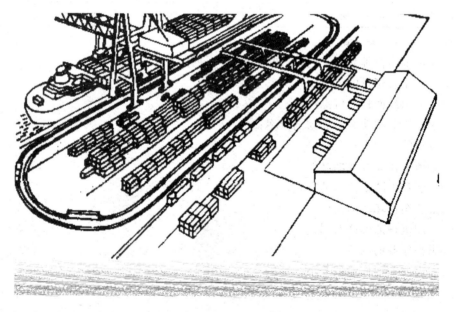

图 7-24　自动导向车与轨道龙门起重机的配合

（3）移箱输送机与轨道式龙门起重机的配合

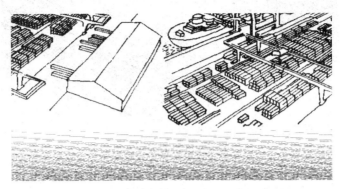

图 7-25　移动运输机与轨道式龙门起重机的配合

（4）岸边式集装箱装卸桥的技术发展

①适应船舶大型化要求的大型集装箱装卸桥；

②适应集装箱装卸高效化要求的新型装卸桥结构；

③设有可移动式过渡吊篮的双起升式集装箱装卸桥；

④基础高架的多台集装箱装卸桥系统方案；

⑤桥架可升降式集装箱装卸桥；

⑥增设提升机式集装箱装卸桥。

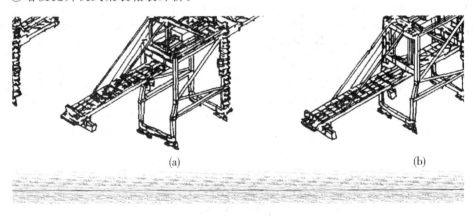

图 7-26　桥架可升降式集装箱装卸桥

（5）挖入式港池作业方式

（6）集成化和自动化的集装箱码头工艺系统的发展

目前，港口设备制造商正在研制与集装箱装卸桥配套的、采用遥控操纵的自动化水平运输机械，以及使集装箱在堆场上堆码、定位的轨道式堆场起重机。

将电子计算机用于起重机的控制系统，以实现整机各工序的自动化是今后集装箱码头装卸系统发展的趋势。

现代化大港的另一发展趋势是起重机作业的一体化，它同样是由计算机化的控制系统支持的。

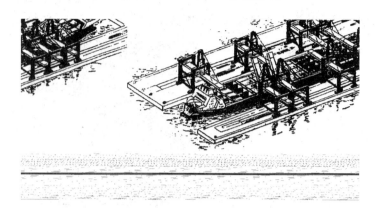

图7-27　船舶两边作业模式

9. 集装箱装箱技术

在标准集装箱内堆放符合 LSD 标准的货物单元时,箱容积利用率情况如下所述。符合标准的货物包装单元主要有 400×600、800×1200、1000×1200 三种。

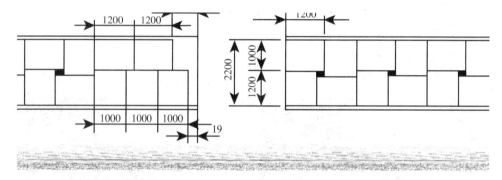

图7-28　1A 型集装箱标准货物单元堆放方式

7.2　托盘

7.2.1　实训目标

◆ 掌握托盘标准尺寸;

◆ 掌握托盘种类及其优缺点;

◆ 熟悉托盘集装货物的堆码。

7.2.2　知识链接

1. 托盘标准尺寸

现行的托盘标准是国际标准化组织在 2003 年更新制定的。

托盘的尺寸标准是物流单元化重要的标准。托盘与存储的货架、搬运的产品、集装箱、运输车辆、卸货平台以及搬运设施等有直接的关系,因此托盘的规格尺寸是考虑其他物流设备规格尺寸的基点。例如,托盘横梁货架的横梁宽度尺寸最常见的有 2300 mm 和 2700 mm,前者承放两个 1200 mm×1000 mm 的托盘,后者承放三个 1200 mm×800 mm 的托盘。特别值得一提的是,要建立有效的托盘公用系统,必须使用统一规格的托盘,托盘标准化是托盘作业一贯化的前提。在选择托盘尺寸时应该考虑以下因素:

(1)要考虑运输工具和运输装备的规格尺寸

合适的托盘尺寸应该符合运输工具的尺寸,可以充分利用运输工具的空间,提高装载率,降低运输费用,尤其要考虑海运集装箱和运输商用车的箱体内尺寸。

(2)要考虑托盘装载货物的包装规格

根据托盘装载货物的包装规格选择合适的托盘,尽量最大限度地利用托盘的表面积,控制所载货物的重心高度。托盘承载货物的合理的指标为:达到托盘 80% 的表面积利用率,所载货物的重心高度不应超过托盘宽度的三分之二。

(3)要考虑托盘尺寸的通用性

应该尽可能地选用国际标准的托盘规格,便于托盘的交换和使用。

(4)要考虑托盘尺寸的使用区域

装载货物的托盘流向直接影响托盘尺寸的选择。通常去往欧洲的货物要选择 1210 托盘(1200 mm×1000 mm)或 1208 托盘(1200 mm×800 mm);去往日本、韩国的货物要选择 1111 托盘(1100 mm×1100 mm);去往大洋洲的货物要选择 1140 mm×1140 mm 或 1067 mm×1067 mm 的托盘;去往美国的货物要选择 48 英寸×40 英寸的托盘,国内常用 1210 托盘发往美国。

1200 mm×1000 mm 托盘在全球应用最广,在中国也得到最广泛的应用。

2. 分类

(1)平托盘

平托盘几乎是托盘的代名词,只要一提托盘,一般都是指平托盘而言,因为平托盘使用范围最广,利用数量最大,通用性最好。平托盘又可细分为三种类型。

①根据台面分类。有单面形、单面使用型、双面使用型和翼型等四种。

②根据叉车叉入托盘式分类。有单向叉入型、双向叉入型、四向叉入型等三种。

③根据材料分类。木制平托盘、钢制平托盘、塑料制平托盘、复合材料平托盘以及纸制托盘等五种。

据中国物流与采购联合会托盘专业委员会(筹),2002 年 9 月对 300 多家托盘生产企业、托盘使用及销售企业进行初步调查的结果,目前中国拥有的各种类型托盘总数为 5000 万～7000 万片,每年产量递增 2000 万片左右。其中木制平托盘约占 90%,塑料平

图 7-29 平托盘

托盘占 8%,钢制托盘、复合材料托盘以及纸制托盘合计占 2%。复合材料平托盘和塑料托盘上升比例较大。

（2）柱式托盘

柱式托盘分为固定式和可卸式两种,其基本结构是托盘的 4 个角有钢制立柱,柱子上端可用横梁联结,形成框架型。柱式托盘的主要作用,一是利用立柱支撑重量物,往高叠放;二是可防止托盘上放置的货物在运输和装卸过程中发生塌垛现象。

图 7-30 柱式托盘

（3）箱式托盘

箱式托盘是四面有侧板的托盘,有的箱体上有顶板,有的没有顶板。箱板有固定式、折叠式、可卸下式三种。四周栏板有板式、栅式和网式,因此,四周栏板为栅栏式的箱式托盘也称笼式托盘或仓库笼。箱式托盘防护能力强,可防止塌垛和货损;可装载异型不能稳定堆码的货物,应用范围广。

图 7-31 箱式托盘

（4）轮式托盘

轮式托盘与柱式托盘和箱式托盘相比,多了下部的小型轮子。因而,轮式托盘显示出能短距离移动、自行搬运或滚上滚下式的装卸等优势,用途广泛,适用性强。

（5）特种专用托盘

由于托盘作业效率高、安全稳定,尤其在一些要求快速作业的场合,突出利用托盘的重要性,所以各国纷纷研制了多种多样的专用托盘,这里仅举几个例子。

①平板玻璃集装托盘。也称平板玻璃集装架,分许多种类。有 L 型单面装放平板玻璃单面进叉式,有 A 型双面装放平板玻璃双向进叉式,还有吊叉结合式和框架式等。运输过程中托盘起支撑和固定作用,平板玻璃一般都立放在托盘上,并且玻璃还要顺着车辆的前进方向,以保持托盘和玻璃的稳固。

②轮胎专用托盘。轮胎的特点是耐水、耐蚀,但怕挤、怕压,轮胎专用托盘较好地解决了这个矛盾。利用轮胎专用托盘,可多层码放,不挤不压,大大提高了装卸和储存效率。

③长尺寸物托盘。这是一种专门用来码放长尺寸物品的托盘,有的呈多层结构。物品堆码后,就形成了长尺寸货架。

④油桶专用托盘。是专门存放、装运标准油桶的异型平托盘。双面均有波形沟槽或侧板,以稳定油桶,防止滚落。优点是可多层堆码,提高仓储和运输能力。

（6）滑板托盘

在一个或多个边上设有翼板的平板,用于搬运、存储或运输单元载荷形式的货物或产品的底板。

（7）植绒内托

是一种采用特殊材料的吸塑托盘,将普通的塑料硬片表面粘上一层绒质材料,从而使托盘表面有种绒质的手感,用来提高包装品档次。

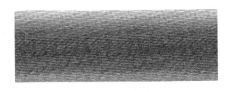

图 7-32　植绒托盘

（8）根据托盘的材料分

可以分为塑料托托盘、钢托盘、木托盘、纸托盘、复合材料托盘和其他金属托盘。

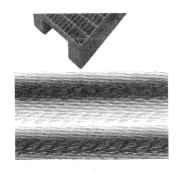

图 7-33 塑料托盘

图 7-34　钢托盘

图 7-35　木托盘

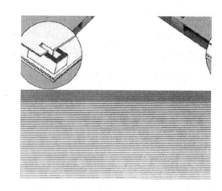

图 7-36　纸托盘

图 7-37　复合材料托盘

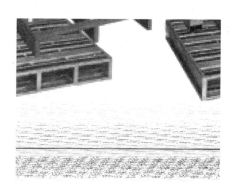

图 7-38　其他金属托盘

3. 托盘货物的码放方式

根据货物的类型、托盘所载货物的质量和托盘的尺寸,合理确定货物在托盘上的码放方式。托盘的承载表面积利用率一般应不低于 80%。对于托盘货物的码放有如下要求:

①木质、纸质和金属容器等硬质直方体货物单层或多层交错码放,拉伸或收缩膜包装。

②纸质或纤维质类货物单层或多层码放,用捆扎带十字封合。

③密封的金属容器等圆柱体货物单层或多层码放,木质货盖加固。

④需进行防潮、防水等防护的纸制品、纺织品货物单层或多层交错码放,拉伸或收缩膜包装货增加角支撑,货物盖隔板等加固结构。

⑤易碎类货物单层或多层码放,增加木质支撑隔板结构。

⑥金属瓶类圆柱体容器或货物单层垂直码放,增加货框及板条加固结构。

⑦袋类货物多层交错压实码放。

为了使托盘能够长久安全地使用,希望按下列要求正确使用托盘:

①托盘应避免遭受阳光暴晒,以免引起老化,缩短使用寿命。

②严禁将货物从高处抛掷在托盘内。合理确定货物在托盘内的堆放方式。货物均匀置放,不要集中堆放,偏心堆放。承载重物的托盘应放在平整的地面或物体表面上。

③严禁将托盘从高处抛落,避免因猛烈地撞击而造成托盘破碎、裂纹。

④叉车或手动液压车作业时,叉刺尽量向托盘叉孔外侧靠足,叉刺应全部伸进托盘内,平稳抬起托盘后才可变换角度。叉刺不可撞击托盘侧面以免造成托盘破碎、裂纹。

⑤托盘上货架时,必须采用货架型托盘。承载量根据货架结构而定,严禁超载使用。托盘承载货物的固定方式主要有捆扎、胶合束缚、拉伸包装,并可相互配合使用。托盘承载货物的防护与加固托盘承载的货物进行固定后,仍不能满足运输要求的应该根据需要选择防护加固附件。加固防护附件由木质、塑料、金属等材料制成。

7.2.3 任务描述

2012 年 4 月 2 日,吉珠物流公司收到客户惠普公司送到的 300 台打印机,按照运输包装标示在库房内整齐码放。

7.2.4 实训前准备

◆ 实训室准备的打印机外包装箱 100 个,卡板包装膜若干;
◆ 实训室提供适当的堆码场地。

7.2.5 实训步骤

步骤 1:将打印机包装箱平行排列。
步骤 2:按先远后近的原则堆码。
步骤 3:将底层的打印机包装箱堆码整齐,箱与箱之间不留空隙。
步骤 4:箱与箱之间的交接应为正面与正面衔接,侧面与侧面衔接。
步骤 5:将打印机包装箱逐层堆码,层与层之间的货物箱平行,货物箱的四个角边重叠,方向相同,直到堆码完成。
步骤 6:堆码审核。检查包装箱是否变形、超过最高堆码层数极限或包装颠倒等。

7.3 叉车

7.3.1 实训目标

◆ 了解叉车分类和特点;
◆ 掌握叉车的工作原理;
◆ 能计算叉车工作负荷,进行叉车调度和管理。

7.3.2 知识链接

叉车是工业搬运车辆,是指对成件托盘货物进行装卸、堆垛和短距离运输作业的各种轮式搬运车辆。国际标准化组织 ISO/TC110 称为工业车辆。常用于仓储大型物件的运输，通常使用燃油机或者电池驱动。

叉车主要适用于汽车生产装配线零部件搬运、生产车间内部零部件搬运，邮政、铁路等系统邮件、行李搬运，医药、烟草等系统药品、货物搬运，大型展览会筹备组委会资料搬运，仓储物流系统小型设备、货物搬运等对空间要求以及高度要求比较高的场所。

1. 技术参数

叉车的技术参数是用来表明叉车的结构特征和工作性能的。主要技术参数有额定起重量、载荷中心距、最大起升高度、门架倾角、最大行驶速度、最小转弯半径、最小离地间隙以及轴距、轮距等。

①额定起重量：叉车的额定起重量是指货物重心至货叉前壁的距离不大于载荷中心距时，允许起升的货物的最大重量，以 t(吨)表示。当货叉上的货物重心超出了规定的载荷中心距时，由于叉车纵向稳定性的限制，起重量应相应减小。

②载荷中心距：载荷中心距是指在货叉上放置标准的货物时，其重心到货叉垂直段前壁的水平距离 T，以 mm(毫米)表示。对于 1T 到 4T 叉车规定载荷中心距为 500 mm。

③最大起升高度：最大起升高度是指在平坦坚实的地面上，叉车满载，货物升至最高位置时，货叉水平段的上表面离叉车所在的水平地面的垂直距离。

④门架倾角：门架倾角是指无载的叉车在平坦坚实的地面上，门架相对其垂直位置向前或向后的最大倾角。前倾角的作用是为了便于叉取和卸放货物；后倾角的作用是当叉车带货运行时，预防货物从货叉上滑落。一般叉车前倾角为 $3°\sim6°$，后倾角为 $10°\sim12°$。

⑤最大起升速度：叉车最大起升速度通常是指叉车满载时，货物起升的最大速度，以 m/min(米/分)表示。提高最大起升速度，可以提高作业效率，但起升速度过快，容易发生货损和机损事故。目前国内叉车的最大起升速度已提高到 20 m/min。

⑥最高行驶速度：提高行驶速度对提高叉车的作业效率有很大影响。对于起重量为 1 t 的内燃叉车，其满载时最高行驶速度不少于 17 m/min。

⑦最小转弯半径：当叉车在无载低速行驶、打满方向盘转弯时，车体最外侧和最内侧至转弯中心的最小距离，分别称为最小外侧转弯半径 R_{min} 外和最小内侧转弯半径 r_{min} 内。最小外侧转弯半径愈小，则叉车转弯时需要的地面面积愈小，机动性愈好。

⑧最小离地间隙：最小离地间隙是指车轮以外，车体上固定的最低点至地面的距离，它表示叉车无碰撞地越过地面凸起障碍物的能力。最小离地间隙愈大，则叉车的通过性愈高。

⑨轴距及轮距：叉车轴距是指叉车前后桥中心线的水平距离。轮距是指同一轴上左右轮中心的距离。增大轴距，有利于叉车的纵向稳定性，但使车身长度增加，最小转弯半径增大。增大轮距，有利于叉车的横向稳定性，但会使车身总宽和最小转弯半径增加。

⑩直角通道最小宽度：直角通道最小宽度是指供叉车往返行驶的成直角相交的通道的最小宽度，以 mm 表示。一般直角通道最小宽度愈小，性能愈好。

⑪堆垛通道最小宽度：堆垛通道最小宽度是叉车在正常作业时，通道的最小宽度。

2. 适用范围

工业搬运车辆广泛应用于港口、车站、机场、货场、工厂车间、仓库、流通中心和配送中心等,并可进入船舱、车厢和集装箱内进行托盘货物的装卸、搬运作业,是托盘运输、集装箱运输中必不可少的设备。

叉车在企业的物流系统中扮演着非常重要的角色,是物料搬运设备中的主力军。广泛应用于车站、港口、机场、工厂、仓库等国民经济中的各个部门。第二次世界大战期间,叉车得到发展。中国从 20 世纪 50 年代初开始制造叉车。特别是随着中国经济的快速发展,大部分企业的物料搬运已经脱离了原始的人工搬运,取而代之的是以叉车为主的机械化搬运。因此,在过去的几年中,中国叉车市场的需求量每年都以两位数的速度增长。

3. 专用术语

①额定起重量:指货叉上的货物重心位于规定的载荷中心距上时,叉车应能举升的最大重量。单位 kg。

②载荷中心距:指货物重心到货叉垂直段前端面的规定距离。

国家规定:Q(载重量)<1 t 时为 400 mm;1 t≤Q≤5 t 时为 500 mm;

5 t≤Q≤10 t 时为 600 mm;12 t≤Q≤18 t 时为 900 mm;

20 t≤Q≤42 t 时为 1250 mm

③最大起升高度:指叉车位于水平坚实地面,门架垂直放置且承受有额定起重量货物时,货叉所能起升的最大高度——货叉上平面至地面的垂直距离。

④自由起升高度:指在门架高度不变的情况下,货叉能离地的最大高度。

⑤最小转弯半径:指将叉车的转向轮转至极限位置,并以最低稳定速度做转弯运动时,其瞬时中心距车体最外侧的距离。

⑥门架倾角:指无载叉车门架能从其垂直位向前或向后倾斜摆动的最大角度。

⑦轴距:前桥中心到后桥中心的垂直距离。

4. 车型分类

叉车通常可以分为三大类:内燃叉车、电动叉车和仓储叉车。

(1)内燃叉车

内燃叉车又分为普通内燃叉车、重型叉车、集装箱叉车和侧面叉车。

①普通内燃叉车。一般采用柴油、汽油、液化石油气或天然气发动机作为动力,载荷能力为 1.2～8.0 t,作业通道宽度一般为 3.5～5.0 m。考虑到尾气排放和噪音问题,通常用在室外、车间或其他对尾气排放和噪音没有特殊要求的场所。由于燃料补充方便,因此可实现长时间的连续作业,而且能胜任在恶劣的环境下(如雨天)工作。

图 7-39 内燃叉车

②重型叉车。采用柴油发动机作为动力,承载能力为 10.0～52.0 t,一般用于货物

较重的码头、钢铁等行业的户外作业。

图 7-40　重型叉车

③集装箱叉车。采用柴油发动机作为动力,承载能力为 8.0～45.0 t,一般分为空箱堆高机、重箱堆高机和集装箱正面吊。应用于集装箱搬运,如集装箱堆场或港口码头作业。

图 7-41　集装箱叉车

④侧面叉车。采用柴油发动机作为动力,承载能力为 3.0～6.0 t。在不转弯的情况下,具有直接从侧面叉取货物的能力,因此主要用来叉取长条形的货物,如木条、钢筋等。

图 7-42　侧面叉车

(2)电动叉车

以电动机为动力,蓄电池为能源。承载能力为 1.0～8.0 t,作业通道宽度一般为 3.5～5.0 m。由于没有污染、噪音小,因此广泛应用于室内操作和其他对环境要求较高的工

况,如医药、食品等行业。随着人们对环境保护的重视,电动叉车正在逐步取代内燃叉车。由于每组电池一般在工作约 8 h 后需要充电,因此对于多班制的工况需要配备备用电池。

图 7-43　电动叉车

（3）仓储叉车

仓储叉车主要是为仓库内货物搬运而设计的叉车。除了少数仓储叉车(如手动托盘叉车)是采用人力驱动的,其他都是以电动机驱动的,因其车体紧凑、移动灵活、自重轻和环保性能好而在仓储业得到普遍应用。在多班作业时,电机驱动的仓储叉车需要有备用电池。

（4）搬运车

承载能力为 1.6～3.0 t,作业通道宽度一般为 2.3～2.8 m,货叉提升高度一般在 210 mm 左右,主要用于仓库内的水平搬运及货物装卸。有步行式、站驾式和坐驾式等三种操作方式,可根据效率要求选择。

图 7-44　仓储叉车

图 7-45　站驾货叉在后面的电动托盘车

图 7-46　步行式电动托盘车

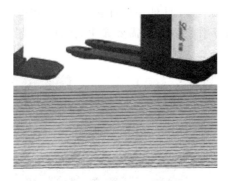

图 7-47　站驾式电动托盘车

（5）堆垛车

电动托盘堆垛车分为全电动托盘堆垛车和半电动托盘堆垛车两种类型，顾名思义，前者为行驶，升降都为电动控制，比较省力；而后者需要人工手动拉或者推着叉车行走，升降则是电动的。

图 7-48　电动托盘堆垛车

承载能力为 1.0～2.5 t，作业通道宽度一般为 2.3～2.8 m，在结构上比电动托盘搬运叉车多了门架，货叉提升高度一般在 4.8 m 内，主要用于仓库内的货物堆垛及装卸。

（6）前移式车

承载能力 1.0～2.5 t，门架可以整体前移或缩回，缩回时作业通道宽度一般为 2.7～3.2 m，提升高度最高可达 11 m 左右，常用于仓库内中等高度的堆垛、取货作业。

（7）电动拣选车

在某些工况下（如超市的配送中心），不需要整托盘出货，而是按照订单拣选多种品种的货物组成一个托盘，此环节称为拣选。按照拣选货物的高度，电动拣

图 7-49　前移式叉车

选叉车可分为低位拣选叉车(2.5m内)和中高位拣选叉车(最高可达10m)。承载能力为 2.0～2.5 t(低位)、1.0～1.2 t(中高位,带驾驶室提升)。

图 7-50 电动拣选叉车

通常配备一个三向堆垛头,叉车不需要转向,货叉旋转就可以实现两侧的货物堆垛和取货,通道宽度为 1.5～2.0 m,提升高度可达 12 m。叉车的驾驶室始终在地面不能提升,考虑到操作视野的限制,主要用于提升高度低于 6 m 的工况。

(8)高位驾驶三向堆垛叉车

与低位驾驶三向堆垛叉车类似,高位驾驶三向堆垛叉车也配有一个三向堆垛头,通道宽度为 1.5～2.0 m,提升高度可达 14.5 m。其驾驶室可以提升,驾驶员可以清楚地观察到任何高度的货物,也可以进行拣选作业。高位驾驶三向堆垛叉车在效率和各种性能都优于低位驾驶三向堆垛叉车,因此该车型已经逐步替代低位驾驶三向堆垛叉车。

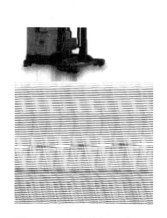

图 7-51 三向堆垛叉车(a)

图 7-52 三向叉车(b)

(9)电动牵引车(拖车)

牵引车采用电动机驱动,利用其牵引能力(3.0～25 t),后面拉动几个装载货物的小车。主要分类有机场物流用电动牵引车、车间电动牵引车、小型电动牵引车、电动三轮牵

引车,经常用于车间内或车间之间大批货物的运输,如汽车制造业仓库向装配线的运输、机场的行李运输。

图 7-53　电动牵引车

图 7-54　小型牵引车

图 7-55　大型牵引车

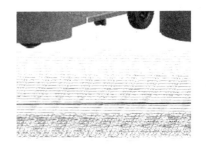

图 7-56　中型牵引车

5. 车型和配置

车型和配置的选择一般要从以下几个方面出发:

(1)作业功能

叉车的基本作业功能分为水平搬运、堆垛/取货、装货/卸货、拣选。根据企业所要达到的作业功能可以从上面介绍的车型中初步确定。另外,特殊的作业功能会影响到叉车的具体配置,如搬运的是纸卷、铁水等,需要叉车安装属具来完成特殊功能。

(2)作业要求

叉车的作业要求包括托盘或货物规格、提升高度、作业通道宽度、爬坡度等,同时还需要考虑作业效率(不同的车型其效率不同)、作业习惯(如习惯坐驾还是站驾)等方面的要求。

(3)作业环境

如果企业需要搬运的货物或仓库环境对噪音或尾气排放等环保方面有要求,在选择车型和配置时应有所考虑。如果是在冷库中或是在有防爆要求的环境中,叉车的配置也应该是冷库型或防爆型的。仔细考察叉车作业时需要经过的地点,设想可能的问题,例如,出入库时门高对叉车是否有影响;进出电梯时,电梯高度和承载对叉车的影响;在楼上作业时,楼面承载是否达到相应要求,等等。

在选型和确定配置时,要向叉车供应商详细描述工况,并实地勘察,以确保选购的叉车完全符合企业的需要。即使完成以上步骤的分析,仍然可能有几种车型同时都能满足上述要求。此时需要注意以下几个方面:

①不同的车型,工作效率不同,那么需要的叉车数量、司机数量也不同,会导致一系列成本发生变化,详见本章中性能评判部分关于成本的论述。

②如果叉车在仓库内作业,不同车型所需的通道宽度不同,提升能力也有差异,由此会带来仓库布局的变化,如货物存储量的变化。

③车型及其数量的变化,会对车队管理等诸多方面产生影响。

④不同车型的市场保有量不同,其售后保障能力也不同,例如低位驾驶三向堆垛叉车和高位驾驶三向堆垛叉车同属窄通道叉车系列,都可以在很窄的通道内(1.5~2.0 m)完成堆垛、取货。但是前者驾驶室不能提升,因而操作视野较差,工作效率较低。由于后者能完全覆盖前者的功能,而且性能更出众,因此在欧洲后者的市场销量比前者超出4~5倍,在中国则达到6倍以上。因此大部分供应商都侧重发展高位驾驶三向堆垛叉车,而低位驾驶三向堆垛叉车只是用在小吨位、提升高度低(一般在6 m以内)的工况下。在市场销量很少时,其售后服务的工程师数量、工程师经验、配件库存水平等服务能力就会相对较弱。

6 叉车属具分类

根据属具的结构和用途不同,我们可以简单地将叉车属具分类如下:

(1)侧移叉

用于将带托盘的货物左右移动对位,便于货物的准确叉取和堆垛;提高了叉车的工作效率,延长了叉车的使用寿命,减轻了操作人员的劳动强度;节省了仓库空间,提高了仓库的利用率。

安装等级:ISO2/3/4级。

安装形式:外挂式、整体式。

承载能力:2500~8000 kg。

功能描述:(左右)侧移。

图 7-57 侧移叉 图 7-58 调距叉

（2）调距叉

通过液压调整货叉间距,实现搬运不同规格托盘的货物;无需操作人员手动调整货叉间距。减轻了操作人员的劳动强度。

安装等级:ISO2/3/4级。

安装形式:挂装式、整体式(均有使用原叉车货叉型号 & 带货叉型)。

承载能力:1500~8000 kg。

功能描述:调节货叉间距。

（3）前移叉

叉取较远的托盘或货物,如从车厢的一个车厢侧面快速和简便地进行装货和卸货。通常和调距叉配装在一起使用,效率更高。

安装等级:ISO2/3级。

安装形式:挂装式。

承载能力:2000~2500 kg。

功能描述:实现托盘前后移动,叉取远端货物。

（4）纸卷夹

用于纸卷、塑料薄膜卷、水泥管、钢管等圆柱状货物的搬运,实现货物的快速无破损装卸和堆垛。

安装等级:ISO2/3/4级。

安装形式:挂装式。

承载能力:1200~1500 kg(滑臂式)。

功能描述:夹抱、旋转、侧移。

 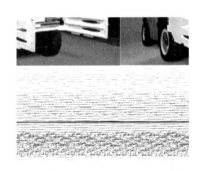

图 7-59　纸卷夹　　　　　　图 7-60　软包夹

（5）软包夹

用于棉纺化纤包、羊毛包、纸浆包、废纸包、泡沫塑料软包等的无托盘货物搬运。

安装等级:ISO2/3/4级。

安装形式:挂装式。

承载能力:1400~5300 kg。

功能描述:夹抱、旋转、侧移。

（6）多用平(大面)夹

实现对纸箱、木箱、金属箱等箱状货物(家电如电冰箱、洗衣机、电视机等)的无托盘

化搬运,节省了托盘的采购和维护费用,降低了成本。

安装等级:ISO2/3级。

安装形式:挂装式。

承载能力:700～2000 kg。

功能描述:夹抱、侧移。

图 7-61　纸箱夹　　　　　　　　图 7-62　烟包夹

（7）烟包夹

用于烟草行业的烟箱,尤其适合于复烤烟叶箱的无托盘化搬运。一次搬运1个、2个或多个烟叶箱。

安装等级:ISO2/3级。

安装形式:挂装式。

承载能力:800～2000 kg。

功能描述:夹抱、旋转、侧移。

（8）（倒）桶夹

用于1～4个化工、食品行业中55加仑标准油桶的无托盘搬运和倾倒,也可制作特殊桶用的专用桶夹(如微型桶夹、垃圾桶夹)。

安装等级:ISO2/3级。

安装形式:挂装式。

承载能力:700～1250 kg。

功能描述:夹抱、(向前)旋转、侧移。

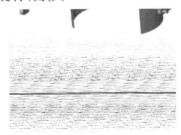

图 7-63　（倒）桶夹

（9）叉夹

既可用于叉托盘货物又可用于夹取货物,也可作调距叉使用,如在货叉上装上可拆

卸夹臂,可夹持油桶、石(砖)块等多种货物。

安装等级:ISO2/3/4 级。

安装形式:挂装式。

承载能力:1500～8000 kg(叉取);700～4800 kg(夹取)。

功能描述:夹抱、(向前)旋转、侧移。

图 7-64　叉夹　　　　　　　图 7-65　推拉器

(10)推拉器

用于对单元货物的无托盘化搬运和堆垛作业,在食品、轻工电子行业应用广泛。滑板可以采用纸质滑板、塑料滑板、纤维滑板,省去购买、存放、维修托盘等费用。

安装等级:ISO2/3 级。

安装形式:挂装式、快装式(直接安装在叉车货叉上)。

承载能力:1700～2400 kg。

功能描述:将货物拉进和(或)推出滑板。

(11)旋转器

可 360°旋转,用于翻转货物和倒空容器,将货物翻倒或将竖着的货物水平放置;可与其他属具连用,使属具有旋转功能;还可提供专用于浇铸、渔业和防爆型产品。

图 7-66　旋转器

安装等级:ISO2/3/4 级。

安装形式:挂装式。

承载能力:2000～3600 kg。

功能描述:旋转、侧移。

(12)两用叉夹

货叉可以旋转成水平和垂直两种位置,既可用来叉取货物又可用来夹取货物,还可以旋转成45°,用斜面来叉桶类和圆柱状货物。

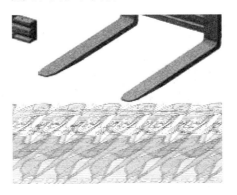

图 7-67 两用叉夹

安装等级:ISO2/3级。

安装形式:挂装式。

承载能力:2000~3600 kg(叉取);1250~2500 kg(夹取)。

功能描述:(货叉)旋转、侧移。

7.3.3 运输车辆驾驶员在日常操作中的基本要求

驾驶员穿着注意安全:

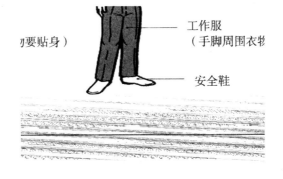

图 7-68

驾驶员在日常操作中应做到的基本要求是:"一安""二严""三勤""四慢""五掌握"。

"一安",指要牢固树立安全第一的思想。

"二严",指要严格遵守操作规程和交通规则。

"三勤",指要脑勤、眼勤、手勤。在操作过程中要多思考,知己知彼,严格做到不超速、不违章、不超载、要知车、知人、知路、知气候、知货物。要眼观六路,耳听八方,瞻前顾后,要注意上下、左右、前后的情况。对车辆要勤检查、勤保养、勤维修、勤搞卫生。

"四慢",指情况不明要慢,视线不良要慢,起步、会车、停车要慢,通过交叉路口、狭路、弯路、人行道、人多繁杂地段要慢。

"五掌握",指要掌握车辆技术状况、行人动态、行区路面变化、气候影响、装卸情况等。

7.3.4 叉车安全操作规程

(1)人员

①驾驶叉车的人员必须经过专业培训,通过安全生产监督部门的考核,取得特种操作证,并经公司同意后方能驾驶,严禁无证操作。

②严禁酒后驾驶,行驶中不得饮食、闲谈、打手机和使用对讲机。

(2)启动

①车辆启动前,检查启动、音响信号、电瓶电路、运转、制动性能、货叉、轮胎,使之处于完好状态。

②当有机械问题的时候,不能自己进行修理。应关掉叉车并告知机械修理人员。

③起步时要查看周围有无人员和障碍物,然后鸣号起步。

④叉车在载物起步时,驾驶员应先确认所载货物平稳可靠;起步时须缓慢平稳。

(3)行驶

①叉车在运行时,不准任何人上下车,货叉上严禁站人。确实需要叉车辅助人员工作时,应配有专用的用于叉车的篮子,货叉应叉入篮子下面专用的固定槽中。

②在吊笼登高工作的人员数量不得超过2人,必须佩戴安全帽、安全带,所有工具装在工具袋内,以免掉落。(经安全组同意并有安全组人员在现场指挥)

③在厂区内行驶速度不得超过5 km/h,车间和仓库内限速3 km/h。

④在吊笼高空作业过程中,叉车驾驶员:

a. 如果高空作业性质为盘点、贴标签等基本无危害的工作,叉车驾驶员不要离开叉车,以便及时提供协助;

b. 如果是维修灯具、管路等需要使用金属工具的工作,叉车驾驶员可以选择戴好安全帽,坐在驾驶室协助;也可以选择离开叉车驾驶室,在叉车周围8～10 m之内戴好安全帽作安全监护,提示行人绕行以及警告无关人员不得操作叉车。

⑤除装卸货外,必须靠右边行驶。

⑥空载时货叉距地面50～150 mm;载货行驶时货件离地高度不得大于500 mm,起升门架须后倾到限。

⑦如遇前面有人,应当按喇叭提示你的行车路线。

⑧应与其他叉车保持三台自身叉车长的安全距离,叉车会车时除外。

⑨在交叉或狭窄路口,应小心慢行,并按喇叭随时准备停车。

⑩进出作业现场或行驶途中,要注意上空有无障碍物刮撞。非紧急情况下,不能急转弯和急刹车。

⑪在斜道上行驶时:

空车上下斜坡:如果在斜坡上空车行使,需要倒退上坡,货叉向前行驶下坡。这样重心会落在前轮上。

载货时上下斜坡:如果在斜坡上载货行使,需要货叉向前行驶上坡,倒退行使下坡。这样重心也会落在前轮上,任何情况下都不允许在斜坡上掉头。

叉车原则上不准超车,但要超越停驶车辆时,应减速鸣号,注意观察,防止该车突然起步或有人从车上跳下。

(4)作业

①严禁超载、偏载行驶。

②装卸货物时,即货叉承重开始至承重平稳以及相反的过程期间,必须启动刹车。

③作业速度要缓慢,严禁冲击性的装载货物。

④遵守"七不准":

不准将货物升高做长距离行驶(高度大于 500 mm),特殊情况除外。

不准用货叉挑翻货盘和利用制动惯性溜放的方法卸货。

不准直接铲运危险品。

不准用单货叉作业。

不准利用惯性装卸货物。

不准用货叉带人作业,货叉举起后货叉下严禁站人和进行维修工作。

不准用叉车去拖其他车,如确实需要叉车牵引,则需经过安全部门同意。

⑤停车后禁止将货物悬于空中,卸货后应先降货叉至正常的行驶位置后再行驶。

⑥叉载物品时,货物重量应平均分担在两货叉上,货物不得偏斜,物品的一面应贴靠挡货架。小件货物应放入集物箱(板)内,防止掉落。叉车所载物品不得遮挡驾驶员视线,如出现遮挡驾驶员视线时应倒车缓慢行驶,如遇上坡则不应倒车行驶,应有一人在旁指挥货叉朝上前进。

⑦货叉在接近或撤离物品时,车速应缓慢平稳,注意车轮不要碾压物品、垫木(货盘)和叉头,不要刮碰物品扶持人员。

⑧叉车在起重升降或行驶时,禁止任何人员站在货叉上把持物件或起平衡作用。叉车叉物升降时,货叉范围半径 1 m 内禁止有人。

⑨搬运影响视线的货物或易滑的货物时,应倒车低速行驶。

⑩运货上货柜车前,应先观察货柜车与发货台是否靠紧,货车车轮是否按规定将三角木垫好,车厢里是否有人,估计货车的承重能力和货车与踏板的倾斜度,确认安全后再进行装卸。

⑪发现或损坏货物、设施要如实上报。

⑫为了保护驾驶人员,叉车装备有头顶保护装置。驾驶人员的身体包括手和脚都应该在保护范围之内。

(5)停车

①尽量避免停在斜坡上,如不可避免,则应取其他可靠物件塞住车轮拉紧手刹并熄火。停放时应将货叉降到最低位置,拉紧后刹车,切断电路,并不能停放在纵坡大于5%的路段上。

②不能将叉车停在紧急通道、出入口、消防设施旁。

③叉车暂时不使用时应关掉电源,拉刹车。

（6）充电

①使用充电器时，要选用与叉车配套的充电器，要轻拿轻放。

②充完电后，应先关掉电源，再拉出充电器插头，并将充电器挂好，严禁随意放在地上。

（7）维护

①发现叉车有不正常现象，应当立即停车检查。

②严禁在叉车启动的情况下进行维修、装拆零部件。不能自行维修叉车和装拆零部件。

③严格按照公司的叉车保养、维修规程进行维保。

（8）意外

如遇到意外，应该做到：

紧伏到方向盘上或操作手柄，并抓紧方向盘或操作手柄。

身体靠在叉车倾倒方向的反面。

注意防止损伤头部或胸部，叉车翻车时千万不能跳车。

参考文献

[1] 王成林．物流实训教程．北京：中国财富出版社，2012．

[2] 董绍华，宓为建．物流管理实验实训——任务导向型教程．北京：中国物资出版社，2011．

[3] 陈英华．现代物流实训手册.武汉：武汉大学出版社，2013．

[4] 姜大立．物流仓储与配送管理实训.北京：中国劳动社会保障出版社，2006．

[5] 许正平，林文杰，李志勇．企业物流实训任务书．北京：北京理工大学出版社，2011．

[6] 黎红，陈御钗．物流设施设备基础与实训．北京：机械工业出版社，2011．

[7] 申纲领．物流案例与实训．北京：北京大学出版，2010．

[8] 陈百建．物流实验实训教程．北京：化学工业出版社，2006．

[9] 刘雅丽，焦建红．物流综合技能实训．北京：北京师范大学出版，2012．

[10] 蓝仁昌．物流信息技术实训．北京：高等教育出版社，2007．

[11] 王耀球，施先亮．供应链管理．北京：机械工业出版社，2009．

[12] 威廉．史蒂文森．运营管理．第9版．北京：机械工业出版社，2008．

[13] 唐纳德 J. 鲍尔索克斯．供应链物流管理．马士华，译．北京：机械工业出版社，2009．

[14] 陈虎．物流配送中心运作管理．北京：北京大学出版社，2011．

后 记

　　中国开展物流专业高等教育 10 年来,高等教育界同仁为本专业的科学发展不懈努力,持续出版了一大批高质量的本科教材。

　　作为一名有近 20 年行业从业经验的物流人,本人有幸于 2006 年全身心投入到高校物流教育工作中来。在教学活动中,力求将自己所了解的物流行业的运作情况毫无保留地与学生分享。2009 年,在本人及一众同事的大力推动下,吉林大学珠海学院物流综合实训室正式落成并投入使用,真正实现了将"基于流程的物流现场教学模式"引入课堂,深受学生们的欢迎,也取得了不错的社会反响。

　　为将这种实践教学模式进行系统化的总结整理,从 2010 年开始,本校的几位老师便开始着手编写这本实训教程,希望通过教程的出版,可以更好地与其他院校的老师们进行教学交流,共同推进物流专业教育向前发展。

　　在过去的三年中,教材编写小组与物流企业、其他高校进行了广泛的交流、研讨和学习,为此付出了大量的心血。同时,众多的物流企业管理人员、高校老师为我们提供了大量的宝贵意见,在此表示诚挚的谢意。

　　由于编者水平有限,不足之处在所难免,恳请广大教师和读者提出宝贵意见和建议,并及时反馈给我们,以便修订时进一步完善。